Ta

ALPAY KABACALI

Birinci Baskı:
Kasım, 1991

Kapak: Reha Yalnızcık
Kapak Film: Grup Grafika
Dizgi, Baskı, Cilt: Acar Matbaacılık A.Ş.

ALPAY KABACALI

ÇEŞİTLİ YÖNLERİYLE

NASREDDİN HOCA

Tarihi Kişiliği ● Fıkraları

ÖZGÜR
YAYIN DAĞITIM
Ankara Caddesi 31/2
Cağaloğlu – İstanbul
Tel: 526 25 13/519 14 49

İÇİNDEKİLER

Birinci Bölüm

NASREDDİN HOCA'NIN TARİHİ KİŞİLİĞİ

Nasreddin Hoca fıkraları, Nasreddin Hoca'nın kendisiyle, tarihi kişiliğiyle doğrudan bağlantılı değildir. Başka bir deyişle, sonradan ortaya konulan birçok fıkra Nasreddin Hoca'ya bağlanmış; Nasreddin Hoca'dan ve onun tarihi kişiliğinden bağımsız yaratılar "Nasreddin Hoca fıkraları" adıyla alabildiğine yaygınlaşmış, yenileri eklenerek zenginleşmiş ve günümüze gelmiştir. O kadar ki, kimi fıkralardan Hoca'nın 15. yüzyıl başında Anadolu'yu istilâ eden Timur'la çağdaş olduğu sonucuna varılmakta, kimi yaratılardan bundan daha önce ya da sonra yaşadığı çıkarsanabilmektedir.

Bu nedenle, Hoca'nın tarihi kişiliğini belgelere dayanarak incelemek gerekmektedir.

EN ESKİ KAYNAKLARDA

Nasreddin Hoca'nın tarihi kişiliğiyle ilgili araştırmalara Fuat Köprülü'nün öncülük ettiğini söylemek yanlış olmaz. Nasreddin Hoca fıkralarını çocuk edebiyatı kapsamında okutulmak üzere manzumeleştiren Köprülü, bunlardan ellisini 1918'de *Nasreddin Hoca - Manzum Hikâyeler* adlı kitabında topladı. Kitabın önsözlerinde, kimi kaynaklardaki Hoca'ya ilişkin belge ve bilgiler üzerinde durmaktaydı. Sonraki araştırmalar, Köprülü'nün bulgularını önemli ölçüde doğrulamıştır. Ancak hemen belirtmek gerekir ki, bugüne kadar ortaya konulan kaynak ve belgeler Nasreddin Hoca'nın tarihi kişiliğini geniş ölçüde aydınlatamamaktadır.

Şimdi sırasıyla bu belge ve bilgileri ele alalım.

Mezar Taşı

Bursalı Mehmed Tahir Beyin Akşehir'de yaptığı araştırmalara dayanan Köprülü [1], 386 tarihini taşıyan eski, kırık bir mezartaşı kitabesi ortaya çıkarıldığını belirtir. Tarihçi İbrahim Hakkı Konyalı'ya göre [2] de bu, Nasreddin Hoca'nın ilk mezartaşı kitabesidir. Hoca'nın özellikleri gözönüne alınarak, oradaki tarih tersinden okunursa Hicri 683 tarihi bulunur. Hoca'nın Miladi 1284-85'in karşılığı olan 683'te öldüğü başka belgelerle de kanıtlanmaya çalışılmıştır.

Türbe Duvarındaki Yazı

Yine Konyalı, Hoca'nın Akşehir'deki türbesinde sütunlar üzerinde bulunan yazıları incelerken rastladığı bir yazıyı yayımladı [3]:

"El-hatt-ı baki ve'l- ömr-i fani
ve'l- abd-ı âsi ve'r-rabb-ı âfi
ketebetü'l- hakîr
Mehmed an cemaat-ı sipah-ı Hazret-i Yıldırım Bayezid
Bu tarihte vaki sene 796"

Konyalı bunu Türkçeye şöyle çeviriyor: "Yazı baki, ömür fanidir, kul asi (günahkâr), Tanrı affedicidir. Bunu Yıldırım Bayezit Hazretlerinin askerlerinden hakîr Mehmed 796 H. yılında yazdı."

Demek ki Hoca, H. 796'nın karşılığı olan 1393'te çoktan ölmüştü ve türbesi ziyaret edilegelmekteydi. Bu da Hoca'nın Timur döneminde yaşamadığının bir kanıtı sayılmaktadır. Timur Anadolu'ya o tarihten dokuz yıl sonra gelmiştir.

Kızlarının Mezar Kitabeleri

Sivrihisar'da bulunup önce Konya Mevlâna Müzesi'ne, oradan Akşehir Müzesi'ne götürülen bir mezartaşında şu kitabe yer almaktadır (4):

Allah... Fâtıma
Hâtun binti
Hâce Nasreddin Nosrat
tegammadahallâhu bi gufrânihî

....

Sab'atu ve ışrîne ve seb'a mia

Son satırdaki Arapça sayılar H. 727 - M. 1327 tarihini vermektedir. Demek ki, Hoca 1284'te öldüğüne göre, kızı ondan sonra 43 yıl daha yaşamıştır.

1962 yılında türbenin çevresi açılırken, Hoca'nın ayak ucunda bir kitabe daha bulunmuştur. Bu, Selçuklu dönemi figürlü mezartaşlarının özelliklerini taşımaktadır ve ön yüzünde

İntekalet
el-merhume
Dürrü Melek binti Nasreddin

yazılıdır. Bu taş da Akşehir Müzesi'ndedir. Ölüm tarihinin ayak taşında olması gerekir; ayak taşı bulunamamıştır (5).

Akşehir'deki Vakfı

İ.H. Konyalı, Ankara'da Kuyud-ı Kadîme (Eski Kayıtlar) Arşivi'nde, 556 numarada bulunan bir genel vakıf ve emlak defterinin ilgili sayfasını da yayımlamıştır (6). Bu belge, H. 881 - M. 1476 tarihli yazımda Hoca'nın türbesinin harap durumda olduğunu; bir vakıf medresesi bulunduğunu ve bunun ancak zemininin ayakta kaldığını; burasının "Yakuplu'nun kardeşi" tarafından kullanıldığını; vakfa gelir sağlamak için ayrılan 10 dönümlük Tur Ali bahçesi ile 10 dönümlük Hacı Bibi ve 10 dönümlük Musaoğlu bağlarının Hacı İbrahim adlı kişi elinde bulunduğunu ortaya koyuyor. II. Mehmed'in (Fatih) "ilyazıcı"sının bu kayıtlarını yorumlayan Konyalı, "İlyazıcılar çok kere defterlerinde tespit ettikleri vakıfların vâkıfları (vakfı kuran, vakfeden) ile vakıfnamelerin tarihlerini ve tescil eden kadıların adlarını yazdıkları halde bu ilyazıcı bu vakfın ve vâkıfının şöhretine binaen olacak böyle yapmaya lüzum görmemiştir" diyor. 25 yıl sonra, H. 906 - M. 1500 yılında II. Bayezid adına Karaman ili vakıflarının yazıldığı deftere Nasreddin Hoca türbesinin ve vakfının geçmediğini belirten Konyalı, bunu şöyle yorumluyor: "Kanunnameye göre ilyazıcılar ancak yaşayan ve vakıfnamelerinin hükümleri yürürlükte bulunan vakıfları tespit ederler, münderis (izi kalmamış) vakıflara defterlerinde yer vermezler." (7).

Bu belgeler, Hoca'nın varlıklı sayılacak bir kişi olduğunu, kurduğu vakfın zamanla ortadan kalktığını ortaya koyuyor.

Saltuknâme'ye Göre

Ebü'l-Hayr-ı Rûmî'nin Cem Sultan adına yazdığı *Saltuknâme*'de (yazılışı 1480) Hoca'nın en eski fıkrası yer almaktadır. Sözlü gelenekte dolaşan hikâye, menkıbe ve efsanelere dayanan, Sarı Saltuk'un kerametlerini ve savaş maceralarını anlatan bu kitaba (8) göre, Nasreddin Hoca 1268-69'da Akşehir'de ölen Seyyid Mahmud Hayrani'nin müridi ya da dervişidir. Pirdaşı Sarı Saltuk, pirini ziyaret için Akşehir'e gelmiş ve Hoca'ya konuk olmuştur:

"Hoca, Sarı Saltuk'a altın ve gümüş sahanlarla yemek çıkarmış ve bizzat kendisi hizmet etmiştir. Sarı Saltuk, bir aralık, acaba bunlar Hoca'ya babadan mı kalma, yoksa kendi mi çalışıp kazandı da aldı diye düşünürken Hoca, onun gönlünden geçeni anlamış, hepsi de demiş, babadan kalma. Benim, ancak üç malım var, onlarla geldim bu dünyaya, onlarla giderim. Sarı Saltuk, nedir onlar diye sorunca bir y...., iki t.... demiş. Sarı Saltuk, böyle olgun bir adam abes söz söylemez. Bu söz, şüphesiz ki bir remiz, amma neyi kasdetti acaba diye düşünürken Hoca, düşünme, düşünme demiş, bu üç şeyle inancı, ameli ve ihlâsı kasdettim.

Bu fıkraya göre Hoca, altın ve gümüş kap-kacak sahibidir ve zengin bir adamdır. Aynı zamanda 1263-1264'te, on-on iki bin göçer-evli Türkmenle Rumeli'ye geçen Sarı Saltuk'la pirdaştır. Zaten *Saltuknâme,* Sarı Saltuk'u Seyyid Mahmud-ı Hayrani'nin dervişi sayar. İbn-i Batûta'nın kaydına ve apaçık Batınî inançlara sahip olan Barak Baba'nın şeyhi olmasına nazaran Sarı Saltuk Baba'nın, 1240-1241'de meşhur Babaî isyanını hazırlayan ve idam edilen Baba İshak'ın ve onun şeyhi Baba İlyas'ın kanaatlarını benimsemiş bir adam olduğunda şüphe edilemez. Esasen Bektaşi *Vilâyet-nâme*'si (Hacı Bektaş Menakıbı) onu, Hacı Bektaş halifesi gösterir." (9).

Saltuknâme'deki bir başka kayıt, Hoca'nın Sivrihisar'la ilişkisini ortaya koyar:

«(Sarı Saltuk) andan (= Konya'dan) âzm edüb Ak-Yanus (Akşehir) şehrine gitdi. Varub Seyyid Mahmûd Hayran'un kabrin ziyâret eyledi. (...) Pes Server (= Sarı Saltuk) andan durdı. Hâce Nasreddîn evine geldi. Kapu kakdı. Hatunı kapu ardına gelüp: 'Kimsiz?' dedi. Server ayıtdı: 'Ben Şerîf Saltıhum. Kanı Hâce, kandedür?' Pes hatun ayıtdı: «Server, Hâce Sivri-Hisâr'a ve Kara-Hisâr'a gitdi.» Server ayıtdı: «Ol yirler ekser kâfirlıkdur. Anda n'eyler?» Hatun ayıtdı: «Sivri-Hisar'un, musarrifleri haber gönderdiler, dahi ayıtdılar: 'Gelsün, bize biraz akıl koysun. Biz dahi eller gibi uslanalum.' Ve dahi Kara-Hisar'da olan Ermeniler ayıtmışlar. Nasreddîn bir 'akılsız Türk'dür; kim gerekse anun sakalına güler. Vay, bundan gelse bizde gülerdük! demişler. Pes anda gitdi kim vara anlarun sakalına güle birez.» dedi. Pes Server ayıtdı: «Hayf! Bize birkaç nasîhat ede, deridüm, bulımadum.» Hatun ayıtdı: «Ben sana nasîhat eyleyem, kabûl eyle, eylerisen.» Server ayıtdı: «Buyurgıl, işidelüm,» Hatun ayıtdı: «Nasîhat budur kim: (...) Server bu nasîhatları ol âhiret bacısından işidicek kendüden geçüp yüz dâne altun 'atâ edüp gitdi. Nakildür ki her yıl Server, Nasreddîn'e ve hatununa tuhfeler ve armağanlar gönderür idi. Hâce ve Hatun dahi du'âlar gönderürler idi. Pes bir yıl Server armağan göndermedi. Anlar dahi du'ânâme göndermediler. Server gerü hediye gönderdi. Ayıtdı: «Bizüm ile dostluk böyle mi olur?» Pes ol gelen adama Hâce ayıtdı: «Begüm, siz bilmez misiz kim mesel-i meşhûrdur ki, boş torba ile at tutulmaz. Erenler yanında hatâdur.» Pes ol varan adam ayıtdı: «Bir du'â eyle bizlere, bir mut buğday getürelüm.» Hâce: «Bir kile olsun, hemân hâzır olsun. Erenler du'âyı hâzıra ederler, gâyibe gülbenk ederler. Veresiye du'â olmaz.» dedi. O şahs vardı, buğdayı aldı, geldi. Hâce du'âlâr eyledi. Ol kişinün malı şöyle vâfir oldı kim, rızkınun hesâbını bilimez idi.» (10).

Bu belge üzerinde biraz aşağıda, Hoca'nın Sivrihisar'a bağlı Ḥorto köyünde doğduğuna ilişkin görüşleri ele alırken duracağız.

Vakıfnamelerdeki Tanıklığı

Hoca'nın adının iki vakıfnamede geçtiği öne sürülmüştür. Bunlardan ilki Seyyid Mahmud Hayrani'nin H. 655 - M. 1257'de, ikincisi Hacı İbrahim Sultan'ın H. 665 - M. 1267'de düzenlenen vakıfnameleridir. Bunları tanık sıfatıyla imzalayan zatın bizim incelediğimiz Nasreddin Hoca olmadığı da kanıtlanmaya çalışılmıştır (Rıfkı Melûl Meriç, *Türkiyat Mecmuası*, S. 7, 1935).

Lâmii'nin Letaif'inde

Lâmii (1472-1537) tarafından yazılmaya başlanan, oğlu Abdullah Çelebi'nin tamamladığı *Letaif*'te [11], üç Nasreddin Hoca fıkrası yer almaktadır. Bunlardan birinde Hoca, ünlü şair Şeyyad Hamza ile (13. yüzyıl) çağdaş gösterilmektedir. Bu, Fuat Köprülü'nün de belirttiği üzere, "az çok kabul edilebilir". Evliya Çelebi *Seyahatname*'si başta olmak üzere birçok kaynakta Timur'la Hoca arasında geçmiş gösterilen "Hamamda değer biçme" fıkrası, burada zaman yönünden doğru olarak Timur'la şair Ahmedî (1334-1413) arasında geçmektedir. Nasreddin Hoca'nın torunlarından olduğu öne sürülen Sinan Paşa'yla ilgili bir başka fıkra, Hoca'nın memleketi, mezarı ve tarihi kişiliğiyle ilgili ipuçları verebilecek niteliktedir:

"Anadolu'nun faziletlilerinden Sivrihisarlı olup nesebleri merhum Nasreddin Hoca'ya kadar çıkan Mevlâna Sinan Paşa'nın huzuruna bir gün Karamanlı bir danişmend getirip el öptürürler. Paşa hazretleri danişmende: Nerelisin Mevlâna? diye sorar. Danişmend: Sultanım Karaman'dan ve Diyar-ı Rum'danım. Lâtife yollu yine Paşa Hazretleri buyurdular: Galiba bu Karamanlılara bir nesne ile töhmet ve bir işle nisbet ederler. Yine Paşa Hazretleri yeri gelmişken Karamanlı'nın ağzından söz almak için: Bu Karaman'ın suyu ve havası kalbe huzur, dağ ve sahrası gönle ferahlık verir. Onun halkına bu ayıp ve töhmet nedendir? der. Danişmend: İki cihettendir Sultanım, biri Sivrihisar'ın civarı olması, diğeri ise Karaman Akşehir'indeki Nasreddin Hoca'nın mezarıdır. Merhum Paşa'ya Danişmend'in kinaye ve nükteli cevabı ziyade hoş gelip iltifat ederek ihsanlarda bulunur." [12].

Sonradan Nasreddin Hoca'ya bağlanan on fıkra daha, burada "divanelere atfen" verilmiştir.

Güvahî'nin Pendnâme'sinde

1527'de mesnevi (her ikiliği birbiriyle uyaklı manzume) biçiminde yazılan *Pendnâme,* atasözleri, öğütler, hikâye ve fıkralar bakımından önemli bir kaynaktır. I. Selim'in (Yavuz) Mısır seferine katılan Güvahî bunları Anadolu'dan derlemiş, nazımla kaleme almıştır. Burada anlatılan fıkralardan biri şöyledir (13):

"Lâtife:
Dimişler Nasirüddin Hâce'ye ah
Düşüben oğlun ussı gitti nagâh

Dimiş ussı yoğ idi bu ne tan iş
Nesi gitti ola idin ki teftiş".

İkincisi, Hoca'nın ünlü "Ye kürküm ye" fıkrası, 18 ikilikle anlatılmaktadır. "Peşin parayı görünce gülersin" fıkrası 20 ikilikle, Hoca'ya değil, herhangi bir kişiye bağlanarak verilmiştir. Bunlar aynı zamanda en eski manzum Nasreddin Hoca fıkraları olarak değerlendirilmektedir (14).

Taşlıcalı Yahya'nın Gencîne-i Râz'ında

Yahya Beyin (öl. 1582) *Pendnâme*'den 13 yıl sonra, 1540'ta yazdığı *Gencîne-i Râz* (Giz Hazinesi) adlı mesnevisinde de Nasreddin Hoca fıkralarına rastlanmaktadır. Bunlardan biri, "Bozukluk kararda değil bal çömleğindedir" esprisinin bulunduğu, 20 ikilikten oluşan fıkradır (15).

HOCA SİVRİHİSARLI MI?

Yukarda sözü edilenlere eklenmesi gereken, yeni sayılabilecek başka bilgiler de var.

Bunlardan biri, Sivrihisar müftüsüyken 1880 yılı dolayında ölen Hüseyin Efendi'nin eski sicillerden yararlanarak yazdığı, yarım kalmış bir yazma olan *Mecmua-i Maarif*tir. Burada Hoca'nın H. 605 - M. 1208'de Sivrihisar'a bağlı Horto (ya da Hortu) köyünde doğduğu, babasının köy imamı Abdullah Efendi olduğu, Hoca'nın da burada imamlık yaptığı, H. 635 - M. 1237'de o dolayda büyük ün kazanan Seyyid Mahmud Hayrani ve Seyyid Hacı İbrahim Sultan'a bağlanmak amacıyla imamlığı Mehmed adlı kişiye bırakarak Akşehir'e göçtüğü, orada H. 683 - M. 1284'te öldüğü anlatılmaktadır. Fuat Köprülü, "sair tarihi rivayetlerle de pek iyi telif edilebilen bu malûmatın nereden iktibas edildiğinin" anlaşılamadığını belirtiyor (16).

İbrahim Hakkı Konyalı ise karşı çıkıyor: "Müftünün de kabul ettiği gibi Hoca, Konya Selçukluları devrinde yaşamıştır. Bu su götürmez bir gerçektir. Selçuklu devri şer'i sicillerinin ve ilyazıcı defterlerinin bize kadar gelmediği de bir hakikattir. Osmanlı İmparatorluğu'nun ilk devirlerine ait şer'i sicillerden bile bize erişenler yok gibidir. Meselâ Konya'daki şer'i siciller 975 tarihinden sonra başlar. Müftü Efendi, bulunmayan sicillerden nasıl istifade edebilmiş? Şer'i sicillerde bir adamın aile şeceresi, doğum, ölüm tarihleri, hususi hayatının çeşitli safhaları yazılmaz ki Müftü Efendi Nasreddin Hoca hakkında vermiş olduğu geniş malûmatı oradan almış olabilsin!.. Nasreddin Hoca, Pir Ebi, Hoca-i Cihan, Mevlâna Celâleddin-i Rumi, Seyyid Mahmud Hayran ile muasırdı (çağdaş). Fakat 667 H. - 1268 M.'de ölen Mahmud Hayran ile Hacı İbrahim Sultan arasında bir asırdan fazla bir zaman vardır. Şu halde Müftü Efendinin bu haberi, Köprülüzade'nin naklettiği malûmat gibi tamamen uydurmadır." (17).

Prof. Pertev Naili Boratav, yukarıda anılanlara da dayanarak, gelenekten gelme bir bölük anlatımlarla türbesinin canlı tanıklığında büyük bir gerçek payı bulunduğunu öngörüyor; "Nasreddin Hoca'nın 13. yüzyılda Sivrihisar'da doğmuş, Akşehir'de yaşamış ve ölmüş bir kişi olması gerektiği sonucu çıkar kanısındayız." diyor (18). Ancak, aşağıda görüleceği üzere, Boratav, Hoca'nın Sivrihisarlı olduğu görüşünde direnmemektedir.

Nasreddin Hoca'nın Akşehirli olduğu görüşünü savunan İ.H. Konyalı, Sivrihisarlılık "iddia"sının II. Mehmed'in (Fatih) çağdaşı olan Hızır Bey'in şeceresine dayandırıldığını yazmakta; Hızır Bey'in (1407-1459) babası olan Sivrihisar kadısının Nasreddin Hoca'nın torunlarından olduğu yolundaki bilginin gerçeklere aykırı düştüğünü kanıtlamaya çalışmaktadır. İstanbul'un fethi üzerine İstanbul kadılığına getirilen Hızır Bey, daha önce Sivrihisar'da kadı ve müderristi. Boratav'a göre, "şecereye dayanan bu söylenti, 15. yüzyıla dek giden yazılı kaynaklarca desteklenmiş bulunmaktadır." (19).

Yukarda sözünü ettiğimiz, kızı Fatma'ya ait mezartaşının Sivrihisar'da bulunması ayrı bir kanıt değeri taşıyabilirse de, 19. yüzyıl başlarına kadar İstanbul'da şecerelerini Nasreddin Hoca'ya götüren kişilerin yaşamış bulunması (20), bunun kesin bir kanıt olarak görülmesini engeller.

Öte yandan, "Paris Bibliothéque Nationale'indeki tarihsiz bir yazma fıkra kitabında 5 hikâye de Sivrihisarlıların tuhaf hallerini anlatır." (21). Bu ve benzeri "elyazmalarında Hoci namında birinin menkıbeleri anlatılmaktadır ki, kahramanları Sivrihisarlıdır." (22). Boratav'a göre burada Nasreddin Hoca yerine kısaltılarak Hoci denilmiştir; "Sivrihisarlılar ve Hoca üzerine olan bu derlemelerdeki olaylar, başka yollarla da Nasreddin Hoca'ya izafe olunmuştur." (23).

Burada karşımıza şu sorular çıkmaktadır:

"Acaba Sivrihisarlılar şakacı ve nekre kişiler olmak şöhretini, Nasreddin Hoca'nın kendi memleketlerinden olmasından mı almışlardır? Yoksa tersine 15. yüzyıl sonlarından itibaren bu yerde yaşayanların aldığı şöhret dolayısıyla tradisyonu, bu kasabayı Nasreddin Hoca'nın doğum yeri olarak mı seçmiştir?"

Soruları ortaya atan Boratav, "Şimdilik kesin konuşmamakla birlikte kanıtların ağırlığı birinci varsayıma eğilimli gibi görünmektedir" diyorsa da, "bunun büsbütün ters yönde olması ihtimalini" de reddetmemektedir (24). Yani, Nasreddin Hoca zamanla Sivrihisar'ın "ortak tipi" yerine geçmiş olabilir.

Bir başka yazısında Boratav, *Saltuknâme*'den yukarıya aktardığımız bölüm üzerinde durarak, bu belgenin kendisinde Nasreddin Hoca hikâyelerinin büyük bir bölüğünün "Sivrihisarlılar üzerine anlatılmış şeyler" olduğu kanısını güçlendirdiğini belirtiyor (25).

Bunlar, Nasreddin Hoca fıkralarının kaynakları araştırılırken üzerinde önemle durulması gereken bulgulardır. Sorunu Hoca'nın tarihi kişiliği yönünden alırsak, bütün bunların ve yukarda sözü edilen belgelerin, Hoca'nın Sivrihisarlı olduğu yolundaki ilk bakışta inandırıcı gelen görüşü kesinlikle kanıtlamadığını, Akşehirli oluşunun da bir varsayımdan öteye geçmediğini belirtebiliriz.

DEĞİŞİK GÖRÜŞLER

Nasreddin Hoca'yı Timur'la çağdaş gösterenler, Evliya Çelebi *Seyahatname*'sine dayanmışlardır. *Seyahatname*'nin 3. cildinde şöyle denilmektedir:

"Şehrin kıble yönünün dışındaki ağaçlıklı yol içinde din bilginlerinden, sağlam bilginin simurgu (anka'sı) El-Mevlâ Hazretü'ş-şeyh Hoca Nasreddin gömülüdür. Kendisi Akşehirlidir. Gazi Hudavendigâr'a (I. Murad, 1326-1389) yetişip Yıldırım Han döneminde (1389-1402) yaşamıştır. Büyük erdemler sahibi olup, hazırcevap, keramet sahiplerinden, filozof, din ve dünya işlerinde doğru ve ılımlı bir kişiydi. Timur ile aynı mecliste bulunmuştur.

Timur Han sohbetlerinden hoşlanıp onun hatırı için Akşehir'i bağışık tutarak yağmalamamıştır. Bu bilgin hocanın öğüt ve lâtifeleri bütün dillerde atasözü yerine kullanılır. Bir örnek:

Bir gün Timur Hoca ile hamama gidip birer futa (peştemal) ile yıkanırlarken, söz arasında Timur:

— Hoca Efendi, ben ki cihangir bir şanlı padişahım, satılmaklığım gerekse beni kaça alırsın? der. Hoca:

— Kırk akçeye ancak alırım, cevabında bulunur. Timur:

— Behey Hocam, benim futam kırk akçe eder!

Hoca:

— Ya ben de kırk akçeye futayı alıyorum. Yoksa senin gibi bir Moğol parçasını ne yapacağım, bir mangır bile etmezsin! dedikte, hazırcevaplığından Timur Han hoşlanarak büyük bağışlarda bulunur.

Daha nice yüz binlerce iyi kötü lâtifeleri vardır ki dillere destandır.

Yıldırım Han'ın yitirilmesinden sonra Çelebi Sultan Mehmed (öl. 1421) çağında ölmüş, bu Akşehir dışındaki bilinen kubbe türbesine defnolunmuştur. Dört yanında parmaklık vardır. Tanrı'nın rahmeti üzerine olsun."

Yukarıda Lâmii'nin *Letaif*'inden söz ederken, bu fıkranın orada Timur'la ünlü şair Ahmedî arasında geçmiş gösterildiğini belirtmiştik. Bu, daha akla yakındır. Ahmedî'nin Timur'a yanıtı, "Ben yalnız futaya değer biçtim, yoksa size değer biçilemez," yolundadır. Sonradan halk fıkrayı Nasreddin Hoca'ya bağlamış, Timur'a Hoca'nın ağzından "sen bir Moğol parçasısın, bir mangır bile etmezsin" dedirterek bir çeşit intikam almıştır. Yukarda değindiğimiz ve aşağıda açıklayacağımız gibi, Nasreddin Hoca fıkralarıyla Hoca'nın tarihi kişiliği çakışmamaktadır. Hoca ile Timurlenk'in çağdaş olmayışları, bu gibi fıkraların "Nasreddin Hoca fıkrası" sayılmasına engel değildir.

"Hoca Yaşamamıştır" Görüşü

Bu konuda en aykırı görüşlerden biri de Nasreddin Hoca adlı bir kişinin yaşamamış olduğu, halk fıkralarının bu "hayalî" kişiye bağlandığı yolundadır. R. Basset, bu fıkraları 10. yüzyılda yaşayan Arap halk (fıkra) kahramanı Cuha'ya bağlamış; sözlü gelenekte halk arasında yaşayan ve Türklere yabancı gelen Djoha-Djuha adının Hoca'ya (Khodja) dönüştüğünü öne sürmüştür. Buna benzer görüşleri başka yabancılar da savunmuştur (26).

Azerbaycanlı profesör Tahmasip ise Hoca'nın ünlü bilgin Nasirüddin Tûsî ile aynı kişi olması gerektiği yolundaki, M.A. Sultanov tarafından öne sürülen görüşe katılma eğilimindedir. Prof. Boratav, Azerbaycanlı bilginlerin yorumlarını şöyle özetliyor:

"Kimi fıkra kitaplarında Hoca'mızın adı Nasirüddin biçiminde yazılmıştır: Hattâ halk baskılarından birinde Nasîrüddîn Tûsî diye adlandırıldığı da görülür. Bilgin Tûsî'nin bir eserinde güldürücü fıkralara da yer verilmiştir. Tûsî de 13. yüzyılda, yani bizim fıkra kahramanı Nasreddin Hoca'mızın yaşadığı çağ olarak çoğunlukça kabul edilen bir tarihte yaşamıştır. —Bizim Hoca, birçok fıkralarında, müneccimleri alaya alır; bu türden yermeler ise ancak yıldızlar bilgisinde uzman olan bir kişiden beklenebilir; imdi, Tûsî bu nitelikte bir bilgindi. — Bizim Hoca'nın Temür'ün huzuruna, memleketin temsilcisi olarak varması ile Tûsî'nin Alamut hükümdarı tarafından Hulâgu'nun sarayına gönderilmesi üzerine anlatılanlar arasında dikkate değer benzerlikler vardır. Fıkralardan birinde Hoca'nın hakkâke mühür kazıtmaya gitmesi ve adının HS (= he-sin; Arap alfabesinin he ve sin harfleri) olduğunu söyleyerek, üç harf yerine iki harf hesabıyla, az para vermenin yolunu bulması anlatılır; bu fıkraya göre Nasreddin Hoca'nın bir adının Hasan olduğu anlaşılıyor. Nasirüddîn Tûsî'nin de bir adı Hasan'dır."

Azerbaycanlı edebiyat tarihçisi ve halkbilimcisi

Tahmasip'in bu yorumların sağlam kanıtlara dayanmadığını kabul ettiğini de belirten, kendisi de aynı görüşte olan Boratav, mühür fikrasının "tanıt değeri"ni de çürütüyor: "Nasirüddin Tûsî'nin künyesi Muhammed b. Muhammed b. Hasan olduğuna göre Hasan onun adı değil, dedesinin adı idi." (27).

"Hoca, Nasırüddin Mahmud'dur" Görüşü

İsmail Hami Danişmend, Paris Bibliothéque Nationale'inde gördüğü, yazarı belli olmayan bir *Selçukname*'ye dayanarak şu görüşleri ortaya atmıştır:

Nasreddin Hoca, Çobanoğullarından Hüsameddin Çoban oğlu Alp Yörük'ün torunu Muzafferüddin Yavlak Aslan'ın (öl. 1291) oğlu Hâce Nasırüddin Mahmud'dan başkası değildir. İlhanlılara bağımlı olan Selçuk sultanı II. Mesud döneminde (1292-1333) yaşamış, H. 628-690 - M. 1283-1291'de Konya'da bulunmuş, Konya Sultanlığının müstevfiliğine (defterdarlık) atanmış, İlhanlı (Moğol) veliahtı Keyhatu'yu yumuşatarak Moğol kıyımına uğrayan, öteye beriye sürgün edilen Türk ve Hıristiyan halkın rahat yaşamasını sağlamıştır. I. ve II. Alâaddin dönemlerinde de yaşamış, Kastamonu beyliği yapmış, Osman Gazi döneminde Şücaeddin Süleyman tarafından gerçekleştirilen bir gece baskınıyla Kastamonu elinden alınmıştır; bu olay sırasında ölmüş olmalıdır (28).

İ. H. Danişmend'in sözünü ettiği kişinin bizim incelediğimiz Nasreddin Hoca olamayacağı açıktır (29).

Danişmend bununla da kalmamış, Kayseri'de bulunan bir mezartaşını Nasreddin Hoca'ya maletmiş, bu da tartışmalara yol açmıştı. İlk harfi biraz silik olan yazı İ. H. Konyalı tarafından "Emirüddin Hoca" şeklinde okunarak bu yanlışlık düzeltildi.

Nasreddin Hoca'nın tarihi kişiliği üzerine Türkiye'de ve başka ülkelerde yukarda özetlenenlerin dışında da pek çok görüş öne sürülmüştür. Ancak bunların hiçbiri tarihi belge ve kanıtlara dayanmamaktadır. Nasreddin Hoca fıkralarının geniş bir yaygınlık alanı bulduğu, Doğu Türkistan'dan Macaristan'a, Güney Sibirya'dan Kuzey Afrika'ya kadar pek çok bölgede anlatıldığı gözönüne alınırsa, bu olağan sayılır.

ÇAĞI VE ÇEVRESİ

Fıkralarına dayanılarak, Nasreddin Hoca'nın köy hocalığı, imamlık, kadılık, gölge kadılığı, müderrislik yaptığı söylenmiştir. Kürdistan'a elçi olarak gönderildiği yolunda bir fıkra da vardır.

Zamanla fıkra kahramanı kişiliğiyle tarihi kişiliği ayrıştığı; karşımıza fıkraların toplamının verdiği, halkın yakıştırdığı kişiliği simgeleyen bir Nasreddin Hoca çıktığı için, elde yeterli belge de bulunmadığından, gerçek yaşamındaki Hoca'yı kendi gerçekliği içinde ortaya koymanın olanağı yoktur.

Onun zeki, hoşsohbet, hazırcevap, nükteyi seven bir kişi olduğu açıktır. Ancak, fıkraların çokluğuna bakılarak her ağzını açışta bir nükte savurduğunu söylemek yersiz olur. Ağızdan ağıza aktarılan belki on yirmi, belki kırk elli nüktesine, giderek başka kişilerle ilgili fıkraların da ona bağlanması ve yeni yaratıların eklenmesiyle, Nasreddin Hoca fıkralarının sayısı bugün ülkemizde dört yüz, beş yüz dolayına ulaşmıştır. Bunlar arasında Nasreddin Hoca fıkrası olmadığı daha ilk bakışta anlaşılabilen fıkralar da vardır.

Fıkraların tümü okunduğunda, onun yoksul bir hoca olduğu izlenimi edinilmektedir. Ancak bir köyde karşılaşılamayacak ölçüde yoğun bir toplumsal çevre içerisindedir. Bu izlenim tarihi gerçeklere de denk düşmektedir:

"12. yüzyılın sonlarından itibaren başlayan gelişmeler, Anadolu'da yeni bazı sahalarda nüfusun yığılmasına, yeni şehirlerin ortaya çıkmasına yol açmıştır. I. Gıyaseddin Keyhusrev devrinde başlayan bu yeni dönem, oğlu Alâaddin Keykubad (1220-1237) döneminde kesin neticelerini vermiştir. 15. yüzyıl Osmanlı kaynakları, meselâ Neşrî, Alâaddin Keykubad'ın 19 pâre şehir inşa ettiğinden söz etmekle bu yeni dönemin hatırasını yansıtır.

Selçuklu kaynakları, İbn Bibi, Aksarayî ve anonim *Selçuknâme*, 13. yüzyıl ortalarında Akşehir ve çevresini canlı olarak tasvir ederler. Özellikle yüzyılın ikinci yarısından sonra, Moğol ve İlhanlı noyan ve beyleri burada kışlıyorlardı. Kaynaklar, bu sırada Akşehir çevresindeki köylerin dahi 'şehri andırdığından' söz ederler. Köyler (karye) şehre benzer olunca, doğrudan Akşehir'in, kendisinin gerçek bir şehir kabul edildiği anlaşılıyor. Gerçekten de Konya'nın kuzeybatısındaki sahalarda, Akşehir en önemli merkezdir. Bu merkezin teşekkülü, gelişmesi ve yüzyılın ikinci yarısında çevresi ile birlikte büyük bir canlılığa sahip olması olayı, yeterince gün ışığına çıkartılamamıştır."(30).

Öte yandan, Hoca'nın yaşadığı dönem toplumsal çalkantılarla doludur: Anadolu Selçuklu Devleti yıkılmaya yüz tutmuştur. Babailer Ayaklanması'nı (1240) Moğolların Anadolu'yu istilâsı (1243-50) izlemiş, Selçuklu şehzadeleri arasında taht kavgaları sürüp gitmiş (1254-62), Hatîroğlu Şerefeddin Ayaklanması (1276) patlak vermiş, Cimri Ayaklanması (1277) ile Karamanoğulları Konya'yı ele geçirmiştir. "I. Alâaddin Keykubad (Uluğ Keykubad)'ın ölümünü müteakip (1237) belirmeye başlayan siyasi ve idari buhranların yol açtığı, 1246'lardan itibaren ise Moğol hâkimiyeti ile had safhaya çıkan sosyal ve iktisadi buhranların sebebiyet verdiği bütün bu olaylar, Nasreddin Hoca'nın içinde yetişip yaşadığı sosyal çevreyi belirleyen temel faktörler olmaları itibariyle bizim için büyük önem taşırlar. Hoca bütün bu sayılan hadiseler sebebiyle güçlü bir siyasi otorite ve sağlam bir yönetimden mahrum hale gelmiş, istilâcıların siyasi ve mali baskıları ile iktisaden zayıflamış, sosyal düzeni sarsıntıya uğramış bir Selçuklu Anadolusu'nun insanı olarak düşünülmelidir. İşte onun, bütün bu olumsuzlukları fazla ciddiye almayarak yine de dünyayı yaşanmaya değer; hayatı, tadını çıkarmaya lâyık bir zaman süreci olarak algılayan ve algılatan derin mizah anlayışını ilmik ilmik örerek oluşturan sosyal çevre, bu kaba hatlarla nitelendirilebilir."(31).

Bir sonraki bölümde inceleyeceğimiz Nasreddin Hoca fıkralarını, başka bir deyişle Nasreddin Hoca mizahını yaratan ortamı bir kez daha vurgulayalım: "13. yüzyıl Anadolu halkı bu kemiğe dayanmış mizahın acısını duyan mutsuz, talihsiz, her şeyden yoksun bir topluluktu ve yüzyıl sonundaki kıtlıkta (1299) açlığını ölülerin etini yemekle karşılamak çaresizliğine düşmüştü."(32). "Halkın bu umutsuz yaşamı, ancak ölümden sonraki mutluluğa inanmak sonucunu doğurmuş, bu inançla Nasreddin'in çağdaşı olarak Mevlâna, Yunus Emre gibi mistik ozanlar yetişmiştir. Her üçünün birlikte yaşadıkları zaman, 1239-1273 arası, yani 34 senedir."(33).

Hoca Tüccar mıydı?

Burada iki tarihçinin üzerinde birleştiği, çok yadırgatıcı gelmeyen bir görüşü de aktarmak gerekiyor:

● "Hoca, Nasreddin Hoca'nın yaşadığı 13. yüzyılda 'tüccar, satıcı, büyük ticaret erbabı' manâsında idi. Hoca'nın fıkraları ile 'pazar' ilişkisi yanında, 'hoca'nın bu anlamı da dikkati çeker. Bu arada hemen belirtelim. Akşehir'in gelişmesinde ticaretin büyük yeri olduğu muhakkaktır. (...) Bizans ile ticaretin bu yöreden geçen yol ile yapıldığı muhakkaktır. Bu ticaretin, yöredeki büyük Türk nüfus için de önemli olduğu muhakkaktır. (...) Akşehir yöresinde var olan canlı iktisadi hayatın da, buraya göçen Nasreddin Hoca'nın yeri için iki yönlü yorumu akla geliyor: a) Bir ticaret erbabı, tüccar olabilir. b) Ticaretle kısmen uğraşan bir 'fakih' veya 'molla' kabul edilebilir."(34).

● "Hoca, bu ünvanının çağrıştırdığı ve hemen pek çok fıkrasında görüldüğü üzere, gerçekten küçük çapta bir müderris veya din görevlisi midir? Yoksa onun taşıdığı bu ünvan, Selçuklular devrinde bir yığın örneğini gördüğümüz gibi tüccar veya nüfuzlu kişi anlamına gelen bir ünvan olup Hoca'mız da bunlardan birisi midir? Kanaatimizce bu ikinci ihtimal de öyle kolay kolay yabana atılacak gibi görünmemektedir. Şayet böyle ise, bu takdirde Nasreddin Hoca'nın mollalık ve din görevliliği ile alâkalı bütün fıkralarının zamanla, *hoca* teriminin uğradığı bu anlam değişikliğinin sebebiyet verdiği bir yanılgı sonucu sonradan yakıştırıldığı da düşünülebilir."(35).

Hoca'nın "Görünümü"

Nasreddin Hoca'nın "görünümü" de, yapılan ve yapılacak resim ve heykelleri, çizgi filmleri, tiyatro ve opera yapıtları dolayısıyla, üzerinde durulması gereken bir noktadır. Bu konuda derli toplu bir inceleme, Akşehir Belediye Başkan Yardımcısı Mustafa Yıldırımer'in kaleminden çıkmıştır(36). Hoca'yı tasvir eden en eski resmin Topkapı Sarayı Kütüphanesi'nde 2142 numarada kayıtlı bir 18. yüzyıl minyatürü olduğunu(*) belirten Yıldırımer, çeşitli kaynaklara dayanarak Hoca'nın fiziki görünümünü ve kılığını belirlemeye çalışmakta; şu sonuca ulaşmaktadır:

"Türklerin çok geniş coğrafi alana yayılmış eserlerindeki insan figürlerine göre Nasreddin Hoca'nın yu-

---

(*) "Sol köşesinde 'Hâce Nasreddin aleyhirrahme' yazılıdır. Nasreddin Hoca bu minyatüründe, eşeğinin üstünde koca kavuğu, ince, uzun, beyaz sakalı, güler yüzü ve zeki bakışlarıyla canlandırılmıştır. Kırmızı bir kavuk üzerinde horasanî sarığı ile tam bir onüçüncü asır kıyafetindeki Hoca, arkasında kısa kollu, geniş yakalı, önü sıra çapraz ilikli kaftanı ve kurşuni çakşırı ile mükemmel bir onüçüncü asır adamı olarak gösterilmiştir." Prof. Dr. Süheyl Ünver'in tahminine göre (*Güzel Sanatlar* dergisi, S. 2) minyatür 17. yüzyılda yapılmıştır.

varlak yüzlü, hafif çekik gözlü olduğunu, kısa boylu ve tıknaz olmadığını söylemek mümkündür.

13. yüzyıl Anadolu tarihi ve Selçuklu gelenekleri ile kendisine yakışan fıkralarına göre Nasreddin Hoca, halkının tarzında giyinmiş ve yaşamış bir din adamıdır. Büyükçe horasanî sarığının altındaki hafif çekik gözlü, uzunca burunlu, yuvarlak çehresini kesik bıyıkları, ince uzun beyaz sakalı tamamlar. Ne uzun ne kısa boylu, ne şişman ne de sıska, sağlam ve güçlü yapısıyla eşeğinin üzerinde zeki nazarlarla gülücükler dağıtmaktadır. Sırtındaki önü yırtmaçlı cübbe biçimindeki feracesinin uzun ve geniş etekleri Sultandağları'nın rüzgârından uçuşmakta, kadılık günlerinin yadigârı kısa deri çizmeleri ayaklarını sarmaktadır. Sabrın, cefanın, bağlılığın, dayanıklılığın simgesi olan eşeği onu gelecek çağlara ağır ama sağlam adımlarla taşımaktadır.

... Nasreddin Hoca'yı insanların görüş, duyuş ve kavrayışına göre şekil almaktan kurtarmak mümkün değildir. Böyle bir çaba onun evrenselliğinin ve asırlardır dilden dile yaşamasının sebebini inkâr demektir. Bugün varolan Hoca'yı halk yarattığına göre onun halkın fıkralarında gördüğü gibi görmek ve göstermek, gerçek fıkralarında görülen değişimin imajına yansımasını yadırgamamak gerekmektedir."

BİRİNCİ BÖLÜMÜN DİPNOTLARI

(1) Köprülüzade Mehmed Fuad: *Nasreddin Hoca - Manzum Hikâyeler*, İst. 1334 / 1918. Yeni bas.: Fuat Köprülü: *Manzum Nasreddin Hoca Fıkraları*, Haz. Dr. Atâ Çatıkkaş, İst. 1980.

(2) İ.H. Konyalı: *Akşehir, Nasreddin Hoca'nın Şehri*, İst. 1945, s. 477.

(3) İ.H. Konyalı, agy, s. 472.

(4) Süleyman Gönçer: "Nasreddin Hoca'nın Hal Tercümesi Hakkında", *Görktan* (dergi, Afyon), S. 1, Haziran 1951; Mehmet Önder: "Nasreddin Hoca'ya Dair Vesikalar", *Türk Folklor Araştırmaları*, S. 77, 1955; Abdülbaki Gölpınarlı: *Nasreddin Hoca*, İst. 1961; M. Önder: "Akşehir Müzesi'nde Nasreddin Hoca'nın Kızlarına Ait İki Mezartaşı", *I. Milletlerarası Nasreddin Hoca Sempozyumu Bildirileri*, Ank. 1990.

(5) Ziya Ceran: "Nasreddin Hoca'nın Kızına Ait İkinci Mezar Kitabesi", *Türk Folklor Araştırmaları*, S. 92, 1965; Mustafa Duman: "En Eski Kaynaklarda Nasreddin Hoca", *Tarih ve Toplum*, S. 84, 1990; M. Önder: "Akşehir Müzesi'nde...", 4 no.da agy.

(6) İ.H. Konyalı, agy, s. 460-462.

(7) İ.H. Konyalı, agy, s. 462.

(8) *Saltuk-Nâme* II, Haz. Dr. Şükrü Halûk Akalın, İst. 1988.

(9) A. Gölpınarlı, *Nasreddin Hoca*, İst. 1961, s. 11.

(10) *Saltuk-Nâme* II, s. 181-182.

(11) 1546 tarihli elyazması *Letaif*, Konya İl Halk Kütüphanesi; yeni bas. Lâmiizade Abdullah Çelebi: *Lâtifeler*, Haz. Yaşar Çalışkan, İst. 1978.

(12) *Lâtifeler*, agy, s. 43-44.

(13) *Pend-Nâme*, Haz. Mehmet Hengirmen, Ank. 1983, s. 172.

(14) Mustafa Duman: "Güvâhi'nin Pend-nâme'sinde Nasreddin Hoca", *Tarih ve Toplum*, S. 63, Mart 1989.

(15) Metin Akar: "Nasreddin Hoca'nın Yahya Bey Tarafından Nazma Çekilen İki Lâtifesi", *Milli Kültür*, S. 6-8, 1981; M. Duman, 5 no.da agy.

(16) Fuat Köprülü, 1 no.da agy.

(17) İ.H. Konyalı, agy, s. 731-732.

(18) Pertev Naili Boratav: *100 Soruda Türk Halkedebiyatı*, İst. 1969, s. 96.

(19) P.N. Boratav: "Nasreddin Hoca'nın Kişiliğini Belirleme Yolunda Bazı Teşebbüsler Üzerine", *Türkiye Yazıları* dergisi Nasreddin Hoca eki, Temmuz 1978.

(20) P.N. Boratav, 19 no.da agy; Sait Sungur: "Nasreddin Hoca'nın istanbul'da Medfun Torunları", *Konya* (dergi), S. 51, 1943; ayrıca bkz.: Özcan Mert: "Nasreddin Hoca'nın Soyu İle İlgili Belgeler", *III. Milletlerarası Türk Folklor Kongresi Bildirileri*, C. II, Ank. 1986, s. 259 vd.

(21) P.N. Boratav, 18 no.da agy, s. 96.

(22) P.N. Boratav, 19 no.da agy.

(23) P.N. Boratav, 19 no.da agy.

(24) P.N. Boratav, 19 no.da agy.

(25) P.N. Boratav: "Nasreddin Hoca ve Memleketi Sivrihisar Üzerine", *Folklor ve Edebiyat 2 (1982)*, İst. 1983, s. 305 vd.

(26) Bkz. İsa Özkan: "Nasreddin Hoca'nın Tarihi Şahsiyeti ve Fıkraları", *Türk Folkloru Araştırmaları 1982*, Ank. 1983.

(27) P.N. Boratav, 25 no.da agy.

(28) İ.H. Danişmend: "Nasreddin Hoca Kim?", önce *Cumhuriyet*'te (23 Kasım 1940) yayımlanan bu yazı daha sonra birçok dergide çıktı.

(29) Bu tezin eleştirisi için bkz. İ.H. Konyalı, agy, s. 734 vd.

(30) Prof. Dr. Tuncer Baykara: "Nasreddin Hoca ve Dönemi", *I. Milletlerarası Nasreddin Hoca Sempozyumu Bildirileri*, Ank. 1990, s. 35-36.

(31) Prof. Dr. Ahmet Yaşar Ocak: "Nasreddin Hoca'nın yaşadığı Sosyal Çevre", 30 no.da agy, s. 277-278.

(32) Şükrü Kurgan: "Nasreddin Hoca Fıkralarında Türk Halk Yaşayışının İzleri", *Türk Dili*, S. 207, Aralık 1968.

(33) Ş. Kurgan: "Nasreddin Hoca Üzerine", 30 no.da agy, s. 226

(34) Prof. Dr. T. Baykara, 30 no.da agy, s. 38.

(35) Prof. Dr. A.Y. Ocak, 31 no.da agy, s. 281-282.

(36) M. Yıldırımer: "Nasreddin Hoca ve Görünümü", 30 no.da agy, s. 371 vd.

İkinci Bölüm

NASREDDİN HOCA FIKRALARI

Fıkra, güldürücü fikra, lâtife, nükte, hikâye, masal, teselleme, kıssa, temsil vb. sözlerle belirtilen anlatılar halk edebiyatının bir dalıdır. Bunlarda kısa, "yoğun bir anlatı tekniği uygulanmıştır. Sırası düşünce, herhangi bir düşünceyi örnek vererek güçlendirmek, karşısındakini ona inandırmak, ya da direnişinde yanıldığına tanık göstermek, herhangi bir durumu açıklamak gibi vesilelerle anlatılır bu hikâyeler."(1). Türk halkedebiyatında zengin bir fıkra geleneği vardır. Sözlü gelenekten gelen fıkraların birçoğu derlenmişse de, "gereğince" derlenmiş, sınıflanmış, incelenmiş ve değerlendirilmiş olduğu söylenemez(2).

Bu anlatı türündeki ürünler, çeşitli açılardan sınıflandırılmıştır. Bunlardan en yalını ve işlevseli, kanımızca, Prof. Boratav'ın şu bölümlemesidir:

"I. Kişileri belli halk tipleri olan fıkralar. Bu tipler ya 1) ünlü adlar taşıyan ve gerçekten tarihe mal olmuş sayılan kişilerdir: Bekri Mustafa, İncili Çavuş gibi; ya da 2) özel adlarla anılmayıp bir toplum zümresini temsil eden kişilerdir: Bektaşi, Tahtacı, Yörük gibi.

II. Belli bir toplumluk tip, ünlü bir kişi söz konusu olmaksızın, ortadan insanların güldürücü maceralarını konu edinen fıkralar: Karı-koca, çocuklarla ana-baba, uşak efendi, asker subay, vb. hikâyeleri gibi. Şaşırtıcılığı ve eğlendiriciliği sadece açık saçık olmaktan gelen fıkralar da bu bölüme girer."(3).

Nasreddin Hoca; İncili Çavuş ve Bekri Mustafa'yla birlikte, ama ötekilerden çok daha yaygın olmak üzere, Türk anlatı geleneğinde fıkra tipi olmuş ve ad yapmış üç kişiden biridir.

KOMİĞİN YAPISI

Aşağıda Nasreddin Hoca fıkralarının çeşitli yönleri, özellikleri üzerinde duracağız. Bu konulara ışık tutmak yönünden yararlı olacağını gözönüne alarak, gülme olgusundan da kısaca söz etmek, daha doğrusu "komik"in yapısı üzerinde durmak gerekir.

Çeşitli incelemelere, deneme yazılarına konu olan bu olguyu kapsamlı bir deneme çerçevesinde ele alan Fransız düşünürü Bergson'un görüşlerini aktarmak sanırız yeterli olacaktır.

Bergson, *Gülme - Komiğin Anlamı Üzerine Deneme* adlı kitabında(4) komiği "durum komiği", "söz komiği" ve "karakter komiği" ayrımı yaparak inceler ve şu sonuca ulaşır:

"Gülme, her şeyden önce, bir düzeltme (*correction*), bir ıslahtır. Utandırmak için vücut bulmuş olması itibariyle de kendine gülünen kimse üzerinde acı bir tesir bırakması gerektir. Toplum, kendisine karşı gösterilen lâubaliliklerin öcünü gülmekle alır. Eğer gülme sempati ve iyilik duygularıyla yüklü olursa istediği terbiyeyi veremez.

... Gülme, bizde sadece doğa tarafından kurulmuş bir mekanizmanın, yahut, aşağı yukarı aynı demeye gelir, toplumsal hayata olan uzun bir alışkanlığın sonucudur. Susmadan doğan her taşma haliyle kendiliğinden oluverir. Her zaman nereye dokunduğuna bakacak vakti yoktur. Hastalığın bazı aşırılıkları cezalandırması gibi, toplumsal bazı kusurları, masumları vurarak, suçluları esirgeyerek, genel bir sonucu gözleyerek ve bireysel durumları teker teker incelemeyerek cezalandırır. Doğal yolla olan bütün şeyler bilinçli bir düşünceyle olacak yerde hep böyle olur. Buradaki adalet ortalama bir adalettir, olayların şu ya da bu ayrıntısında değil, bütün sonuçlarında görünebilir.

Bu anlamda gülme, mutlak olarak haklı olamaz. Tekrar ediyorum, muhakkak iyi de olamaz. Gülmenin işlevi utandırarak küçük düşürmektir. (...)

Görülüyor ki doğa, başka yerlerde olduğu gibi, burada da iyilik için kötülüğü kullanıyor. Bütün bu incelemede bizi uğraştıran özellikle iyiliktir. Bize öyle geliyor ki toplum, olgunlaştıkça üyelerinden gittikçe büyüyen ve gittikçe daha iyi denkleşen bir uyarlık yumuşaklığı elde ediyor. Böylelikle de son derecede büyük olan toplum yığınından ayrılamaz bir halde bulunan yüzeydeki potları gitgide daha iyi temizliyor, gülme de bu potların şekline dikkat ederek yararlı bir işlevi yerine getiriyor."

"Gülünç durumlar" çeşitli ölçütlere göre kümelendirilebilir. On ayrı durumu kapsayan ve Nasreddin Hoca fıkralarına kolayca uygulanabilen bir kümelendirme denemesi şöyledir(5):

1. Olayların alışılmış düzeninin herhangi bir biçimde bozulması,
2. Olayların alışılmış düzeninin yasağa karşı gelerek bozulması,
3. Yakışıksızlık (yersizlik, terbiyesizlik),
4. Başka bir duruma ait bir şeyi bir başka duruma dahil etmek,
5. Aslında olmadığı şey kılıfı altında dolaşan bir şey,
6. Söz oyunu,
7. Saçmalık,
8. Küçük terslikler,
9. Bilgi ya da beceri eksikliği
10. Üstü kapalı aşağılamalar.

Bu genellemelerden sonra Nasreddin Hoca fıkralarını incelemeye geçebiliriz.

NASREDDİN HOCA FIKRALARININ OLUŞMASI

Daha önce de belirtildiği gibi, Nasreddin Hoca'nın sağlığında belki on on beş, belki kırk elli, diyelim seksen nüktesi yaygınlık kazanmış olabilir. Sonradan başka tiplere, başka kişilere ait nükte ve fıkralar da ona bağlanmış, bunlara yenileri eklenmiş, fıkra sayısı giderek artmıştır. Bu bakımdan, yaşayagelen *"Nasreddin Hoca'nın fıkraları"* değil, *"Nasreddin Hoca fıkraları"*dır. Hoca'yı ve fıkraları 13. yüzyıl Anadolu halkı yaratmaya başlamış, yaratım süreci çağlar boyu sürmüştür. Bu fıkralar artık Türk halkının tümüne mal edilmektedir: "Hoca, dert çeken, acıkan, ağlayan, bazen uman, isteyen, inanan ve sırasında inancıyla alay eden, efkârlanan ve sırasında efkârını bir nüktede boğan halktır; hem de tarih boyunca halk."(6).

Burada, hangi fıkraların Nasreddin Hoca fıkrası olduğu, hangilerinin bu kümeye alınamayacağı sorusuyla karşılaşılmaktadır.

Bu, kolay üstesinden gelinecek bir sorun değildir; çok çeşitli ölçütler öne sürülmektedir. Bir örnek olmak üzere, Şükrü Kurgan'ın ortaya attığı ölçütleri aktaralım(7):

1. Bir fıkrada sarhoşluk veya içki varsa, Nasreddin Hoca bir içki meclisinde gösteriliyorsa,
2. Hoca'yı zengin, mal, mülk, cariye ve köle sahibi gösteren, onun misafirlerine altın tabakla yemek ikram ettiğini anlatan fıkralar,
3. Bir fıkrada Hoca ahmak, sersem gösteriliyorsa ve bu bir sıkıntıdan kurtulmak için aptallık taslamak, kendini aptal yerine koymak değilse,

4. Bir fıkrada çapkınlık, iffetsizlik, kadının aldatması ya da kadın aldatma varsa,
5. Bir fıkrada Hoca cimri gösteriliyorsa,
6. Bir fıkrada tasavvufla ilgili inanç ve sözler Hoca'ya mal ediliyor, Hoca mutasavvıf olarak tanıtılıyorsa,
7. Bir fıkrada dalkavukluk varsa, Hoca bir bey veya paşanın emrinde gösteriliyorsa,
8. Bir fıkrada Hoca'ya mevki sahibi, istediğini zorla yaptıran bir kişilik verilmişse,
9. Bir fıkrada Hoca nesnel kuvvetle güçlü bir insan, genç, çevik bir delikanlı gibi gösteriliyorsa,
10. Bir fıkra uzunsa, anlatılması veya okunması dakikalarca sürüyorsa

o fıkra Nasreddin Hoca fıkrası değildir.

Bu ölçütlerin karşıtından (mefhum-ı muhalifinden) fıkralardaki Nasreddin Hoca'nın özellikleri de çıkarılabilir. Kanımızca bu özellikler, fıkraların tümündeki Hoca için geçerli değildir. Sözgelimi Hoca'yı ahmak, sersem gösteren fıkralar da vardır. Bu, "bir sıkıntıdan kurtulmak için aptallık taslamak, kendini aptal yerine koymak" bağlamında değil, aşağıda belirtilecek *yabancılaştırma* ögesinin ya da özelliğinin bir sonucu olarak değerlendirilebilir. Ya da ikinci bir nedene dayandırılabilir: Israrla belirttiğimiz gibi, bu fıkralar Nasreddin Hoca'nın kişiliğinden ayrışmış halk yaratılarıdır. Halk yaratılarının önemli özelliklerinden biri de sınıfsal olmalarıdır. Bu özelliği bir başka tür halk yaratısı olan atasözlerinde daha açık görebiliyoruz:

Kimi atasözlerinin dokuz yüzyıl öncesine kadar gittiğini *Divanü Lûgat-it-Türk*'ten örnekler vererek açıklayan Boratav şöyle sürdürüyor: "Bu örnekler, kimi ahlâk kurallarının, ya da yaşam denemeleri sonunda erişilmiş gerçeklerin, ilk söylendikleri yerlerden çok uzaklarda, ve o çağlardan çok sonraları da değerlerini yitirmediklerini bize öğretir. Ama bu yargı bütün atasözleri için doğru olmaz. Atasözleri arasında çelişkili yargıları bildirmiş olanların bulunması, onları söyleyenlerin her zaman belli bir konu üzerinde aynı kanıda olmadıklarını gösterir. Halkedebiyatının her türünden ürünler gibi atasözleri de oluşup geliştikleri çevrelerin ve çağların düşünüş ve davranışlarını dile getirmişlerdir."(8).

Aynı sınıfsallık özdeyişler için(9) de, fıkralar için de geçerlidir.

NASREDDİN HOCA FIKRALARININ ÖZELLİKLERİ, "ANLAMLARI"

Bütünsel açıdan bakıldığında, Nasreddin Hoca fıkralarında ilk göze çarpan ögeler "hazırcevaplık, nükte, sağduyu" ile "saflık ve tuhaflık"tır(10).

Erdoğan Tokmakçıoğlu'na göre Nasreddin Hoca mizahının genel nitelikleri şöyle sıralanabilir: Güldürücü, düşündürücü, öğretici, eğlendirici, şaşırtıcı'dır(11). Aynı yazar, "mizahının dayandığı esaslar"ı şu ögelerde buluyor: Hazırcevaplık; mantık dışı durum ve sözlere başvurma; güldürücü "durum" ve "sözler"; zıtlık; kelime oyunları; şaşırtıcı zekâ oyunları; ölümle alay; beklenmedik, akla gelmedik nedenler, ihtimaller ortaya atma, umulmadık, şaşırtıcı davranış ve sözler; şiir-mani (bunlardan yararlanmıştır, diyor); abartma; ima-taşlama; çağrışım(12).

Şükrü Kurgan, fıkraları ikiye ayırıyor. Ona göre Hoca'nın kişisel yaşamıyla ilgili fıkraların özellikleri şunlardır:

a) Bencillik, *b)* Filozofluk taslama, bilgiçlikle alay, *c)* Büyük yitikler karşısında küçük avunmalara sığınmak çaresizliği, *ç)* Yoksulluk insana ölüm-dirim kumarı oynatabilir, *d)* Gençliğe, güzelliğe düşkünlük, *e)* Yoksulluk yüzünden piyangoya bel bağlayışla alay, *f)* Kendi kendisiyle eğlenme.

Hoca'nın toplumsal yaşamıyla ilgili diye nitelediği fıkralarda ise şu özellikleri buluyor:

a) Toplumun gerçek değer yerine kılığa, şekle önem verişi ile alay, *b)* Kendi işi ile alay, *c)* Hukuk, adalet ilke ve kavramlarının kaypaklığı ile alay, *ç)* Toplumun değer anlayışı, lüks düşkünlüğü ile alay, *d)* Ticaret, alışveriş kurallarıyla alay, *e)* Din kuralları, dünya ile ilgili gerçekleri unutturmamalıdır, *f)* Bir iyiliğin bir yardımın karşılığını isterken insaflı olmalı, çıkarımızı başkalarına zarar vererek sağlamamalıyız, *g)* Güç durumlardan kurtulmak için mantık kurallarını çiğneme, *ğ)* Deneysel bilimlerin önemi, *h)* Medrese'nin gerçeği akla en uzak yolda arayan "kıstasçı" anlayışıyla alay, *ı)* Sofizm (sophisme), safsata ve mugalata ile alay, *i)* Aile geçimsizliğini belirten fıkralar, *j)* Kaynana geçimsizliği, *k)* Medeni cesaret, haksızlığa isyan, *l)* İltimasla alay, *m)* Türk dili ile ilgili fıkralar, *n)* Toplumdaki zulüm, rüşvet ve halkı ezen "bey" korkusu, *o)* Türk halkının özelliği kimsenin işine karışmamak, kendi işine de kimseyi karıştırmamaktır(13).

Yazarın Nasreddin Hoca fıkralarıyla ilgili ölçütüne yönelttiğimiz itirazlar burada da geçerlidir.

Nasreddin Hoca fıkralarının eğiticilik özelliği ya da eğitici işlevi üzerinde de durulmuştur. Bir incelemede(14) bunların başlıca şu mesajları verdiği belirtiliyor:

a) İyimserlik, hayata bağlı ve ümitli olmak,

b) Özeleştiri yapabilme,

c) Hoşgörülü olma,

ç) Tedbirli olmak,

d) İçki alışkanlığının kötülüğü,

e) Dış görünüşe önem vermeme,

f) Görücü usulüyle evlenmenin sakıncaları,

g) Birden fazla kadınla evlenmenin zararları,

h) Evlilikte uyumlu davranma,

i) Dini inançlar.

Kaya Erginer, "hikâye" diye nitelediği Nasreddin Hoca fıkralarını iki bölüme ayırarak incelemek gerektiğini yazıyor. Bu, aynı zamanda, fıkraların iki bölümden oluşan yapısal özellik gösterdiği anlamına geliyor. "Gülünç dış mahfaza" dediği birinci bölüm, "hikâyenin hemen anlatılan kısmıdır." "Düşündürücü kısım" diye nitelediği ikinci bölümse, fıkranın gerçek anlamını vermektedir. Erginer, *Nasreddin Hoca - Tarihi Kişiliği ve Hikâyelerinin Anlamı* adlı kitabında(15) yirmi fıkrayı ele alarak bunların "anlamlarını" ortaya koyma çalışması yapmıştır.

Nasreddin Hoca fıkralarını çözümleme çalışmalarının en ilginçlerinden biri, Yıldız Cıbıroğlu'nun yalnızca kısa bir bölümü yayımlanan "Nasreddin Hoca Fıkralarının Ortak Örgenleri" başlıklı araştırmasıdır. Cıbıroğlu'na göre, "Örgenler (motifler) fıkraların adeta organik bütünlüğünü ve bağlantısını, diyalektik gelişimini sağlar ve sürdürürler. Ayrıca öz ve biçim arasındaki ilişkileri oluştururlar. Yer değiştirerek bir araya geldikçe yeni anlamlar kazanır ve zenginleşirler." Nasreddin Hoca fıkralarındaki ortak motifleri şunlardır(16):

1. Olumsuzluk
2. Çelişki
3. Yabancılaştırma (yadırgatma)
4. Başkaldırma
5. Simgesellik
6. Tarihsel örgen
7. Mekân
8. İşlevsellik
9. Kurnazlık
10. Hazırcevaplık
11. Buluş ve yaratıcılık
12. Saflık
13. Cansız varlıklarla ve hayvanlarla konuşma
14. Uzlaşma
15. Davranış ve devinim örgeni.

Bunlardan yabancılaştırma ve çelişki motiflerini incelerken[17] şöyle diyor:

"Fıkralara göre Nasreddin içinde yaşadığı toplumsal kokuşmanın, sınıfsal karşıtlıkların, halkın yoksulluğundaki nedenlerin ayırdındadır. Halkı soyanlara karşı çıkar, bir yandan da yaşamını sürdürebilmek ve karnını doyurabilmek için aynı hileye, yalana başvurur. Çünkü ekmek arslanın ağzındadır. Bilinçli Nasreddin'le düzene uymak zorunda olan Nasreddin arasındaki çelişki onun kendi bünyesindeki çelişkilerin ana nedenlerinden biridir. Hoca fıkralarının pek çoğunda, gerçeği anlatmanın yöntemi; "İşte gerçek şudur, şudur..." diye öğüt vermek yerine onun çelişkisi ele alınarak gösterilmesi ve çeşitli konularda insanın düşünmesinin sağlanmasıdır. Fıkralarda yer alan, eleştirilmesi gerekli olandır. Çelişki örgeni, Hoca fıkralarının özünü oluştururken büyük ölçüde biçimini ve kurgusunu da oluşturur.

....

Brecht'in epik tiyatro adıyla başlattığı anlatım biçiminin ögelerini Nasreddin Hoca fıkralarında da görürüz:

Hoca fıkralarında heyecan ve dramatik gerilim yoktur. Bu, fıkraların biçim ve içerik özelliğindendir. Ayrıca hepimiz Hoca fıkralarının nasıl bittiğini zaten biliriz. Olumsuzluk örgeninde sıralanan olaylar ne denli kötü olursa olsun dramatize edilmez, dinleyicide acımaya, duygusallığa, gözyaşına yol açmaz. Aksine güldürür ve bu güldürmenin sonucu halkın kendisini eleştirdiğini, yargıladığını, düşünmeye ve denemeye itildiğini görürüz. Hoca hiçbir zaman bir kahraman değildir. Ne kadın dinleyicinin, gençliği, yakışıklılığı, fizik gücü, erkekliği, parlak sözleri karşısında hayran kalacağı, dalıp gerçeklerden uzaklaşacağı birisidir Hoca; ne de erkek dinleyicinin kendisiyle özdeşleştireceği, çeşitli serüvenler yaşayan, uzak ülkelere yaptığı yolculukları ağzından bal damlayarak anlatan, bir güzel kadının yatağından bir başka kadının yatağına giden, kötüleri, kötülükleri bileğinin gücüyle yenen olağanüstü bir yaratıktır. O, Brecht'in oyuncusunu anımsatır. Hoca sanki halkın karşısında, halkın rollerini oynar, kanıtlamayla (demonstrasyonla) var olan yaşam biçimlerini ve var olanın dışındaki yeni yaşam biçimlerini deneyerek gösterir. Hoca'nın başkalarının dükkânına, bağına, bahçesine girmesi, yakalandığı zaman kaçmaya bile yeltenmemesi onun halka göstermek istediği ortaklaşımcı yaşam deneylerinden biridir. Brecht epik olguyu açıklarken yabancılaştırmanın bir nedenini şöyle açıklar: 'İnsan olduğu gibi kalmak zorunda değildir. Onu yalnız olduğu gibi değil, ama olabileceği gibi de görmek zorunludur. Bize düşen, onu hareket noktası olarak değil, amaç olarak almaktır. Bunun anlamı şudur yalnızca: Ben kendimi salt onun yerine koymak yerine, hepimizin temsilcisi olarak onun karşısına geçip oturmalıyım. İşte tiyatro bu nedenle gösterdiğini yabancılaştırmak zorundadır.'

Hoca fıkralarındaki yabancılaştırma olgusu, yukarıda saydıklarımızı da içine alan, Hoca'nın dünyaya ve yaşama uzak bir mesafeden bakan tavrından kaynaklanır. Hoca kendisine dahi nesnel açıdan bakar. Hoca'nın ölmediği için şükrettiği fıkralarda Hoca iki kişilikmiş gibi görünür. Örneğin bahçedeki ipte asılı duran gömleğine nişan aldığı fıkrada, Hoca kendisi kendi gömleğine nişan almakta, sonra da gömleğin içinde kendi olmadığı için şükretmektedir. Bu fıkrada kurgu öyle ustaca ve mükemmel verilir ki; Hoca –boş gömleğe– nişan alır, böylece onun tüm fıkralardan algıladığımız can yakmayan kişilik yapısı zedelenmez. Ayrıca olayın gerçeğe uygunluğu bozulmadan yani gerçek dışı anlatım yollarına başvurulmadan Hoca'nın kendini bile uzaktan seyrettiği anlatılır. Hoca vuran ve vurulan iki kişi olur aynı anda, kendisine bir de öldürülmek istenenin, vurulanın gözüyle bakar. Yine çelişki örgeninde incelediğimiz Hoca'nın hem canlı olduğu hem de kendisini ölmüş varsaydığı fıkralar grubunda da Hoca iki kişilik halinde karşımıza çıkar. Biri canlı olan Hoca, diğeri ölmüş Hoca. Diri Hoca, ölü Hoca'nın başına gelecekleri seyreder gibidir...

....

Hoca'nın olaylara ve sorunlara herkesin bakmaya alışageldiği bir yerden değil de kimsenin aklına getirmek bile istemediği bir yerden bakması, Hoca'nın her işi ters denilmesine yol açabilir. Oysa tam tersi, Hoca, bize olağan gelen olayların, durumların ne denli tuhaf, gülünç, anlamsız ve gerçek isteklerimize aykırı olduğunu göstermektedir. Hoca fıkralarında şaştıklarımız ve güldüklerimiz bizim kendi davranışlarımız, alışkanlıklarımızdır. Gerçekte anlamını yitirmiş olan, yüzyıllardır alışageldiğimiz, değişmemesi egemen sınıflarca istenen kurulu düzen, yanlış gelenek-görenek ve alışkanlıklar değil midir? Dinleyici, heyecan duyması ve Hoca'yla özdeşleşmesi olanaksız olduğundan, kendisine fıkrayla sunulan olaylara ve insanlara uzaktan bakmak zorunda kalır, gülerek, akıl yürüterek, yargılayarak ve eleştirerek...

....

Hoca'nın bize ilk bakışta, herkesin yaptığının tersini yapan bir adam biçiminde tanıtıldığı doğrudur. Bu adeta Hoca fıkralarını baskılardan korumak üzere ustaca hazırlanmış, maskaralık ve tuhaflık biçimine sokulmuş bir kılıftır. Bundan ötürü Hoca fıkralarının farklı sınıflarda, farklı kültür düzeylerine sahip kişiler arasında değişik anlamlarda algılanması doğaldır."

Prof. Fikret Türkmen, fıkralardaki yukarda değinilen yabancılaştırma ve çelişki özelliklerini "şaşkınlık metodu" diye nitelemektedir(18).

Aziz Nesin, Hoca'nın yaşadığı çağ üzerinde durduktan sonra, onun mizahının Selçukluların yıkılış, devriliş döneminin çürümüş ve kötülükler tortulaşmış ortamından fişkırdığını belirtir. Nesin'e göre, bu dönemden kaynaklanan Nasreddin Hoca fıkralarında *görevci* (fonksiyonel) *gülmece* vardır:

"Bu bunalım ve baskı döneminde halk, kendisini ezenlere başkaldırıyor, ama her başkaldırışı daha çok ezilmesinden başka işe yaramayınca yenik düşüyor. Bu yeniklikle, başkaldırmanın yerini mizah alıyor. Bu, halk mizahı ve halktan yana mizahtır.

Bu tür gülmece 'bataklıkta yetişen zehirli çiçektir' diye bir betimleme yaparsak yerinde olur. Ama bu zehir, birçok ilaçların içinde bulunan, iyi edici bir zehirdir; halkın acılarını dindirmeye ve egemen sınıfı yıpratmaya yarar. (...)

Nâzım Hikmet, destanında Türk halkını şu mısralarıyla betimliyor:

O, Nasreddin Hoca gibi ağlayan
Bayburtlu Zihni gibi gülendir.

... Nâzım Hikmet, Nasreddin Hoca'yı gülen değil, ağlayan insan sembolü olarak göstermiştir. O gülünçlü fıkraların özünde gözyaşı vardır. Nâzım Hikmet'in deyişiyle Türk halkı bu fıkralara, ağlamanın yerine, gülmüştür. Çünkü Nasreddin Hoca yalnız alay etmekle yetinmemiş, ezilen halkın da kaltabanlığı, o çürümüş toplumdaki korkaklığı, ikiyüzlülüğü, yüreksizliği, sahteciliğiyle de alay etmiştir. Aslında Nasreddin Hoca derken, Türk halkının kendisini anlamaktayız. Böylece Türk halkı, kendikendisiyle alay edebilme olgunluğunu göstermiştir.

Goethe, 'Kendikendisiyle alay edemeyen, olgun insan olamaz' der.

Türk halkı, yüzyıllar boyunca yarattığı Nasreddin Hoca'nın toplumsal kişiliğinde, biyandan ezenlerle alay ederken, biyandan da kendikendisiyle alay ederek, çöküntü nedeninde kendisinin de sorumlu olduğunu, payı bulunduğunu göstermiştir. Böylece Nasreddin Hoca mizahı, bir özeleştiri olmuştur. Bu, Nasreddin Hoca mizahının en olumlu yanıdır ve o çürümüş toplumda, toplumun varlığını sürdürecek gücün bulunduğunu göstermektedir. İçinde özeleştirisi taşımayan mizah, karamsar olmaktan kurtulamaz. Oysa Nasreddin Hoca gülmecesi, kara mizah (*humor noire*) örnekleriyle birlikte, genellikle iyimserdir."[19].

Kara Mizah

Kara mizah çeşitli biçimlerde tanımlanmıştır:

"Kara mizah, yaşamın çirkinliğini sert, acı, kimi kez de umut kıran bir dille haykıran mizahtır."

"Kara mizah, ölümün acı gülüşü ile gülen mizahtır."

"Kara mizah bizi çevreleyen ahmaklıklara karşı bilinçli bir başkaldırmadır."

Nasreddin Hoca fıkralarındaki kara mizah üzerinde duran Şükrü Kurgan, şu bulguları ortaya koyuyor:

"Nasreddin kara mizahındaki acı gülümsemenin nedenleri, Türk halk yaşayışının yüzyıllardır değişmeyen mutsuz yazgısı ile açıklanabilecektir: Önemli görülmez ama bu halkın kendisini ferahlatacak çevre değişikliğini pek az bulabilmesi ve sanki toprağa çakılı bir ömür sürmesi, onu sıkan etkenlerin başında düşünülebilir. Aynı köyde, aynı öküz, aynı eşekle, dedelerinden beri aynı yoksulluk ve aile geçimsizliklerini yaşayan, aynı mezarlığa gömüleceğini bilen ve bunun kuşaklar boyu değişmeyeceğine inanan insanların yaratacağı mizah da, doğal olarak acı olacaktır.

Nasreddin Hoca'da kara mizah türünü veren fıkraların başında yoksulluk ve açlık fıkraları gelir. Bunların da çoğu, söylemeye dilimiz varırsa, Hoca'nın hırsızlığını anlatan fıkralardır. Ancak bu hırsızlıklar hiçbir zaman kamuoyunun aşağıladığı anlamda adi suç, örneğin 'para tutkusu' olmamış, her zaman 'bir öğünlük yiyecek aramak, açlığın acısını biraz dindirmek' sınırında kalmıştır. Çalınan şeyler de 'bir iki zerdali, birkaç havuç, bir avuç buğday' gibi şeylerdir. Kimi durumlarda bu yoksulluk 'bir lokma ekmek bulamamanın acısı'nı canlandırır ve

Nasreddin Kara Mizahı'nın doruğuna çıkar: Hoca, aç kaldığı bir gün, bir fırıncıya: 'Bu ekmeklerin hepsi senin mi?' diye sormuştur. Fırıncı 'Evet, benim!' der. Hoca'nın bu söze cevabı, güldürücü değil, düşündürücü, hatta ağlatıcıdır: 'Öyle ise, ne duruyorsun, yesene!..' "(20).

Aykırı Görüşler

Kimi yazarların, Nasreddin Hoca fıkralarının yukarda açıklanan özelliklerini gözönünde bulundurmadan, fıkraların dış anlamlarına bakarak, doğrudan doğruya Nasreddin Hoca'yı yargılama yoluna gittikleri görülmektedir. Bu konuda en aşırı yargı şöyledir:

"... Yayınlanmış ve duyulmuş fıkralarına rağmen Nasreddin Hoca, şu tıynette, şu aşağılık seciyede bir adamdır: Hırsızdır, ciğer çalar, bostanlardan karpuz çalar; nadan ve kabadır, ahmak ve echel (pek bilisiz) bir softadır, mukaddesatı bir pula almaz; din ile, vaaz ve oruçla, hukuk ve an'aneyle alay eder; emanet olarak verilen eşya veya mala karşı hain ve haramcıdır. Haris, cimri ve müflistir. Ne hikmetse boyuna eşeğini kaybeder, olur olmaz yerde abdest bozar; leyleği düzeltmek için uzun ayaklarını kesecek karakterde sadist bir canavardır; evlendiğinden beş gün sonra karısı doğurur da Hoca bu kadının karnının şişliğini göremeyecek kadar basiretsizdir; fakat bir taraftan da yüksek zekâ eseri olabilecek nükteler savurur. Kısacası, seciyesi bozuk, zevksiz, soytarı, patavatsız, dindar mı dinsiz mi ne idüğü belirsiz, Türke ve T. lüğe ait tek kelime söylememiş, hem hin oğlu hin, hem s fır numara ahmak, hayâsız, başında taşıdığı sarığa âlemi alay ettirip onu tahkir ve tezyife sebebiyet veren zirzop, hedefsiz bir acaip mahlûktur..."(21).

Hilmi Yavuz ise, "toplumsal ayrışmanın temel ölçüsü açısından Hoca'nın emeğiyle geçinen bir köylü mü, yoksa devletten aldığı ücretle yaşayan bir görevli mi olduğu konusunda kesin bir saptayıma gidilmesinin söz konusu olamayışı" noktasından yola çıkarak Nasreddin Hoca'yı yargılamaktadır:

"Bu durum, başka bir deyişle Nasreddin Hoca'nın toplumsal ayrışmadaki konumunun belirgin olmayışı, onun dünyagörüşünün belirli bir temele dayandırılmasını da olumsuz kılmaktadır. Nasreddin Hoca'nın genellikle ona ait olduğu kabul edilen fıkralarının bile, birbiriyle çelişen *moralité*'leri içermesi bundan dolayıdır; eski deyimle, her 'kıssa'dan birbirine aykırı düşen, bir'den çok 'hisse' çıkarılabilmektedir. (...) Nasreddin Hoca'nın bir ahlâkçı olarak irdelenmesinde onun dünyagörüşünün kaypaklığını ölçü almak gerekir. Sanırım ki, Hoca'nın ahlâkının çağımıza yansıyan, çağımızda halkçı ve ilerici bir mizahın temellendirilmesine katkıda bulunacak bütünlükte açık ve tutarlı bir niteliği olamaz."[22].

Tasavvufi Anlam Arayanlar

Nasreddin Hoca fıkralarında tasavvufi anlamlar aranması da "aykırı görüşler" kapsamında ele alınmalıdır. Gerçekte, "Bir hikâyede tasavvuf, ezel, ebed sorunları anlatılıyorsa bu hikâye Hoca'nın olamaz, çünkü gerçek Nasreddin hikâyeleri, tasavvufla ilgisiz, hatta çoğunlukla tasavvuf taslayanların karşısındadır. Böyle tasavvuf taslayan bir dervişin Hoca'ya: –Benim eşeğimin ön ayakları maşrıkta (gün doğusunda), art ayakları mağrıpta (gün batısında)dır!.. demesine karşılık Hoca'nın –Bre dah! de bakalım, bu eşek nereye gidecek? sorusunu yöneltmesi, onun kişiliğindeki bu özelliği belirtmektedir"[23].

Oysa Hoca'nın "mutasavvıf kimliği" üzerinde duranlar da vardır[24]; bu kimliğin tarihsel kaynaklarda, mutasavvıfların yapıtlarında, doğrudan doğruya Hoca'nın kendi fıkralarında görüldüğünü öne sürerler[25].

Mutasavvıf sözcüğünün "Sofi tarikatından olan", "İlahiyatla, Tanrı hikmetiyle uğraşan, bunu yapmaya çalışan" anlamlarını vererek bu görüşleri özetlemeye çalışalım:

Gerçekte tarihi kaynaklar gösterilememekte; ilk bölümde Hoca'nın tarihi kişiliği üzerine bilgi verirken andığımız *Saltuknâme*, Lâmii'nin *Letaif*'i, *Sohbetü'l-Ebkâr*, *Gencine-i Râz, Pendnâme* vb. yapıtlardan söz edilerek esprilerinin kendisinden sonra gelen mutasavvıflar üzerinde derin izler (?) bıraktığı öne sürülmektedir.

Doğrudan doğruya fıkraların şerhine (açımlanmasına) birkaç örnek aktaralım:

"Bir gün Hoca bir şehirde kürsüye çıkıp, 'Ey Müslümanlar bu şehrin havasıyla bizim şehrin havası birdir. Cemaat neden bildiniz deyince Hoca Akşehir'de ne kadar yıldız var ise burada da ol kadar var demiş (Yağni) her ne mekânda bulunur iseniz Hak Tealâ hâzır ve nâzırdır. Hak Tealâ'nın azamet ve kudretin cemî mükevvenattan (tüm yaratılmışlardan) müşahade edip âver (tek gözlü) gibi bir şeyi iki görmeyin deyü sırrı vahdetten talim buyururlar."(26).

"Eşeğe ters binmek: Nefs (binek)in dediği yoldan gitmek.

"Eşeğe alfabe öğretmek: Nefsi, ilâhi bilgi ile bilgilendirmek."(27).

Fıkraların tasavvufi kaynağı hakkındaki delillerin en önemlisini "bu fıkraların taşıdığı mistik anlamlar sebebiyle tasavvufi değerlendirme ve yorumlara müsait olmaları"nda gören bir başka araştırmacı(28), bunların tasavvuf aracı olarak tanıtılmasına kendi geliştikleri kültürün dışında, Batı dünyasında yönelindiğini belirterek, tasavvufla ilgili çalışmalarıyla tanınan Idries Shah'ın İngilizce kitaplarını anar.

Bu bilgileri verdikten sonra, Nasreddin Hoca fıkralarının böyle yorumlara açık olmadığını belirtmekle yetiniyoruz. Bu gibi yorumlara, doğrudan doğruya fıkraların kendileri karşı koymaktadır (Ayrıca "Nasreddin Hoca

Üzerine Görüşler" bölümüne, Ferit Öngören'den alıntıya bakınız).

NASREDDİN HOCA FIKRALARININ KONULARI

Nasreddin Hoca fıkraları konularını yalnız Nasreddin Hoca'nın tarihi kişi olarak yaşadığı çağdan almaz. Bu yaratılara, Türk insanının yüzyıllar süren serüveni konu olmuştur. Aziz Nesin'in deyişiyle, "Doğumundan önce de, ölümünden sonra da yaşamış insan Nasreddin Hoca'dır. Ölümünden sonra yaşamış başka tarihsel ve toplumsal kişiler vardır, ama ölümünden önce de yaşamış olan dünyadaki tek kişi Nasreddin Hoca'dır." Bu bakımdan, toplum yaşamı, bu yaşamdaki çeşitli aksaklıklar, yönetenlerle yönetilenler arasındaki çelişkiler, kıtlıklar, günlük yaşamın binbir türlü görünümü, insanın insanla, eşyayla, hayvanla ilişkileri bu fıkralarda ele alınır. Bütün bunlarda Nasreddin Hoca bir simgedir.

Edmond Saussey'in fıkralardaki yaşamı incelerken yazdıklarını(29) özetlersek, bunları bütünsel açıdan gözden geçirmiş, konuların bağlantısını kurmuş oluruz:

Hoca, görevi kendini hiçbir zaman zenginleştirmeyen, öte yandan pek de öyle vaktini almayan yoksul bir köy hocasıdır. Bir yandan, yerine göre okulda hocalık, naiplik ya da yalnızca imamlık yaparken, öte yandan büyücek bir kasabanın yarı köylü yarı şehirli halkının uğraşılarına da ortaktır. Tarlasını ekip biçmeye, kışlık odununu toplamaya kendisi gider. Buna karşın kıt kanaat geçinir. Güzel bir yemek için çıkacak fırsatları dört gözle bekler. Bu fırsatlar kendiliğinden çıkmazsa ne yapıp yapıp onları icat etmesini bilir. Akla gelmeyecek yöntemler kullanarak da olsa Hoca, bütün ziyafetlere kendini davet ettirmekte ustadır. Başka seferlerde, teklifsizce, kendine ikram edilmeyen şeylere de sahip çıkar. Genellikle suç üstünde yakalanır. Çünkü eline çabuk değildir. Ancak beklenmeyen ve insanın elini kolunu bağlayan hazırcevaplıkları sayesinde işin içinden sıyrılır.

Yoksulluk içinde yaşayan Hoca, fakir insanların yaptığı gibi, eşyayı sağladığı en yakın faydaya göre değerlendirir; onların sanat değerine, onların nadirlik değerine aldırış etmez.

Kendisine epey sıkıntı veren bir aileyi beslemek zorundadır. Karısı, vaktini mahalle dedikodularıyla geçirmektedir. Hoca, hoşgörüyü en akıllıca ve en ihtiyatlı durum olarak kabul etmiştir.

Birçok fıkrada Hoca'nın yanında yer alan eşek, hiç sızlanmayan, Hoca'nın aklına esen her fanteziye uyan, gazaplarına katlanan sevgili ve dayanıklı bir arkadaştır. Bununla birlikte, bu cana yakın hayvan yüzünden Hoca'nın başına birçok aksilik gelmiştir.

Komşular da, ailesi kadar Hoca'nın başına belâdır. Teklifsiz, şamatacı, saygısız insanlardır; hele incecik duvarlarında bile kulak olan, damlarının üstünde, neredeyse meydanda denecek şekilde açıkta yatılan küçük Anadolu evlerinde zaten insanın istediği gibi kendi evinde bulunmasına imkân olmadığı düşünülürse komşu saygısızlığının ne dayanılmaz bir hal alacağı tahmin edilebilir.

Her gün bir sorun olan günlük geçim kaygısı, acuze bir karı, neşesiz bir aile ocağı, dar kasaba çevresinde çok ağırlaşan toplumsal baskı gibi etkenler, öyle neşeli bir hayat için gereken koşulları vermeyecektir. Ancak Hoca'nın daima kendini mutlu sayan ve kolayca teselli bulan bir yaratılışı vardır. Bu mutluluğu ve bu teselliyi ona, genellikle kendinden başka kimsenin bulamayacağı düşünceler ve açıklamalar verir.

Saf Nasreddin, basitliğine karşın, Kuran'ı ezberlemiş, birkaç kelâm ve fıkıh kitabı okumuş, hatta hayatının kimi dönemlerinde kendisi de müderrislik etmiş bir hocadır.

Hoca, kadılık görevini yaparken de aynı pratik zekâyı ve aynı beceriklilıği gösterir. Boşuna kavgaları çabuk halleder.

Realiteden hiçbir zaman uzaklaşmayan sağduyu ve iğneli zekâ sahibi Hoca'mız, din adamı olmasına karşın, mutasavvıfları ve keramet sahiplerini sevmez.

Din görevi, Hoca'yı sık sık güçlü kişilerle ilişkiye geçirir. Bunların karşısında da Hoca, karakterinden bir şey yitirmez. O, Sezar'ın hakkını Sezar'a verir. Ama onun şanından, şatafatından, gücünden gözleri kamaşmaz, ona yaranmak için hiçbir gereksiz gayretkeşlik göstermez, böylelikle de birçok güçlüğü çözümlemeyi başarır.

Özellikle Timur istilâsı yurduna yayıldığı zamanlarda Nasreddin Hoca, eşi bulunmaz bir adam olduğunu kanıtlamıştır. Korkunç cihangirin yanında yurttaşlarının bir koruyucusu olarak bulunabilmek için, Timur'un sofrasına oturmak, sohbetine katılmak gibi tehlikeli bir şereften kaçınmamıştır. Hoca bazen hükümdarın bütün fantezilerine uyar, ancak onurunu kıracak sözlere ve hareketlere korkmadan karşı koymasını da bilir. Hiç kuşkusuz ki Timur'u Anadolu'da Hoca'yla karşılaştıran fıkralar ötekilerden daha fazla gerçeklik payı taşımaz. Ama Türk milletinin, Hoca Nasreddin'in çehresine bu çeşit çizgiler ekleyerek bu saf ve iyi adamı Timur'un karşısına çıkarmak yoluyla onun portresini tamamlaması anlamlıdır. Nasreddin Hoca, bu fıkralarda, hoyrat iktidar ve fetih hırsı karşısında güler yüzlü cesaretin, sakin sebat ve mertliğin, ağırbaşlılığın ve ihtiyatlı olmanın neler yapabileceğini gösteren ulusal bir simgedir.

Saussey'in fıkralara dayanarak ortaya koyduğu bu görünüme şunlar da eklenebilir:

Fıkraların daha önce üzerinde durduğumuz sınıfsal özelliği nedeniyle, birbiriyle çelişen espri ve fıkralara rastlanması doğaldır.

Halkbilimcilerin fıkralar üzerindeki incelemeleri sonucu ortaya koydukları birtakım özelliklerin de gözardı edilmemesi gerekmektedir:

"Doğum yeri neresi olursa olsun, halkın sözlü geleneğinden derlenmiş bir anlatıyı (bir fıkrayı, bir masalı) belli bir kültür topluluğunun öz malı eden, en başta, deyimleri, hazır kalıpları, kelime oyunları ile 'dil' olmak üzere, o topluluğa özgü gereçlerle biçimlenmiş olmasıdır: Ulusluk, ya da daha sınırlı, yerli bir üslup, belli bir insan topluluğuna özgü kalmış kimi töreler ve inanışlar, belli bir kültür alanının dışında bulunmayan insan ve yer adları anlatı tipinin özgünlüğünü sağlarlar.

Bir anlatı, yukarda saydığımız belirli ögelerden arınınca soyut bir şema halini alır; o haliyle de herhangi bir ülkenin, bir çağın malı olabilir. Anlatı temaları dediğimiz bu soyut şemalar bir dilden başka bir dile, bir kültürden başka bir kültüre göç edebilirler; yeni yurtlarında, yeni kültür ortamlarına özgü ögelerle bezenerek işlenip gelişirler." (30).

Nasreddin Hoca fıkralarında da bir kültür ortamından başka bir kültür ortamına geçiş özelliği görülmekte; çok değişik örneklere rastlanabilmektedir. Sözgelimi bir Bektaşi fıkrası, Nasreddin Hoca'ya bağlanmış olarak karşımıza çıkabilmektedir. Kimi halkbilimciler buna "fıkra tipinin değişmesi" özelliği adını vermekte, çeşitli ortaya çıkış biçimlerini belirlemektedirler (31). Bektaşi fıkrasının Nasreddin Hoca'ya bağlanması örneği, bunlardan yalnız biridir ("sevilen bir nüktenin başka bir bölge tipine veya bölge halkına bağlanması") (32).

NASREDDİN HOCA FIKRALARININ YAYGINLIĞI

Fıkraların bir kültür ortamından başka bir kültür ortamına geçiş özelliği göstermesi, başka tiplere ait fıkraların Nasreddin Hoca'ya bağlanması dolayısıyla, Nasreddin Hoca fıkralarına ya da benzerlerine başka ülkelerde de rastlanmaktadır.

Edmond Saussey şu benzerlikleri belirlemiştir:

"Bu fıkraların çoğu, başka ülkelerde de tümüyle bilinen folklor temlerini andırır. Bunlar arasında sözgelimi değirmenci, oğlu ve eşek, palamutla kabak, sahibinin yem yememeye alıştırdığı, ama tam buna alışacağı sırada ölen eşek, bir filozofla işaretleşerek tartışan Patürge, İskender'i kadınların etkisinden korunmaya çağıran, ama kendisi cihangirin nedimesi tarafından eyerlenip binilen Aristo'nun öyküleri, bu fıkralarda aynen bulunur. Bütün bunlar, Avrupa ve Asya insanlığının ortak malıdır. Bu arada, ilkel düşünüşün, daha yüksek bir uygarlık içinde lâtifeler şeklini almış kalıntıları olan fıkralara özel bir yer ayırmak gerekir; bu fıkralar, çok eskinin evren anlayışını aktarır. Bunlara örnek:

Her sabah insanlardan bir bölüğünün bir yana, ötekilerin de neden başka yana gittiği sorulunca Hoca, eğer hepsi aynı yana gitselerdi dünya devrilirdi cevabını verir. Şehre gelip de yıldızların ve göğün burada da kendi köylerindeki gibi birkaç fersah uzaklıkta olduğunu gören Hoca'nın şaşkınlığını anlatan fıkra da aynı çeşittendir.

Öteki bazı fıkralar, yine Türkiye'nin sınırlarını aşmakla birlikte, daha dar bir alana yayılmıştır. Bunlar Müslümanlığın damgasını taşıyan fıkralardır ki hemen hepsi eski Arap ve Fars yazmalarında vardır; türbe öyküleri, abdest öyküleri ve abdesti bozan durumlara ilişkin öyküler gibi. Sonuncular, genellikle müstehcen bir karaktere sahiptir.

Demek oluyor ki Nasreddin Hoca'yı biçmek için kullanılan kumaş, öteki ülkelerin halk kahramanı tiplerini yaratmak için kullanılan kumaşın aynıdır." (33).

Bu konudaki örneklerden biri, hem Ezop'ta hem Nasreddin Hoca'da rastlanan ortak konudur:

Ezop masalında bir zengin, mallarını satar, olanca parasını bahçesine gömer. Para çalınır. Zengin durumundan yakınınca Ezop, "Niçin yazıklanıyorsun," der, "o para çalınmadan da senin değildi, çünkü kullanmıyordun."

Nasreddin Hoca fıkrası ise şöyledir: Hoca, daha önce görmediği bir kente gider. Orada zenginler, dolu altın küplerini kapılarının önüne bırakır, övünmek için bir bayrak dikerlermiş. Hoca da kapısının önüne bir küp koyup bayrak dikmiş. Komşuları, küpün taş toprakla dolu olduğunu görüp de kendisine sorduklarında, Hoca da -aynı Ezop gibi-, "Kullanmadıktan sonra," demiş, "altınla taş toprak arasında fark yoktur." (34).

Fransızların Marsilyalı mizah tipi Marius'a bağlananlarla Hoca'nınkiler arasında bile benzer fıkralar bulunabiliyor.

Hoca'nın hamamda Timur'un peştemalına değer biçme fıkrası Fransız mizahında şu biçimi alıyor: Zengin bir kadınla bir yazar konuşuyorlar. Kadın, "Ben cariye olup da satılsaydım kaç para ederdim?" diye soruyor. Yazar, "Beş bin frank verirdim," diyor. Kadın "Ama benim mücevherlerim beş bin frank eder," deyince, yazar, Nasreddin Hoca gibi, "Ben de beş bin frankı onlara verirdim," diyor (35).

Bu gibi ortaklıklar araştırılırken, fıkraların sözü edilen özelliğinin yanı sıra, Fransız araştırmacısı Raoul Rosière'nin söylencelerin oluşmasıyla ilgili şu görüşleri de gözönünde bulundurulmalıdır (36):

Aynı kavrama yeteneğindeki bütün uluslarda imgelem aynı biçimde çalışır. Bir kahramanın anısı zayıfladıkça, onun anısına yaratılmış olan söylence, kendini yeni çevrenin toplumsal ve budunbilimsel (etnolojik) koşullarına uyarlar.

Hem bu soruna, hem biraz ilerde ele alacağımız bilimsel çalışmalar konusuna örnek olmak üzere, bir bilimsel bildiriden kısa alıntılar yapalım (37):

Ankara Üniversitesi Dil ve Tarih-Coğrafya Fakültesi Kütüphanesi'nde, İsmail Saib Kitapları no. 4838'de kayıtlı, H. 1191-M. 1777 tarihli yazmada yer alan Nasreddin Hoca fıkrası şöyle:

"Bir gün Hoca bir minare dibinde durur iken Hoca'ya eyittiler: 'Buna ne derler?' dediler. Hoca minareye bakıp eyitti: 'Bu evvel kuyı imiş, şimdi iteleyip içini taşra çıkarıp, kurusun deyü güneşe komuşlar.' dedi."

Bu fıkra, Batı dillerinde Mar Gregory John Bar Hebreaus olarak geçen Süryani yazar Johanna Griguriyus Abu'l-Farac ibn Ahrun ibn al-İbri'nin (1225/26-1286) (*) Süryanice yazıp Arapçaya kendisinin çevirdiği *Kitâb daf al-hamm*'da (ya da *Kitâb al-ahâdis al-mutriba*; İngilizcesi 1899'da Londra'da *Laughable Stories* adıyla yayımlanmış) şu biçimde yer alıyor:

"Üzerinde halkın namaza çağrıldığı Müslümanların minaresini ilk defa gören aptal bir adam, arkadaşına: 'Bu minareyi yapan adam çok uzun olmalı' der. Arkadaşı: 'Aptal herif, hiç minare kadar insan olur mu? Minareyi önce yer üstünde uzunluğuna yaparlar, sonra dikine doğrulturlar,' diye cevap vermiş."(**)

Sözü geçen kitabın da al-Âbî'nin (Mansûr b. Husayn, öl. 1030) *Natr ad-durr* adlı kitabının bir çevirisi olduğu ortaya konmuş!

(*) Hoca'yla çağdaş.
(**) Kitabımızdaki Nasreddin Hoca fıkraları arasında benzeri var.

Hangi Ülkelerde, Hangi Adlarla?

Nasreddin Hoca fıkralarının yayılma gücü büyük olmuştur. Bunlar, başta Osmanlı İmparatorluğu'nun egemen olduğu coğrafi alanlar ve Türk dili konuşulan ülkeler olmak üzere birçok ülkeye yayılmış; kimi ülkelerde "ikiz kardeşleri" ya da "rakipleri" de denebilecek başka fıkra tiplerine bağlanmış, kimi ülkelerde ise Hoca, adı biraz değiştirilerek yaşatılmıştır.

"İkizleri"nin başlıcası, Arapların fıkra tipi Cuhâ'dır. Cuhâ, Hoca gibi bir halk bilgesi olmamakla birlikte, Nasreddin Hoca'nın gerçekte yaşamadığı, Cuhâ sözünün Hoca'ya dönüştürülerek Cuhâ fıkralarının ona bağlandığı öne sürülmüş; kimi kez de Arap ülkelerinde Hoca ile Cuhâ karıştırılmış, halk için düzenlenmiş Arapça bir fıkra kitabında *Hoca Nasreddin Efendi Cuhâ'nın Lâtifeleri* başlığı kullanılarak Hoca ile Cuhâ aynı kişi gibi gösterilmiştir (38). Arap ülkelerinde yaygın, aptallığıyla ünlü bir fıkra tipi olan Cuhâ (Cohâ, Cuhî), Berberi ülkelerinde Ceha, Malta'da Cahan, Sicilya'da Jinfa, Kalabriya'da Hioha ya da Jovani adıyla bilinmektedir (39).

İranlılar hem Cuhâ'yı hem Nasreddin Hoca'yı (Molla Nasroddin adıyla) almışlardır; Molla Nasroddin İran'da bugün de fıkraları yaygın, önemini koruyan bir tiptir (40).

Öteki Müslüman ülkelerin Nasreddin Hoca'yla karşılaştırılabilecek, az da olsa onu andıran ya da ortak sayılabilecek fıkralarına rastlanan tipleri arasında *Ebü'n-nüvas* (8. yy'da Abbasi sarayında yetişmiş), *Ebu Delame* (Emeviler ve Abbasiler dönemi şairi), *Hebennaka* (adının Ebu Nâko'dan -deve babası demektir- geldiği sanılıyor, Cuhâ gibi aptallığıyla ünlü Arap tipi), *Karakuş* (Mısır kadılığında bulunduğu öne sürülen, haksız yargıları bizde de "Karakuşî hüküm" deyimine kaynak olmuş Arap tipi) ve İran'ın *Şeyh Sadi*'si, *Talhak*'ı, *Ubeyd-i Zagani*'si sayılabilir (41).

Kazakların *Aldar Köse*'si, Ermenilerin *Pulu Pugi*'si, Macarların *Ludas Mati*'si ve *Csaloka* (Yalancı) *Peter*'i, Sırpların *Ero*'su, *Çose*'si (Köse), Makedonların *İter Peyo*'su, Bulgarların *Hitar* (Kurnaz) *Peter*'i, Finlilerin *Antti Puuhaara*'sı, İtalyanların *Bertoldo*'su, Hintlilerin *Birbal*'ı, Türkmenlerin *Kâmine*'si, Karakalpakların *Ömürbek Lakki*'si, Taciklerin *Müşfiki*'si, Kırımlıların *Ahmet Akay*'ı da bunlardandır. Bu tiplere bağlanan fıkralarla Nasreddin Hoca fıkraları arasında şaşırtıcı benzerliklere, ortaklıklara rastlanabilmektedir (42).

Nasreddin Hoca'yı sahiplenip "kendi evlâdı" sayan ülkelerin sayısı da epey kabarıktır:

Azerbaycan'da Molla Nasreddin adıyla tanınır ve oldukça yaygındır (43).

Kazaklar da Hoca'yı benimsemişler, Alma Ata'da onun için bir mezar hazırlamışlardır. Eğri, yere düşecek gibi dikilen mezartaşına bir destek konmuştur. Ama bu destek taşın altına değildir, "daha çabuk düşsün" der gibi, taşın üstünü bastıracak biçimde düzenlenmiştir(44).

Doğu Türkistan'da (Sincan Uygur Özerk Bölgesi) *Afandi*'dir; hakkında yayınlar yapılmış, filmlere ve canlandırma sinemasına konu olmuş, onunla ilgili şarkılar Çin'de yaşayan hemen bütün ulusların diline çevrilmiş ve müzik kasetlerinde yer almıştır (45).

Özbekistan'da *Nasriddin, Afandi, Apandi* adlarıyla bilinir (46). *Nasriddin Hocand*'da, *Nasriddin Buhara*'da, *Hoca Nasriddin Sergüzeştleri, Nasriddin'in Oniki Mezarı* adlı filmlerde canlandırılmış, Buhara'ya heykeli dikilmiş, çok sayıda yayına konu olmuştur (47). Özbek yazarı Zâhir Âlem'in *Nasriddin'in 41 Sineği* adlı oyunu Andican ilindeki Lâle Kukla Tiyatrosu'nda Özbekçe ve Rusça olarak sahneye konulmuş, ayrıca Bulgaristan'da sahnelenmiştir. Azeri yazarı Azimzâde'nin *Genç Nasriddin'in Sergüzeştleri* oyunu Özbekistan Genç Seyirciler Tiyatrosu'nda, *Ya Efendi Ya Şah...* oyunu Satir Tiyatrosu'nda sahneye konulmuştur. S. Aliyev'in *Nasriddin Efendi ve*

Ezrayıl komedisi Taşkent'te Cumhuriyet Satir ve Cumhuriyet Genç Seyirciler Tiyatrolarıyla Harezm, Namangan, Semerkant illeri tiyatrolarında oynanmıştır. Özbek ressamı Muhammedov, Hoca'yı konu alan resimler yapmıştır (48).

Türk dili konuşan öteki ülkelerde *Avanti, Nasrdin, Avandi, Apandi, Nasrettin Apendi, Hoja Nasr, Molla Nesart* gibi adlarla anılmaktadır (49).

Fıkraları Balkan ülkelerinin hemen hepsinde yaygındır (50).

NASREDDİN HOCA FIKRALARININ DERLENME VE İNCELENMESİ SORUNU

Nasreddin Hoca fıkralarının yüzyıllar alan bir süreçte oluşup günümüze geldiğini, bu süreç içinde halkın pek çok fıkrayı Hoca'ya bağladığını belirtmiştik. Yukarda değindiğimiz gibi, öncelikle Nasreddin Hoca'ya bağlanan her fıkranın Nasreddin Hoca fıkrası sayılıp sayılmayacağı sorunuyla karşılaşılmaktadır. Günümüzde halktan derlenen, daha önce yazıya geçmemiş Nasreddin Hoca fıkralarının (51) yeni yaratılar olup olmayacağı da bu sorun kapsamındadır.

Öte yandan, "Nasreddin Hoca üzerinde duranların karşılaştığı başka bir sorun bu fıkraların tarih boyunca gösterdiği evrimin incelenmesi sorunudur. Nasreddin Hoca fıkraları da bütün öteki halkedebiyatı türleri gibi yüzyıllar içinde yaşarken her çağın, her ulusun ve her kültürün, her dünya görüşünün etkisi altında kalarak değişmiş ve yeni koşullara uyarak yaşamıştır. Bu evrim bir taraftan yeni fıkralar ortaya çıkarmış bir taraftan da yaşayan fıkraların biçimlerinde, konularında ve dillerinde değişmeler yapmıştır. Araştırıcılar yeni koşullara bağlı olarak ortaya çıkan bazı fıkraları yayımlamışlardır. Ama bu değişme ve yeni çevrelere uyma işini sistemli bir şekilde, Hoca fıkralarının ortaya çıktığı yıllardan bugüne kadar çeşitli uluslar arasında incelemek henüz ele alınmayan bir konu olarak araştırıcısını beklemektedir." (52).

Sorunların çözümlenmesinde kullanılacak bilimsel ölçütlerin ortaya konulmasına çalışılmaktadır.

Bir halk anlatı tipinin eskiliğinin, ait olduğu kültür ya da toplumun belirlenebilmesinin, onun hem ulusal hem de uluslararası sözlü ve yazılı (tarihi) varyantlarının ve bunların coğrafi dağılımının değerlendirilmesine bağlı olduğu (53) ortaya atılmış ve bu "tarihi-coğrafi yöntem" Finlandiyalı folklorcularca oluşturulduğu için "Fin yöntemi" diye nitelenmiştir. Ancak kesin sonuçlar vermediği anlaşılmıştır. "Günün birinde, onların dayandıkları belgelerden daha eski bir belge, ya da araştırmalarının dışında kalmış ülkelerin birinden yeni bir metin bulunmasıyla vardıkları sonuçlar altüst oluvermiştir." Bu yüzden günümüzde araştırmacılar, bir anlatı tipinin "kökeni" yerine "ilk belirme çağı veya yeri" üzerinde durmaktadırlar (54).

Başka yöntemlerden de yararlanılabilmektedir. Sözgelimi Rose Nash'in 1973'te yayımlanan *Turkish Intonation* (Türkçenin Ton Dalgalanmaları) adlı kitabında, Nasreddin Hoca fıkralarının ayrıntılı anlatımları tonlama grafiği ile gösterilmiştir (55).

Albert Wesselski'nin 1911'de yayımlanan iki ciltlik yapıtı (56) sayılmazsa, bu alanda ciddi bilimsel çalışmalar yapılmadığı söylenebilir. Bu kitap da yalnız Osmanlı İmparatorluğu içinde kalan ülkelerin küçük bir bölüğündeki Nasreddin geleneğini kapsar. Bu sınırlar dışındaki "Türk dili" bölgeleri, Bulgaristan, Romanya, Macaristan gibi Osmanlı kültürünün etki alanına giren ülkeler, Türk kültürü ile sıkı alışverişi olmuş -ve Nasreddin Hoca'yı benimsemiş- İranlı kültür alanları, Türkçe konuşmamakla birlikte Türk toplulukları ile yüzyıllarca karşılıklı ilişkileri sürdürmüş Kafkas kavimleri de bu bilginin incelemesi dışında kalmıştır.

Prof. Pertev Naili Boratav, ilerde yapılacak bilimsel incelemelerde kullanılmak üzere, bir "kaynak kitap" tasarısı öneriyor (57). "Nasreddin geleneğinin -elimizdeki olanaklar ölçüsünde- tam bir metin toplamını bir araya getirmek; Nasreddin Hoca fıkralarının bütün çeşitlenmelerini bir arada göstermek; Nasreddin fıkralarını ve onlarla konu ortaklığı olan anlatıları bir katalog düzeni içinde kümelemek" amaçlarıyla önerilen bu kaynak kitap, gerçekleştirilebilirse (bu pek güç olmamakla birlikte, ne yazık ki bildiğimiz kadarıyla önerinin ortaya atıldığı tarihten bu yana üzerinde hiç çalışma yapılmadı) "Türk halkından bütün insanlığa barış, hoşgörü, iyimserlik ve sevgi muştusunun somutlaşmış bir anlatımı olacaktır."

Günümüzde yeni Nasreddin Hoca fıkraları yaratılması ya da varolan fıkraların güncel olaylara uyarlanarak anlatılması, bu fıkraların "ölümsüzlüğünün" bir kanıtı olarak değerlendiriliyor (58). Bunu Nasreddin Hoca fıkralarının "eğiticilik" işlevine bağlayanlar da var (59). Öte yandan, halk yaratıları olan fıkraların işlevselliği nedeniyle, bu fıkraların her dönemde yenilenmesinin, güncelleşmesinin doğal olduğu belirtilerek, Nasreddin Hoca'nın günümüz Türkiye'sinde de en önemli fıkra kahramanı olarak görevini sürdürdüğü yargısına gidilebiliyor (60). Başka bir deyişle, ışığın pervaneleri kendine çektiği gibi, Nasreddin Hoca tipi yeni fıkraları kendi kişiliğine maletmektedir (61).

NASREDDİN HOCA FIKRALARINDA DİL VE YAPI ÖZELLİKLERİ

Bugüne kadar varlığı bilinen Nasreddin Hoca yazmalarından hiçbiri 16. yüzyıldan daha eskiye gitmemektedir. Bu, fıkraların sözü geçen dönemde yazıya geçirilmeye başlandığının bir kanıtı sayılır. "Letaifname" adı verilen bu yazmalardan başlayarak, fıkralar genellikle kısa anlatılmış; çağına göre yalın dil kullanılmıştır. Bunlardan çağın dil özellikleri de izlenebilmektedir. Örnek olarak, İstanbul Süleymaniye Kütüphanesi'nde bulunan, Beşiktaş Hacı Mahmud Efendi Vakıf Kitapları arasında 6272 numarada kayıtlı, 18. yüzyıl sonlarında ya da 19. yüzyılın ilk yarısında yazıldığı sanılan bir derlemeden (62) iki fıkra aktaracağız:

> Hikâyet. Meğer Hoca satranç oynamamağa ve öğretmemeğe avretüne ahd ü şart edmiş. İttifak bir yerde satranç oynarlar. Hoca'dır yerinden sabr idemeyüb sürinerek yanlarına gelür. Bir eyüce oyun düşer. Bunlar ânı oynamayub gayri oyun oynamak isterler. Hoca sabr idemeyüb etdi. Falan oyunu oynasanız. Pek â'lâ oyundur, dedi. Yanında olanlar, hoy Hoca, kanı senin avretine şart itdin idi, dedikde, Hoca eyitdi. Siz benim ta'lim itdiğim üzre oynayın da ben avrete nikâh kıymağa gideyim, demiş.

> Hikâyet. Bir gün Hoca her kaçan çamaşur yumak murad hikmet-i ilâhi yağmur yağar imiş. Gine bir gün çarşıya sabun almağa gider, gine yağmur yağmağa başlar. Hoca görür ki yağmur yağar, sabun alduğı âdeme eyitdi. Şol peynirden okka ver, dedi. Herif eyitdi. Hoca bu sabundur, peynir değildir, dedi. Hoca eyitdi. Ben de bilürüm, sabundur. Lâkin yağmur yağmasun deyü peynir derim, demiş.

Sonradan yazıya geçirilen fıkralara da iki örnek. Veled Çelebi'nin (İzbudak) ilk kez 1907'de Bahaî takma adıyla yayımladığı, araştırmacıların ciddi yapıtlar arasında saydıkları *Letaif-i Hoca Nasreddin*'den (63):

Lâtife. Hoca yine bir gün Timur'un konağına varır. Bunu bir kaltaban ata bindirip maiyetinde ava götürür. Av esnasında yağmur yağmağa başlar. Herkes atlarını tepip karargâha varırlar. Hoca'nın atı yürümediği cihetle bittabii kaçamaz. Hemen çıplaklanıp esvabını altına alır. Yolda yağmur kesilince elbisesini giyip menzilgâha erişir. Padişah Hoca'yı ıslanmamış görünce sebep ve hikmetini sual eyler. Hoca: "İnsan böyle yiğit atın üstünde ıslanır mı? Yağmur başlayınca hemen bir özengi çaldım. Beni kuş gibi menzile eriştirdi." der. Padişah taaccüb eder. Emr eder, o hayvanı baş tavlaya bağlarlar. O esnada yine ava gidilir. Padişah o ata biner. O gün yine yağmur yağar. Hoca ve sairleri hayvanlarını tepip hemen karargâha erişirler. Padişah o tenbel at üzerinde mükemmel surette ıslanır, geç vakit menzilgâha vâsıl olur. Ertesi gün Hoca'yı çağırtıp tekdir ederek: "Sana yakışır mı? Bana yalan söyledin, aldattın, beni kırda sucuk gibi sırsıklam ettin." dediğinde Hoca: "Canım ne darılıyorsun. Sen de benim gibi elbiseni soyunup altına alarak hıfz edeydin ve yağmur bittiğinde tekrar giyinse idin ıslanmazdın. Benim gibi kupkuru elbise ile gelirdin." demiştir.

Lâtife. Hoca teehhül etmiş. Beşinci günü bir çocuğu olmuş. Ertesi günü hemen elif cüz'ü, cüz kesesi, yazı takımı gibi şeyler getirip kundağın baş ucuna koşmuş. "Efendi, şimdiden ne olacak?" diyenlere: "Dokuz aylık yolu beş günde kat' eden, hande ise bir kaç güne kadar mektebe başlar. Hazır param varken mektep levazımını düzdüm." diye cevap vermiş.

Fıkralar sözlü gelenekte de kısa, açık, yalın, özlü anlatılmaktadır.

Bunu, Nasreddin Hoca fıkralarının en önemli anlatım özelliği olarak değerlendirmek gerekir.

Diyaloglarda da söz uzatılmadan, amaç en kısa biçimde ortaya konulmaktadır. Bu öylesine bir sözcük tutumluluğu sağlamıştır ki, fıkranın sonunda Hoca'nın ağzından söylenen en vurucu söz adeta kalıplaşmıştır. Bu kalıplardan çoğu aynı zamanda özlüsöz (vecize) ya da deyim olarak kullanılır olmuştur. Başka bir deyişle, alabildiğine yaygınlaşan fıkralardan kaynaklanan anıştırmalar (telmihler), giderek birer anıştırma olmaktan çıkıp yaşayan söz kalıplarına dönüşmektedir:

— İpe un sermek
— Bindiği dalı kesmek
— Tavşanın suyunun suyu
— Kabak tadı verdi
— Yok devenin başı
— Kazın ayağı
— Kuşa benzetmek
— Yorgan gitti kavga bitti
— Buyurun cenaze namazına
— Aklımızda bulunacağına karnımızda bulunsun
— Fıkaranın malı gözü önünde gerek
— Buldunuz sahibi ölmüş eşeği
— Ye kürküm ye
— Gözü açılmadık sığırcık yavrusu
— Mavi boncuk kimdeyse gönlüm onda
— El elin eşeğini türkü çağıra çağıra arar
— Geç yiğidim geç
vb...

Nasreddin Hoca fıkralarının yaygınlığı, başka kişilerle ilişkili, deyim olmuş sözlerin de Hoca'ya bağlanmasına yol açabilmektedir.

Fıkraların giriş bölümünde zaman verilir. Bu, genellikle "bir gün", "vaktiyle", "bir zamanlar", "bir ramazan günü" gibi belirsiz bir zamandır. Kimi fıkralarda Hoca'nın yaşadığı çağın izleri görülürse de, daha önceki ve daha sonraki dönemlerin Anadolu'suyla karşılaştığımız da olur. Hoca'nın döneminde gözlük bilinip kullanılmazken, fıkrada onun bir gece uyanıp karısından gözlüğünü istemesi bile, bu anakronizmden dolayı yadırganmaz.

Fıkra hızla gelişip son'a ulaşır. Çoğu kez mişli geçmiş zaman, çok seyrek olarak da geniş zaman kullanılır. Devrik cümleye başvurulduğu da olur. Kısa fıkralarda Hoca'nın bir olay ya da soru karşısında söylediği söz aktarılmakla yetinilir.

Bu üsluplaşmış anlatım, fıkraların sözlü gelenekte yüzyıllar boyu işlendiğinin bir kanıtıdır.

Zaman yönünden anakronizme gidilse de, fıkralar mekân yönünden pek geniş, yadırgatıcı alanlara yayılmaz. Çoğu kez adı anılmayan büyük bir Anadolu kasabasında, bir Anadolu kentinde geçer. Kimi zaman Akşehir, Sivrihisar, Konya gibi yer adları anılır. Hoca'nın köye gittiğinden de söz edilir. Buralarla uyumlu açık ya da kapalı yerlerle (sokak, pazar yeri, cami, dükkân, Hoca'nın iki katlı eski evi, hamam, mahkeme, bahçe, ahır, bağ, göl ya da kıyısı, nehir ya da kıyısı, vb.) karşılaşırız.

Yeri geldikçe Hoca'nın evindeki kırık dökük eşya girer fıkralara: Yük dolabı, sedir, yatak, kısacık daracık yorgan, eski kilim parçası, heybe, çömlek, mum, su küpü, testi, maşa, körük, vb...

Hoca'nın sofrası alabildiğine yoksuldur. Çorba, bulgur pilavı, hamur mancası, kuru ekmek yenir çoğu kez. Bunları bulamadığı da olur. Bu yüzden Hoca'nın düşlemlerinde iyi yemekler, sahip olunacak akçeler büyük yer tutar. Yine bu yüzden, Hoca bir yolunu bulup düğün evine ya da şölen verilen yere gidip sofranın başına oturmaktan kendini alamaz. Orada gelin güveyle ya da çağrılılarla değil, evinde yiyemediği pilav, zerde, baklava vb. yemek ve tatlılarla ilgilenir.

Hoca'nın uzak çevresini oluşturanlar, bir Ortaçağ Anadolu kentinin insanlarıdır. Bugünkü yargıcın görevini üstlenmiş olan kadı, bugünkü jandarma komutanının görevini yapan subaşı, sipahi, bekçi, imam, molla (öğrenci), müezzin, sarıkçı, helvacı, ekmekçi, tellâl vb. çarşı esnafı, dülger, berber, ebe, değirmenci, bostancı, bahçıvan, çoban, hırsızlar, beyler...

Yakın çevresinde ise karısı, oğlu, kızı, komşuları, mahalle çocukları ve çilesini çeken eşeği yer alır. Kimi fıkralarda mollası (öğrencisi) İmad'dan ya da mollalarından söz edilir.

"Hoca'nın çevresindeki kişilerin karakterleri söz konusu olduğunda, fıkraların kendi aralarında tutarlılık vardır. Şöyle ki, bir fıkrada kadı tipi işini ciddiye almayan, rüşvet yiyen bir devlet memuru olarak karşımıza çıkarsa, öteki fıkralardaki kadılar da aynı kişilik yapısıyla karşımıza çıkar. Fıkraların birinde Hoca'nın karısı tembel ve aksiyse, ötekilerde de aynı özellikleri gösterir. Kişilerin belirtilen özellikleri, karakterleri tüm fıkralarda birbirini doğrular, tamamlar. Nasreddin Hoca fıkralarının tek olumlu kişisi Nasreddin'in kendisidir. Çocuklar yan tutmadan verilir. Nasreddin ve çocuklar dışında karakterleri belirtilen kişilerin tümü olumsuzdur. Hoca'nın çevresindeki kişilerin hepsinin karakterleri açıklanmaz. Karakterleri açıklananlar şunlardır: Karısı, komşusu, mahalle çocukları, köylüler, mollalar, berberler, iplikçiler, köy ağaları, zengin beyler, subaşılar, kadılar, Sivrihisarlılar ve Timur." (64).

Son olarak, Nasreddin Hoca fıkraları üzerinde değişik bir yöntemle gerçekleştirilen bir incelemeden söz edelim. Prof. Dr. Fikret Türkmen, fıkralardan 250'sini "Fowler Çizelgesi"ne yerleştirmeye, başka bir deyişle "Fowler'in mizah tasnifi"ne (1926) uyarlamaya çalışmış; bunlardan 87'sinde "hareket komiği" bulmuştur:

"Ancak bu fıkraların tamamında çok yönlü bir espri bulunmaktadır. Söz, durum ve hareket komiği çoğu zaman değişik oranlarda birlikte kullanılmıştır.

Zekâ ve kelime oyunları ve çeşitli edebi sanatlarla

yapılan mizahlı fıkraların sayısı 150'den fazladır. Fowler çizelgesinde bu fıkralara nükte denmektedir.

Nüktede motif ve amaç; aydınlatma yani ders çıkarmadır. Alan ise, yani esprinin hangi alanda baskın (dominant) olduğu sorusunun cevabı da 'Kelimeler ve Fikirler'dir. Kullandığı metod ve araç da şaşkınlık ve sürprizdir.(*) Bu tür komik ise sadece zeki tiplere hitabetmektedir. Ancak Hoca'nın fıkraları bu bakımdan da karmaşıktır. Bazı fıkralarda nasıl durum ve hareket komiği, söz komiği ile birlikte kullanılarak etki kuvvetlendirilmişse (meselâ, eşekten düşünce "zaten inecektim" demesinde olduğu gibi...) ahlâk alanlı bir nükte veya düzeltme amaçlı bir hiciv, şaşırtma metodunu kullanabilmektedir. Yani fıkralarda, dereceleri daha zayıf olmakla beraber, başka faktörler de rol oynamaktadır. Hoca, söz sanatlarına dayalı fıkralarda muhatabını, kendi düşüncesinin zıddını ifade edecek noktaya kadar götürmekte ve burada kendi sözünün mecazi anlamıyla gülmeyi sağlamaktadır. Karınız çok geziyor diyenlere 'inanmam, öyle olsa bize de uğrardı' cevabında red ve kabul fikrinin birlikte ne kadar başarılı kullanıldığı ve kendi şahsiyetini olayın dışına nasıl çektiği açık bir şekilde görülmektedir." (65).

MANZUM FIKRALAR

Bugünkü bilgilerimize göre Nasreddin Hoca fıkralarının nazımla anlatıldığı ilk metinler, Güvahî'nin 1527'de mesnevi biçiminde yazdığı *Pendnâme*'de ve Taşlıcalı Yahya'nın 1540'da yine mesnevi biçiminde kaleme aldığı *Gencîne-i Râz*'da yer alan birkaç fıkradır. Bu yapıtlardan "Nasreddin Hoca'nın Tarihi Kişiliği" bölümünde söz etmiştik.

(*) Yukarda değinildiği gibi bunlara "yabancılaştırma ve çelişki özelliği" de denebilir - A.K.

Pendnâme'deki fıkralardan biri,

Kabâ-yı köhne gey yigrencilikdür
Hakâretdür hemân dilencilikdür

diye başlayıp

Bir oğlancuk işidün bir harîfe
Cevâb ile ne hoş geçmiş lâtîfe

ikiliğiyle sona erer.

Gencîne-i Râz'daki fıkra ise,

Var idi Konya'da bir kadı-i şûm
İrtişa vü tama' ile me'zum

diye başlar,

Hüccetin cümle sahih ey nâdan
Var ise destidedür yanlış olan

dizeleriyle biter.

Nev'izâde Atayi'nin (1583-1635) *Sohbetü'l-Ebkâr* adlı mesnevisinde de bir manzum Nasreddin Hoca fıkrası vardır (66):

Hâce-i uktekûşa Nasreddin
Oldu bir çeşme kenarında mekîn

ikiliğiyle başlar,

Dilini zaptedegör salim iken
Çeşme veş ta ki başın ola esen

dizeleriyle sona erer.

Tanzimat öncesinin başlıca örnekleri bunlardır. Tanzimat sonrasında Ateşzade Mehmed İzzet Paşa'nın, Mehmed Tevfik'in (Çaylak) manzum fıkralarına rastlıyoruz. Sonraki yıllarda Ali Ekrem (Bolayır), Seraceddin (Hasırcıoğlu) vb. kimi fıkraları manzumeleştirdiler.

İlk manzum Nasreddin Hoca fıkraları kitabını Fuat Köprülü 1918'de yayımladı: *Nasreddin Hoca - Manzum Hikâyeler* (yeni bas.: *Manzum Nasreddin Hoca Fıkraları,* haz. Dr. Atâ Çatıkkaş, İst. 1980). Elli manzumenin yer aldığı çalışmasının başında Hoca'nın tarihi kişiliği üzerine derli toplu ilk bilgileri vermeye çalışan Köprülü şu görüşleri öne sürüyordu.

"Sanat dünyasında hiçbir değerleri olmayan birkaç şair, Hoca'nın kimi hikâyelerini nazım çerçevesine sokmaya çalıştılarsa da hiç başarılı olamadılar. Hele Avrupa uygarlığı dairesine girdikten sonra, şairlerimizin böyle ulusal konulara değer vermemeleri pek doğaldır. Onlar için La Fontaine'in efsaneleri dururken Nasreddin Hoca hikâyeleri okunamazdı.

Ülkemizde *Çocuklara Neşideler* ve *Çocuk Şiirleri* ile, özellikle Tevfik Fikret'in *Şermin*'iyle başlayan çocuk edebiyatı için, Nasreddin Hoca'nın çok iyi ve çok ulusal bir konu oluşturacağını bundan iki yıl önce düşünmüş, üç dört parça da yazmıştım. Küçük sınıflarda öğretmenlik ederken, kimi dostlar bu gibi hikâyelerin çocuklar üzerinde çok mükemmel bir etki bıraktığını söyleyerek daha bu alanda manzumelere gerek duyduklarını söylediler." Köprülü kitabını bu yüreklendirmeden sonra yazmıştı; bunun yararlı bir okuma kitabı olacağını umuyordu.

Köprülü'nün manzumelerinden bir örnek veriyoruz:

Damdan Düşen

Kiremit aktarmak için
Bir gün Hoca çıktı dama.

Kızıyordu için için:
— Hiç rahat yoktur adama,
"Yağmur yağar, damlar akar,
"Bu iş yine bana bakar..."
Kiremitler yosun tutmuş,
Kızak gibi kayıyordu.
Hoca kendini unutmuş;
— "Sabah akşam didin, uğraş,
Yiyem diye bir sıcak aş!"

Homurdanıp söylenirken,
Nasılsa, ayağı kaydı;
"Aman yetişin!" demeden
Hep kiremitleri saydı.
Bir, iki, üç... Hoca yerde!
Kalkamadı, bakın derde...

Neyse komşular yetişti.
Kaldırdılar "Nasreddin"i;
Hoca'nın bacağı şişti,
Derdi, duysa dam adını:
— "Düşmeyene tuhaf gelir!
Damdan düşen halden bilir."

Orhan Veli'nin 1949'da Doğan Kardeş Yayınları arasında çıkan, yine çocuklar için yazılmış yetmiş manzum Nasreddin Hoca fıkrasını biraraya getiren kitabı (*Nasreddin Hoca - 70 Manzum Hikâye*) ilgi gördü. Birçok kez basıldı; Üsküp (1964) ve Sofya'da (1968) da yayımlandı. Bir örnek:

Damda

Hoca çıkmış, dam aktarmış damda.
Kapı çalınmış bir an.
Eğilmiş bakmış: Bir adam. Adamda
Ne üst, ne baş... Perişan.

Merak etmiş, sormuş: "Kimi istedin?"
"Seni, Hocam, biraz aşağıya in."
"İyi ama, ağam, işim acele;
Ne söyleyeceksen oradan söyle."
"Bir ricam var senden, küçük bir ricam
Aşağıya insen ne olur, Hocam?"
"Her halde iş mühim! Anlamak gerek.
Bakalım neymiş muradı?" diyerek
Takım taklavatı bırakıp dama
İnmiş kırk bir basamak merdiveni.
Açarak kapıyı sormuş adama:
"Söyle, ne var? Niçin indirdin beni?"
Adam demiş ki: "Hocam, ne olursun
Allah kazadan belâdan korusun.
Dert verip derman aratmasın Rabbim.
Sevaptır, bir sadaka ver, fakirim."
Bu lafları duyunca
Deliye dönmüş Hoca.
Ta damdan inişine mi yansın,
Yarıda kalan işine mi yansın?
Ama Hoca bu, kurnaz...
"Hele yukarı gel benimle biraz,
Üst tarafını orada söylersin."
Varınca ikisi de nefes nefese, dama,
Hoca dönmüş adama,
Demiş ki: "Allah versin!"

1950'de Sami Ergun'un *Manzum Nasreddin Hoca Fıkra ve Hikâyeleri* yayımlandı. Burada uzunlu kısalı 150 fikra yer alıyordu:

Hakkıdır Temizlenşin!

Karı koca giderler,
Çamaşır için çaya,
Merhum yakacak derler,

Hatun sesler Hoca'ya:
— Aman Efendi yetiş!
Yarım kaldı bütün iş,
Kuzgun kaptı sabunu!
Hoca der: — Hoşgör bunu,
Zavallı acı acı,
Dert yanar bin niyazla,
Paklığa ihtiyacı,
Bizimkinden çok fazla!
Kirlilikten maskara,
Neden kaçıp gizlensin?
Yüzü gözü kapkara,
Hakkıdır temizlensin!

Nasreddin Hoca'yı şiir diline aktarma çalışmaları yirmi beş yıl sonra hızlandı. Kemal Özer'in çocuklar için yazdığı *Nasrettin Hoca*, 1975'te Aziz Nesin'in önsözü, Tan Oral'ın çizimleriyle yayımlandı:

Hoca ile Çaylak

Hoca söyleşirken üç beş dostuyla
söz yemekten açılmış.
Öyle ballandırmış ki biri
bir ciğer yemeğini,
ağzı sulanmış Hoca'nın.
Yazdırmış bir kâğıda
nasıl pişirileceğini,
doğru ciğerciye koşmuş.
Bir elde kâğıt, bir elde ciğer
tam eve dönerken,
bir çaylak süzülüp inmiş gökten
kapmış elindeki ciğeri.
Hoca kovalamış bir süre,
ama ulaşacak değil ya çaylağa
bakmış gidiyor, bırakmış.

Kâğıdı sallayıp göğe doğru
"Kaptın ama"
diye bağırmış ardından.
"Nasıl pişireceğin burda yazılı,
ağız tadıyla yiyemezsin sen onu!"

Bunu başka çalışmalar izledi. 1970'lerde çıkanlar arasında özellikle Tahir Abacı, Ömür Candaş, Ali Püsküllüoğlu, Tekin Sönmez, H. Zekâi Yiğitler'in kitapları anılabilir (kaynakçaya bkz.). Ayrıca, Fazıl Hüsnü Dağlarca (Gölü Mayalamak, Nasreddin Hoca'nın Çocukluğu, Sarık-Ekmeğin Bütünü, Nasreddin Hoca'yla Tozbulutu) başta olmak üzere birçok şairimiz şiir diliyle Nasreddin Hoca fıkraları yazdılar. Nasreddin Hoca'yı konu alan şiirlere de rastlandı (Ceyhun Atuf Kansu'nun *Ilgaz* dergisindeki şiirleri özellikle anılmalıdır).

Kimi yazarlar, Nasreddin Hoca fıkralarının manzun biçimde anlatılmasına karşı çıkarlar.

Samim Kocagöz, "Fıkralarda manzum söylenebilme olanağı ve karakteri yoktur," der. "Çocuklarımız için bile olsa fıkraları manzum söylemek gereksizdir, diyorum; La Fontaine'e uyarak Hoca'nın fıkralarını yazmak, gereksiz bir sürü laf etmek gibi bir şey oluyor. Hoca'nın esprisi, hazırcevaplığı dolambaçlı yollardan kafiyeler aranarak söyleniyor ki, tadı tuzu kaçıyor. Nasreddin Hoca fıkraları düpedüz söylendiği zaman, daha kolay çocuklarımızın aklında kalır. Bir olayı, bir espriyi dosdoğru konuşarak anlatmayı, giderek düzgün konuşmayı daha kolay öğrenirler." (67).

Şükrü Kurgan da aynı görüştedir: Bir Nasreddin Hoca fıkrasını manzum yazmaya kalkmanın, ölçü ve uyak zorunluluğu yüzünden sözün gereksiz biçimde uzatılması yanında, fıkra sonundaki nüktenin gücünü yitirmesine yol açacağını düşünmektedir (68).

A. Esat Bozyiğit ise, manzum Nasreddin Hoca fıkralarının "aslında birer şiir" olduğunu savunuyor: "Nasreddin Hoca bu tür şiirlerde yalnızca bir motiftir. Yani doğa şiirleri, aşk şiirleri, kahramanlık şiirleri gibi bunlar da Nasreddin Hoca şiirleridir. Konuları Nasreddin Hoca'dır. Ancak hiçbir zaman gerçek Nasreddin Hoca fıkrası değillerdir. Yazılmaları boşa verilmiş bir çaba sayılmaz. Bir sanat eseridir. Nasreddin Hoca konusunu gündemde tutmaları, şiir sevgisini aşılamaları ve dolaylı olarak Nasreddin Hoca'yı tanıttıkları için yararlıdırlar. Zaten bu tür kitapların hemen hepsi çocuk yayınları arasında yer almaktadırlar." (69).

Biz bu görüşe şu koşullarla katılıyoruz: Bir manzum Nasreddin Hoca fıkrası manzume olmaktan çıkıp gerçekten "şiir" olabilmişse, sanat yapıtıdır. Bu durumda, Hoca fıkrası olmaktan öte bir sanatsal varlık kazanmıştır. Bunun tersi de söz konusudur: Bir manzume belirli başarı düzeyini tutturamamış, ölçü ve uyak kaygılarıyla uzatılmış ya da sondaki nükteyi zedelemişse, yalnızca manzumedir - ne şiirdir, ne de Nasreddin Hoca fıkrası...

"FIKRA" MI, "GÜLDÜŞÜN" MÜ?

Bu bölümün başında, halkedebiyatının bir dalı olan fıkra türü üzerinde dururken, bu yaratıların fıkra, güldürücü fikra, lâtife, nükte, hikâye, masal, teselleme, kıssa, temsil gibi adlarla anıldığını belirtmiştik. Bugün fıkra sözcüğü yerleşmiştir (buna karşılık gazete ve dergilerdeki yorum yazıları için kullanılan fikra sözcüğü, yerini "köşe yazısı"na bırakmıştır). Ancak kimi yazarlar, örneğin Şükrü Kurgan (70) ve Kaya Erginer (71), "hikâye" sözcüğünü yeğliyorlar. Erginer bunun nedenlerini şöyle açıklıyor:

"Konuşma dilinde fıkra ve hikâye kelimeleri birbirlerinin yerine kullanılıyorsa da, ilmi bakımdan farklıdırlar. Aslında Türk folklorunda ve halk arasında fıkra kelimesinin kullanıldığına hiç rastlamadığımızı da burada söylemek isteriz. Fıkra kelimesi daha çok yakın zamanların gazetecilik ve yayın hayatında yerleşmiş bir kelime olarak yayılmış bulunuyor. Türkiye dışındaki yayınlarda çoğunlukla hikâye kelimesi kullanılmıştır. Fıkra kelimesinin ilmi anlamı şudur: Ağızdan ağıza anlatılan, ilgi uyandıran, eğlendirici, çoğu kere gerçekte yaşamış birisinin başından geçmiş, gerçek olayları nakleden beyanlardır. Hikâye ise, sanki insanların başından geçmiş gibi anlatılan, hayali ve temsili olayların anlatılışıdır."

Erginer'e göre anlatılan olayların çoğu Nasreddin Hoca'nın başından geçmemiştir; Hoca, "aşikâr olarak bu hikâyeleri anlatmış insandır, yaşamış değil. Zamanında kendisinden dinlenilmiş, beğenilmiş olan bu hikâyeler, ağızdan ağıza nakledilirken sahibinden nakledildiği söylenilmiş olmalıdır. Ancak zamanla hikâye sahibinin ayrıca anılması bir problem olmadan, o hikâyeler sanki Hoca'nın başından geçmiş gibi anlatılagelmiştir. (...) Nasreddin Hoca hikâye anlatırken sırf kendi hikâyelerini söylemiş diğerlerini söylememiş olamaz. Kesin olarak diyebiliriz ki Hoca beğendiği fıkra ve hikâyeleri de kendisinin olanlarla birlikte anlatmıştır. Bu teori Nasreddin Hoca hikâyelerine karışmış, kendisinden önce var olan fıkra ve hikâyeler problemini de açıklamış oluyor." (72).

Nasreddin Hoca'ya bir çeşit Dede Korkut rolü veren bu "teori"yi de aktardıktan sonra, söz konusu yaratılara "fıkra" adı verilmesini savunan bir yazarın görüşlerini de özetleyelim. Hayrettin İvgin'e göre (73), hikâye bir edebiyat türüdür. Fıkra ise, hikâyeden pek çok ayrımları, kendine özgü birtakım yönleri bulunan sözlü edebiyat ürünüdür. "Sonuç olarak, Nasreddin Hoca anlatmaları birer fıkradır, hikâye olamaz. Ancak hikâye 'bir sürü haberi nakl ve rivayet eylemek, bir nesneye benzemek, bir kimseyi fiilen yahud kavlen taklid eylemek, bir kimseden bir söz nakleylemek' olarak ve 'anlatma' ile eşdeğer olarak bilindiğinden fıkralar 'hikâye' kelimesi ile eşdeğer görülmüştür. Oysaki doğru olan tamlama 'N. Hoca Hikâyeleri' değil 'N. H. Fıkraları'dır."

Emin Özdemir ise, fıkranın sınırlarının nerede başlayıp nerede bittiğinin belirlenemediğini öne sürdükten sonra, Nasreddin Hoca fıkralarının özellikleri üzerinde durup bunların özgün yaratılar olduğunu vurgulamakta, fıkra olarak adlandırılmalarını yanlış bulmaktadır:

"Nasreddin Hoca yaratılarının iki ana özelliği vardır. Çarpıcı bir olayla kişiyi güldürme. Burada *çarpıcı olay* sözcüğünün altını çizmek gerek. Çünkü yaratıları oluşturan olayların tümü insanın insanla, insanın doğayla olan ilişkilerinden doğmuştur. Ne ki bu olaylar örgüsü yönünden dinleyeni ve anlatanı kuşatan bir genişlik taşır. Daha doğrusu anlatan dinleyen de yer alır olayın içinde. Gülme olgusu böyle çıkar ortaya. İkinci temel özellikse bu yaratıların düşündürme özelliğidir. Şöyle ki, olayın çarpıcılığından sıyrılan kişinin kafasında birtakım sorular uyandırır bu anlatılar. Düşünmeye yöneltir dinleyenleri. Başka türlü söylemek gerekirse salt bir 'kahkaha hapı' değildir Nasreddin Hoca'nın yaratıları. Öyleyse bu özgünlüğü gözönünde bulundurursak yerleşik anlamıyla fıkra diyemeyiz bu yaratılara. Peki ne diyelim? Türkçenin olanaklarından yararlanarak yeni bir ad bulabiliriz. Güldürme ve düşündürme özelliklerini çıkış noktası yaparak '*GÜLDÜŞÜN*' diyebiliriz. Çünkü hangisi olursa olsun Nasreddin Hoca'nın yaratılarında bu iki boyutu, güldürme ve düşündürme boyutunu bulabiliriz." (74).

Önerilen "güldüşün" sözcüğünü (1983 öncesindeki) Türk Dil Kurumu'nun Terim Kolu Başkanlığı da benimsemiş; *Ilgaz* dergisinin açtığı soruşturmada(75) "TDK Terim Kolu Başkanlığı Nasreddin Hoca yaratılarına 'Güldüşün' adını koydu. Siz ne diyorsunuz? Önerdiğiniz başka adlar var mı?" sorusunu yanıtlayanlardan bir bölüğü bu yeni adı uygun bulup benimsediklerini açıklamışlardır. Ancak sözcük fazla yaygınlık kazanamamış; o dönemde önerilen ve Terim Kolu'nca benimsenen birçok sözcüğün yer aldığı sözlüklere girmemiştir (76).

Bu sözcüğün ya da bir başkasının yerleşmiş olan fıkra sözcüğünün yerine geçmesi, öyle anlaşılıyor ki, çok uzun zaman gerektirmektedir.

İKİNCİ BÖLÜMÜN DİPNOTLARI

(1) Pertev Naili Boratav: *100 Soruda Türk Halkedebiyatı*, İst. 1969, s. 91-92.
(2) P. N. Boratav, agy, s. 92.
(3) P. N. Boratav, agy, s. 93.
(4) Çev. Mustafa Şekip Tunç, İst. 1945. Bu konuda ayrıca bkz: Mustafe Şekib (Tunç): *Gülmek Nedir? Kime Gülüyoruz?*, İst. (1337/1921); Şükrü Kurgan: "Nasreddin Hoca Fıkralarında Türk Halk Yaşayışının İzleri", *Türk Dili*, S. 207, Aralık 1968; Aziz Nesin: *Cumhuriyet Döneminde Türk Mizahı*, İst. 1973.
(5) Prof. Kathleen R. F. Burrill: "Humour and the Persona of Nasreddin Hoca", *I. Milletlerarası Nasreddin Hoca Sempozyumu Bildirileri*, Ank. 1990, s. 59 [Bu kaynak bundan böyle *SEMP I* olarak kısaltılacak.]
(6) Abdülbaki Gölpınarlı: *Nasreddin Hoca*, İst. 1961, s. 12.
(7) Şükrü Kurgan, 4 no. da agy.
(8) P. N. Boratav, 1 no. da agy, s. 135.
(9) Alpay Kabacalı: "Dinsel Öğretilerden Bu Yana Özdeyiş", *Milliyet Sanat Dergisi*, S. 157, 7 Kasım 1975.
(10) P. N. Boratav, 1 no. da agy, s. 97.
(11) Erdoğan Tokmakçıoğlu: *Bütün Yönleriyle Nasreddin Hoca*, İst. 1971, s. 75.
(12) E. Tokmakçıoğlu, agy. s. 77-80.
(13) Ş. Kurgan, 4 no. da agy.
(14) Nükhet Tör: "Nasreddin Hoca Fıkralarındaki Eğitim Mesajları", *SEMP I*, s. 355 vd.
(15) İst. 1969.
(16) Yayımlanmamış çalışmasından.

(17) Y. Cıbıroğlu: "Nasreddin Hoca Fıkralarında Yabancılaştırma Motifi", *Sanat Emeği,* S. 25, Ağustos 1980.

(18) Prof. Dr. Fikret Türkmen: "Nasreddin Hoca Fıkralarında Söz ve Hareket Komiği...", *SEMP I,* s. 366.

(19) A. Nesin, 4 no.da agy, s. 47-48.

(20) Şükrü Kurgan, 4 no. da agy.

(21) İbnüttayyar Semahattin (Cem): "Nasreddin Hoca'nın Tarihi Şahsiyeti", *Yeşilay,* Haziran 1959. Aktaran: A. Esat Bozyiğit: "Nasreddin Hoca Yazmaları", *Halk Kültürü* 1984/4, s. 55.

(22) Hilmi Yavuz: "Nasreddin Hoca'nın Ahlâkı", *Felsefe ve Ulusal Kültür,* İst. 1975.

(23) Şükrü Kurgan: *Nasrettin Hoca,* Ank. 1986, s. 83.

(24) Prof. Dr. Abdurrahman Güzel: "Tasavvufi Halk Edebiyatı ve Nasreddin Hoca", *SEMP I,* s. 105-122; Prof. Dr. Sedat Topçu: "Nasreddin Hoca Fıkralarında Mizah Anlayışının Psikolojik ve Tasavvufi Kaynakları", *SEMP I,* s. 343-353.

(25) Prof. Dr. A. Güzel, 24 no. da agy.

(26) *Letaif-i Nasreddin Hoca (Bürhaniye Tercümesi)*'nden. İlk bas. Konya 1306/1889. Prof. Dr. Fikret Türkmen'in incelemesiyle yeni bas.: Ank. 1989.

(27) Diyanet Vakfı Kütüphanesi'nde bulunan 1797 tarihli yazmadan aktaran Prof. Dr. A. Güzel, 24 no. da agy.

(28) Prof. Dr. Sedat Topçu, 24 no. da agy.

(29) Edmond Saussey: *Türk Halk Edebiyatı,* çev.: Dr. İlhan Başgöz, Ank. 1952, s. 65-76.

(30) Pertev N. Boratav: "Nasreddin Hoca Fıkralarının Çeşitlenmelerinde Türlü Etkenler Üzerine", *Folklor ve Etnografya Araştırmaları 1985,* s. 80.

(31) Bkz. Saim Sakaoğlu: "Fıkra Tiplerinin Değişmesi", *Folklor ve Etnografya Araştırmaları 1984,* s. 445 vd.

(32) Yugoslavya'da derlenen fıkralara ilişkin bir kümelendirmede, "Yerel milli mizah kahramanı ve onun rakibi olan İtar Peyo'nun simasının rastlanıldığı Nasreddin Hoca fıkraları dizisi" ayrı bir küme olarak alınmıştır: Sevim Pilinçkova: "İnsanın Günlük Hayatında Mizahın Önemi...", *SEMP I,* s. 307.

(33) E. Saussey, 29 no. da agy.
(34) Şükrü Kurgan: "Evrensel Mizah ve Nasreddin Hoca", *Ilgaz*, S. 154, Temmuz 1974.
(35) Ş. Kurgan, agy.
(36) Aktaran: S. Sakaoğlu, 31 no. da agy.·
(37) Doç. Dr. Hasan Özdemir: "Nasreddin Hoca'yla İlgili İki Lâtife Mecmuası ve Bazı Lâtifelerin Eskiliği Üzerine", *SEMP I*, s. 287 vd.
(38) P. N. Boratav, 1 no. da agy, s. 97.
(39) Ivan Sop: "Nasreddin Hoca", *Türkiye Yazıları* dergisi Nasreddin Hoca eki, Temmuz 1978. Cuhâ için bkz. Dr. Ulrich Marzolph: "Cuha, the Arab Nasreddin, in Mediaeval Arabic Literature", *II. Milletlerarası Türk Folklor Kongresi Bildirileri* C. II, Ank. 1986, s. 251-258; Şükrü Kurgan: "Evrensel Mizah ve Nasreddin Hoca", *Ilgaz*, S. 154, Temmuz 1974.
(40) Ulrich Marzolph: "Persian Nasreddiniana", *SEMP I*, s. 239 vd.
(41) Şükrü Kurgan, 39 no. da agy.
(42) Türker Acaroğlu: "Nasreddin Hoca'nın İkiz Kardeşleri", *SEMP I;* Toramirzo Cabbarov: "Nasreddin Hoca Dünyanın Oğlu", *SEMP I;* Mustafa Duman: "Till Eulenspiegel'den Nasreddin Hoca'ya", *Tarih ve Toplum*, S. 70, Ekim 1989; Nimetullah Hafız: "Yugoslavya'da Nasreddin Hoca", *SEMP I;* Rostislav Holthoer: "Hodja Nasreddin, the Timeless Oriental Cosmopolitan in Finland", *SEMP I.*
(43) Bkz. İrfan Ünver Nasrattınoğlu: "Çin Halk Cumhuriyeti ile S.S.C.B.'nde Naşreddin Hoca İle İlgili Tespitler", *SEMP I.*
(44) İlhan Selçuk: *Uzak Komşu Rusya'dan Gezi Notları*, İst. 1967.
(45) İ. Ü. Nasrattınoğlu, 43 no. da agy.
(46) P. N. Boratav, 1 no. da agy.
(47) İ. Ü. Nasrattınoğlu, agy.
(48) T. Cabbarov, 42 no. da agy.
(49) T. Acaroğlu, 42 no. da agy.
(50) Bkz. Yugoslav incelemecilerin (Hacıosmanoviç, Prof. Dr. Nimetullah Hafız, Tacida Hafız, Maglajlıj, Piliçkova, Suroy) *SEMP I*'deki bildirileri.

(51) Örnekler için bkz.: İsmail Karaahmetoğlu: "Nasreddin Hoca Özgünlüğü", *SEMP I*, s. 182 vd.
(52) Prof. Dr. Nimetullah Hafız: "Yugoslavya'da Nasreddin Hoca", *SEMP I*, s. 129-130.
(53) Doç. Dr. Hasan Özdemir: "Nasreddin Hoca'yla İlgili İki Lâtife Mecmuası..." *SEMP I*, s. 291.
(54) P. N. Boratav: "Nasreddin Hoca Fıkralarının Çeşitlenmelerinde Türlü Etkenler Üzerine", *Folklor ve Etnografya Araştırmaları 1985*, s. 79 vd.
(55) A. Dilaçar, soruşturma yanıtı, *Ilgaz*, S. 154, Temmuz 1974.
(56) Albert Wesselski: *Der Hodscha Nasreddin. Türkische, Arabische, Berberische, Malteische, Sizillianische, Kalabrische, Kroatische, Serbische, und Griechische Marlein und Schwanke*, Weimar 1911. Kitapla ilgili tanıtma: Mustafa Duman: "Almancada Nasreddin Hoca", *Türk Folkloru Belleten* 1987/1-2, s. 159-162.
(57) P. N. Boratav: "Nasreddin Hoca Fıkraları İçin bir 'Kaynak Kitap' Tasarısı", *Boğaziçi Üniversitesi Halkbilimi Yıllığı 1975*, s. 39-45.
(58) Şükrü Kurgan, 4 no. da agy.
(59) Mehmet Bayrak: *Halk Gülmecesi*, Ank. 1987, s. 89.
(60) Nail Tan: "Günümüzde Yaratılan Nasreddin Hoca Fıkraları", *SEMP I*.
(61) Prof. Dr. N. Hafız, 52 no. da agy.
(62) Sabri Koz: "İncelenmemiş Bir Nasreddin Hoca Yazması", *SEMP I*.
(63) Tam adı: *Letaif-i Hoca Nasreddin Rahmetullah-ı Aleyh*, 4. bas. İst. 1926.
(64) Yıldız Cıbıroğlu'nun yayımlanmamış çalışmasından.
(65) Prof. Dr. Fikret Türkmen: "Nasreddin Hoca Fıkralarında Söz ve Hareket Komiği, Hoca'ya Ait Fıkraların Ayırdedilmesi İçin Bir Metod Denemesi", *SEMP I*, s. 361-369.
(66) Doç. Dr. Önder Göçgün: "Nasreddin Hoca Manzumeleri", *Milli Kültür*, S. 56, Mart 1987 - A. Esat Bozyiğit: "Nasreddin Hoca Fıkralarının Şiir Diliyle Anlatımı", *SEMP I*.
(67) S. Kocagöz: "Nasreddin Hoca", *Türk Dili*, S. 226, Şubat 1970.

(68) Radyo konuşmasından aktaran A.E. Bozyiğit, 66 no. da agy.
(69) A. E. Bozyiğit, 66 no. da agy.
(70) Şükrü Kurgan: *Nasrettin Hoca,* Ank. 1986.
(71) K. Erginer: *Nasreddin Hoca - Tarihi Kişiliği ve Hikâyelerinin Anlamı,* İst. 1969.
(72) K. Erginer, agy, s. 15-17.
(73) H. İvgin: "Nasreddin Hoca Fıkraları mı Hikâyeleri mi?", *SEMP I,* s. 167 vd.
(74) Soruşturma yanıtı, *Ilgaz,* S. 154, Temmuz 1974.
(75) *Ilgaz,* S. 155-166, Ağustos 1974 - Haziran 1975; İsmail Karaahmetoğlu, 51 no. da agy.
(76) Örnek olarak şu yayınları anabiliriz: Ali Püsküllüoğlu: *Öz Türkçe Sözlük,* genişletilmiş 7. bas. Ank. 1982; Türk Dil Kurumu *Türkçe Sözlük,* genişletilmiş 7. bas. Ank. 1983; Nijat Özön: *Dil Kılavuzu,* İst. 1985.

Üçüncü Bölüm

NASREDDİN HOCA'NIN ÇEŞİTLİ YÖNLERİ

Buraya kadar Nasreddin Hoca olgusunu ve fıkralarını iki ana bölüm içerisinde, bilimsel bir tutumla incelemeye çalıştık. Nasreddin Hoca'nın, yedi yüzyıllık bir olgu kimliğiyle toplum yaşamımıza dal budak salması dolayısıyla, çizdiğimiz genel çerçevenin dışına taşan yönleri de bu bölümde ele alınacak.

HOCA'NIN TÜRBESİ

Birinci Bölüm'de tarihçi İ. Hakkı Konyalı'nın bulduğu, Hoca'nın Akşehir'deki vakfına ilişkin belgeden söz etmiştik. Belge, Hoca'nın türbesinin H. 881 - M. 1476 yılında "harap" durumda bulunduğunu ortaya koyuyor. Bu türbe nasıldı? İ. H. Konyalı şu tahminde bulunuyor:

"Mevlâna Celâleddin Rumi, Seyyid Mahmud Hayrani ve daha sonra yapılan Yağlı Dede türbeleri gibi üstü mahruti (konik) ve belki de çinili bir kubbe ile örtülü idi. Bu kubbe altı sütun üzerine dayanmış bulunuyordu. Sütunların da araları açıktı. Fatih zamanında türbe kubbesinin mahruti kısmı haraptı, sonradan büsbütün yıkılmış ve yalnız iç kubbesi kalmıştır. Bugün gördüğümüz altı kalın mermer sütunla bu sütunların yüklendiği minimini yuvarlak ve derince kubbe, ilk türbenin bize kadar gelebilen esaslı ve ana parçalarıdır." (1).

Evliya Çelebi (1611-1682), *Seyahatname*'sinin üçüncü cildinde, türbenin dört yanının parmaklıkla kuşatılmış olduğunu yazıyor.

1830'ların başında Anadolu'yu gezen Charles Texier, dar Akşehir sokaklarının kalabalıkla dolu; türbenin çevresinin direkli ve direklerin eski anıt kalıntılarından alınma olduğunu belirtiyor; mezarlığın mimarı kalıntılarla dolu bulunmasını burada önemli bir antik kentin varlığına kanıt sayıyor (2).

Konyalı'ya göre türbe o durumuyla 1878 yılına kadar ayakta kalmış, bu tarihte "Akşehir zenginlerinin ve eşrafının yardımlarıyla asıl türbenin önüne fırdolayı üstü kiremit örtülü bir saçak ve sol tarafına da bir bekçi ve türbedar odası yapılmıştır. Eski türbenin etrafındaki parmaklık zamanla yıkılmış ve yok olmuş iken üstünde kilit bulunan kapısı ayakta kalmıştı." (3).

1870'lerin sonunda Akşehir'de kaymakamlık yapan Bereketzade İsmail Hakkı, şu bilgileri aktarıyor:

"Türbe-i şerifenin, tahayyül ettiğimiz gibi vaktiyle dört tarafı açık olduğu halde büyük bir kilitle kilitlenmiş büyük bir kapısı var imiş. Sonraları memleketin ileri gelenlerinden bazıları tarafından üzeri kiremitli ve etrafı tahta parmaklıklı olarak çatı altına alınmıştır. Bazı mahallerdeki cami şadırvanları tarzında inşa edilmekle şimdi eskisi kadar değilse de yine bina şekli ile muhteviyatının her halinde bir garabet eseri müşahede edilir. Hoca merhumun kabrinin üstüne konan ufacık bir sandukanın başına geçirilmiş büyük bir sarık, mübalâğa olmasın ama, sandukanın hemen üçte birini tutuyor. Sandukanın önünde dikilmiş ufak bir taşa irab ve ifadece sıhhati mükemmel olan (!) şu acayip cümle kazınmış:

'Nazihi't-türbetü'l-merhum el-mağfur ilâ abdihi'l-gafur
Nasruddin Efendi ruhuna fatiha'

Kitabenin altında da Hoca'nın vefat tarihi olmak üzere şu rakamlar görülüyor: 386. (...) O dipsiz destiler kabrin sağında solunda hâlâ dizili." (4).

Kocaman kilidin ve sözü edilen dipsiz testi ya da toprak ibriklerin sonradan buraya konulduğu anlaşılıyor. Konyalı'ya göre, "türbedar çocukların mezarlara su taşımak için kullandıkları testi ve ibriklerden kırılanları ve altları çıkanları türbenin içine sıralanmış, bunları da cer (dilenme, içine para atılması) amacıyla istismar etmiştir." Sonradan bunlar türbeden çıkarılmıştır.

Mehmed Ziya Bey (İhtifalci Ziya), *Bursa'dan Konya'ya Seyahat* adlı kitabında(5) 1892 yılında gördüğü türbeyi şöyle anlatıyor:

"Türbenin üzeri altı köşeli ve konik bir dam ile kapalıdır. Köşelerin birisi kapı olmak üzere açık olduğu halde, öteki yanlarını çok alçak bir duvar kuşatmıştı. Bu duvarın üstünde demirden bir parmaklık, bunun da üstünde çatıya dayanmak üzere düzensiz, inceli kalınlı tahta bir parmaklık görülüyordu. Kapısının yan ve üst taraflarını da yine tahtadan bir parmaklık kuşatıyordu. Parmaklıkların arasındaki tahta direklerin başlıkları da üzerleri sıvanmış daire şekline yakın bir görünümdeydi.

Duvarın üstündeki demir parmaklığa rasgelen bir bez parçası, püskül teli, pamuk ipliği bağlanmış olduğundan, parmaklık görünmez olmuştur. Çatının kenarını tutan bu direklerle duvar arasında çepeçevre bir açıklık vardı. Genel görünümünden anlaşılıyor ki Nasreddin Hoca türbesinin dört tarafı açıkken, sonradan damın yaslandığı sütunların arasını kısa bir duvarla doldurmuşlar. (...)

Mezarın üzerini eski yeşil bir örtü örtüyor. Kapıya bakan tarafına içleri su dolu bir sıra testi dizmişler.

Mezarın etrafında eski çağlardan kalma kalın altı mermer sütun daha var. Bunlar tavana kadar varıyor. Bu duruma göre, dıştaki sütunlarla çatının sonradan yapıldığı, asıl türbenin mezarı kuşatan sütunlarla aralarındaki kısa parmaklıktan ibaret olduğu kanısına varılıyor. Türbenin kıble tarafına rastlayan kısmı kapı tarafındaki demir parmaklığa göre biraz daha yüksekçe duvarla çevriliydi. Bu duvarın iç tarafına rasgelen bir şey yazmış olduğundan, bir satır yazacak kadar yer kalmamış desem mübalâğa etmiş olmam.

Bunların hepsini bir yerde toplayacak olsak bir gariplikler koleksiyonu, güldürücü şeyler dizisi oluşturur."

Türbe H. 1323 - M. 1905'te, Faik Beyin Konya valiliği döneminde onarılmış, bunu belirten dört satırlık bir kitabe konulmuştur. Bu onarımdan sonraki görünümü şöyledir:

"İki kısımdan oluşmaktadır. Birincisi 12 adet köşeli ve ince mermer sütunun tuttuğu kısımdır ki, bu asıl türbeye göre bir çeşit revak ve saçaktır. İkincisi bu revakın ortasında yükselen küçük kubbeli kısımdır ki, bu asıl ve eski türbedir. Revak kısmı çinko ile tavanlanmış ve her iki kısmın üstüne de 12 köşeli ve yayvanca bir çatı geçirilerek kurşunlanmıştır. Revak sütunlarının altında kısa bir duvar vardır. Duvarın üstünde de demir parmaklık dolaşır. Revakın yine demir parmaklıklı kapısı kuzeye açılır. Bu kısmın mimarlık ve süsleme yönünden hiçbir değeri yoktur. Asıl türbenin sütun başlıkları basittir. Direkleri bugünkü minimini kubbeyle uyuşmayacak kadar kalındır." (6).

Daha sonraki onarımda görünüm pek değişmemiştir.

ÇEŞİTLİ İNANIŞLAR – SÖYLENTİLER

Akşehirlilerin Hoca'yı çok sevip saydıklarını belirten İ. H. Konyalı, "başları daralınca ondan manen yararlanma yolları aradıklarını"; kuraklık yıllarında Hoca'nın türbesi önünde yağmur duasına çıktıklarını yazıyor; kitabına duayı gösteren eski bir fotoğrafı ekliyor (7).

Yine Konyalı ile Fuat Köprülü ve Veled Çelebi'nin aktardıkları çeşitli inanışlar vardır (8):

Akşehir'de bir düğün olunca türbesine gidip onu çağırırlar; "Hocaefendi, kepçeni küreğini al da düğüne buyur! Mollalarını da beraber al!" derlermiş. Bu çağrının mutluluk ve bereket getireceğine inanılırmış.

Hoca'nın mezarını görüp de gülmeyenin başına bir felâket gelirmiş.

Mezar toprağının halk arasında "kuru ağrı" denen göz hastalığına iyi geldiğine inanılır; toprak göze sürülür ya da suyu içilirmiş. Bu toprağın sıtmaya ve başka hastalıklara iyi geldiği yolunda inanışlar da varmış.

Bütün bunlar, halkın Hoca'ya inandığını, bağlandığını ortaya koymaktadır.

Bu inanışı dile getiren bir öykücük de var:

Nasreddin Hoca'nın ölümünün üzerinden birkaç yüzyıl geçmiş... Akşehirliler, Ulu Cami'de namaz kılmak üzere toplanmışlar. O sırada Hoca'nın türbedarı caminin büyük kapısında görünmüş:

— Ey ahali! diye seslenmiş, size tuhaf bir şey söyleyeceğim. Abdest aldım, camiye gelmeye hazırlanıyordum. Tam türbe kapısını kilitleyeceğim sırada merhum Hoca'yı gördüm. Bana "Ulu Cami'ye git, cemaatı buraya çağır. Gelmeyen olursa, kendi canına kıymış olur," dedi.

Halk camiden çıkıp Hoca'nın türbesine koşmuş. Hiçbir olağanüstülük görmemişler orada.

— Hay koca muzip! Arasıra bizimle şaka etmese olmaz! diyerek birer fatiha okuyup camiye dönmüşler.

Bir de bakmışlar ki, caminin kubbesi içeriye yıkılmış.

Tanrı'ya şükretmişler, Hoca'nın "kerametine" hayran kalmışlar...

Bir başka söylenti ya da fıkra, Hoca'nın torunlarından biri olduğunu öne süren bir zatla ilgilidir. (Hoca'nın torunu olduğunu öne sürerek Saray'dan birtakım isteklerde bulunan kişilerle ilgili belgeler yayımlanmıştır. Sarayın, Nasreddin Hoca'ya saygısından ya da halka hoş görünmek için, bu istekleri yerine getirdiği anlaşılmaktadır (9)).

Saraya başvuran zat, Nasreddin Hoca'nın torunlarından olduğunu öne sürerek, sadaka istemiş. Dilekçe vermeye gittiği sırada da atını orada bırakılan "nöbet kösü"ne (büyük davula) bağlamış. Hayvan davulu sürükleyince, davulun gürültüsünden ürkmüş, ürktükçe sürüklemiş... Rastlantı bu ya, o gün surre alayına katılıp Kâbe'ye gönderilecek katırlar da orada bulunuyormuş. Onlar da ürkmüş, büyük bir velvele kopmuş... Orada bulunanlara "Ne oluyor? Atı nöbet kösüne kim bağladı?" diye sorulup da bağlayının dilekçe veren zat olduğu anlaşılınca, "Merhum Hoca'nın soyundan geldiğine kuşku kalmadı. Başka kanıt istemez!" denilerek isteği yerine getirilmiş (10).

Taşbasmalarında rastlanan bir başka söylenti daha var:

Nasreddin öğrenciyken, arkadaşları hocalarının kuzusunu kesip yemişler. O da gülerek bu eyleme katılmış. Hocaları durumu anlayıp kimin ne yaptığını öğrenmek isteyince, filanca kesti, filanca yüzdü, demişler. Nasreddin'in de bu işe güldüğünü öğrenen hocaları beddua etmiş: Kesen kesilsin, yüzen yüzülsün... Nasreddin'e de dünya durdukça gülünsün, demiş. Dediklerinin hepsi olmuş...

ŞENLİKLER VE BAŞKA ETKİNLİKLER

Akşehir'de düzenlenen ilk Nasreddin Hoca'yı anma töreninin çağrılığı şöyleydi:

"21 Haziran 1959 pazar günü Akşehir'de milletimizin medarı iftiharı olan Nasreddin Hoca'yı anma töreni yapılacaktır. Teşriflerinizi saygıyla rica ederiz. - Akşehir Belediye Reisi Dr. Rahmi Şirvancı".

Ertesi yıl Nasreddin Hoca Derneği kuruldu. Ancak, tören tarihi 27 Mayıs askeri harekâtının hemen sonrasına rastladığı için o yıl tören yapılmadı. Bundan sonraki anma törenlerini Nasreddin Hoca Derneği yürüttü. Dernek, 1968'de adını Akşehir Nasreddin Hoca ve Turizm Derneği olarak değiştirdi. Anma törenleri de şenliğe dönüştürüldü.

Şenlik çerçevesinde 1973'te ilk kez genç karikatürcüler arasında bir yarışma düzenlendi. 1974'ten başlayarak, dernekle Karikatürcüler Derneği'nin işbirliğiyle "Uluslararası Karikatür Yarışması" gerçekleştirildi. Şenlikler her yıl 5-10 Temmuzda "Akşehir Uluslararası Nasreddin Hoca Şenliği" adıyla düzenlenir oldu. Şenlikler kapsamında sergiler ve yarışmalar açıldı, konserler verildi, folklor gösterileri yapıldı. 1977'de "I. Nasreddin Hoca Semineri" düzenlendi. 1976'da başlatılan "Gülmece Öyküsü Yarışması" da sürdürüldü. 12 Eylül 1980'den sonra belediye başkanlarının tutumu ve Karikatürcüler Derneği'nin çalışmalarının durdurulmuş olması yüzünden yarışmalara ara verildi; turistik folklor gösterileriyle yetinilir oldu. Uluslararası Karikatür ve ulusal düzeyde Gülmece Öyküsü yarışmaları 1989'da yeniden başlatıldı.

Kültür Bakanlığı Milli Folklor Araştırma Dairesi Başkanlığı'nın 15-17 Mayıs 1989'da Ankara'da I. Milletlerarası Nasreddin Hoca Sempozyumu'nu düzenlemesi ve burada verilen bildirileri bir kitapta toplaması (*I. Milletlerarası Nasreddin Hoca Sempozyumu Bildirileri,*

Ankara 1990), Nasreddin Hoca konusundaki bilimsel çalışmalara katkıda bulunmaya yönelik önemli bir adım olarak değerlendirilmelidir. Ancak uluslararası alanda tanınan Pertev N. Boratav, İlhan Başgöz gibi bilim adamlarının, yıllarca bu konu üzerinde çalışan Aziz Nesin vb. yazarların bu sempozyumda yer almamalarının bir eksiklik olduğu da belirtilmelidir.

Sivrihisarlıların Hoca'ya sahip çıkma çabalarını andıktan sonra, Kültür Bakanlığı'nca Akşehir'de Nasreddin Hoca Müzesi kurulacağı yolundaki habere (Temmuz 1991) de değinelim.

Türkçenin güçlü şairi Fazıl Hüsnü Dağlarca, *Ilgaz* dergisinin bir soruşturmasına verdiği yanıtta (S. 154, Temmuz 1974) güzel bir buluşla, müze yerine "Nasreddin Hoca Damı" öneriyordu.

Kanımızca, öncelikle ilk görevi Pertev N. Boratav'ın önerdiği (İkinci Bölüm'e, "Fıkraların Derlenmesi Sorunu" başlığı altında yazılanlara bkz.) "Kaynak Kitap"ı ortaya koymak, ardından bilimsel incelemelere yönelmek olan "Nasreddin Hoca Enstitüsü" kurulmalı, ya da müze ile enstitü aynı çatı altında, birlikte açılmalıdır.

NASREDDİN HOCA'NIN YAŞATILMASI

Ilgaz dergisinin yukarıda sözü edilen soruşturmasını yanıtlayanlardan A. Dilaçar, "Hoca'yı tek sesli yaşantıdan sanatçılar kurtarır. Örneğin; ressam: çizer, müzisyen: besteler, ozan: şiir yazar, tiyatroda, sinemada da canlandırılabilir," diyordu.

Nasreddin Hoca fıkralarının şiir diline aktarılması yolundaki çalışmalardan daha önce söz etmiştik.

Aşağıda Türkiye'deki, Nasreddin Hoca'yı konu alan ya da Nasreddin Hoca fıkralarından esinlenen çalışmalar üzerinde duracağız (11).

Tiyatroda

● *Nasreddin Hoca'nın Mansıbı* (Taklid Oyunudur). İlk Türkçe oyunlardandır. 18. yüzyılın son çeyreğinde yazıldığı sanılmaktadır. Poznan ve Viyana'da iki yazması vardır. Türkçe okutmanlığı yapan bir Türkün yazdığı görüşü ağır basıyor. Yazarı, Viyana'daki Türk elçiliği görevlilerinden biri de olabilir. İlk kez Metin And tarafından *Türk Dili* dergisinin "Türk Kısa Oyunları Özel Sayısı"nda (S. 214, Temmuz 1969) yayımlanmıştır. Oyunu *İlk Türkçe Oyunlar* adlı kitabına (İst. 1983, s. 27-48) alan And, burada kısa bilgi de vermekte; Konya'da geçen oyunun, Nasreddin Hoca'nın bilinen fıkraları birbirine eklenerek oluşturulduğunu ve oldukça başarılı olunduğunu yazmaktadır.

● *Nasreddin Hoca* (Oyun, 2 perde). Sahne-i Milliye-i Osmaniye, 1911.

● Nasreddin Hoca (Oyun, 3 perde). Milli Osmanlı Operet Kumpanyası, 1914.

● *Nasreddin Hoca ile Karagöz Paris'te* (Oyun, 4 perde). Naşit Tiyatrosu, 1914.

● *Nasreddin Hoca* (Tulûat oyunu). Naşit Tiyatrosu - Ferah Sahnesi'ndeki gösterimlerde, 1918-1919?

● *Nasreddin Hoca* (Tulûat oyunu). Naşit Tiyatrosu, 1925.

● *Maske ve Ruh* (Oyun). Yazan: Halide Edip Adıvar, İst. 1945.

● *Nasreddin Hoca* (Oyun). Yazan: Mümtaz Uygun, İzmir Şehir Tiyatrosu, 1947.

● *Nasreddin Hoca ve Eşeği* (Müzikli oyun). Yazan ve yöneten: Zafer Diper, müzik: Nadir Göktürk, Bizim Tiyatro (Üsküdar), 1981-83.

● *Aksak Timur ile Hoca Nasreddin* (8 yaşından büyük insanlar için müzikli oyun). AÇOK, 1985.

● *Küçük Nasreddin* (Çocuk oyunu, 2 bölüm). Yazan: Serpil Akıllıoğlu, Devlet Tiyatrosu, 1984-85, vd.

Sinemada:

- *Nasreddin Hoca Düğünde.* Yapım yılı: 1943, yapımcı: İpek Film, yönetmen: Muhsin Ertuğrul ve Ferdi Tayfur, senaryo: Burhan Felek - Necdet Mahfi Ayral, başrol: Hazım Körmükçü.
- *Nasreddin Hoca Buhara'da.* Yapım yılı: 1953, yapımcı: Dar Film.
- *Nasreddin Hoca.* Yapım yılı: 1954, yapımcı: Fuat Rutkay, Yönetmen ve başrol: Talât Artemel.
- *Nasreddin Hoca ve Timurlenk.* Yapım yılı: 1954, yönetmen: Faruk Kenç, başrol: Hazım Körmükçü.
- *Nasreddin Hoca.* Yapım yılı: 1967, yapımcı: Ertan Film, yönetmen: Yavuz Yalınkılıç, başrol: İsmail Dümbüllü.
- *Nasreddin Hoca* (çizgi film). Çizen ve yapımcı: Yalçın Çetin.
- *Nasreddin Hoca* (çizgi film). Çizen ve yapımcı: Altan Erbulak.
- *Nasreddin Hoca* (çizgi film). Çizen ve yapımcı: Oğuz Aral, yapım yılı: 1963.
- *Nasreddin Hoca* (kukla filmi). TV programı, 1973. Yapımcı: Ahmet Derin
- *Nasreddin Hoca* (çizgi film). TV programı, 1974. Yapımcı: Namık Kasapbaşıoğlu.
- *Nasreddin Hoca - Düşünen Hindi.*
- *Nasreddin Hoca - Doğuran Kazan.*
- *Nasreddin Hoca - Hoca ile Dilenci.*
- *Nasreddin Hoca - Hoca'nın Eşeği.*
- *Nasreddin Hoca - Ya Tutarsa.* Hepsinin yapım yılı: 1983, Çizgi ve yapım: Ümit Solok.

Kültür Bakanlığı 1979 Nasreddin Hoca Çizgi Film Yarışması için gerçekleştirilen yapımlar:

- *Nasreddin Hoca - Değirmenin Suyu,* M. Önal.
- *Nasreddin Hoca - Hoca Bir Gün...,* Ateş Benice - B. Arabacıoğlu.

● *Nasreddin Hoca - Hoca ile Eşeği,* T. İzberg - N. İz (Birincilik Ödülü)

● *Nasreddin Hoca - Kısasa Kısas,* Emre Senan.

● *Nasreddin Hoca,* Orhan Enez.

● *Nasreddin Hoca,* F. Erdoğan - F. Erdinç (Karikatürcüler Derneği Özel Ödülü)

● *Nasreddin Hoca,* Yıldız Cıbıroğlu

● *Nasreddin Hoca Bir Gün,* S. Güngör (SİYAD Ödülü)

● *Okuyan Eşek,* B. Ağdemir - Ş. Demirkol - H. Aydoğdu.

● *Suçlu Kim?,* Tonguç Yaşar (Birincilik Ödülü)

Müzikte:

● *Nasreddin Hoca* (Operet). Besteci: Sabahattin Kalender, Ankara Devlet Operası, 1962 ve 1982

● *Nasreddin Hoca* (beste, güfte, kukla gösterisi). Besteci: Erol Büyükburç, TV, 1991.

Nasreddin Hoca'nın Adını Yaşatan Süreli Yayınlar

Eski harfli:

● *Nasreddin Hoca,* Müdir-i mesul (sorumlu yönetmen): A. Haydar, İst. 1330/1914, haftada 2, Milli Kütüphane'de 13 sayı (1-13)

● *Nasreddin Hoca.* Mizah gazetesidir. Mm: Osman Nuri, İskenderiye, 1336/1920, haftalık, MK'de 5 sayı (1-5)

● *Nasreddin Hoca.* Siyasi, mizahi gazete. Mm: İsmail Hakkı, İst. 1927-28, haftada 2, Hakkı Tarık Us Kütüphanesi'nde 104 sayı (1-104).

Yeni harfli:

● *Nasreddin Hoca.* Müstakil siyasi gazete. Akşehir, 1950-53, haftalık.

● *Yeni Hoca Nasreddin.* Siyasi halk gazetesi, İstanbul 1940, haftada 2.

• *Yeni Nasreddin Hoca,* İstanbul 26 Aralık 1936-Mart 1937, 12 sayı.

Resim ve Karikatürde

Nasreddin Hoca'nın en eski resmi, "Çağı ve Çevresi" altbölümünde "görünüşü"nden söz ederken andığımız 17. ya da 18. yüzyıl minyatürüdür.

Taşbasması Letaif-i Nasreddin kitaplarında (kaynakçaya bkz.) ressamı belirsiz pek çok resim yer alır. Bu resimlerden 39'una *Resimli Taşbaskısı Halk Hikâyeleri* adlı kitabında(12) yer veren ve bu 39 resmi birer birer inceleyen Dr. Gül Derman, sözkonusu kitaplardaki resimler üzerine şu genel değerlendirmeyi yapmaktadır:

"... Resimlerin estetik amaçtan çok anlatıcı veya açıklayıcı amaç gütmesine dikkat edilmiştir. Böyle olunca, mekândan çoğunlukla soyutlanan figürler, bir boşluk içinde ve hareketten yoksun, hikâyede belirli bir noktayı açıklamak için adeta Karagöz göstermeliklerindeki figürler gibi sahnelerin içinde ve kitabın orasına burasına serpiştirilmiş olarak yer almışlardır.

Böylece görülüyor ki amaç resimlerin güzel çizilmesi, ya da bir sahnenin estetik olarak vurgulanması değildir. Özellikle basılı eserlerde amaç, halkın hikâye ile olan ilişkisinin tekrar sağlanmasıdır. Hayal güçleri kuvvetli olan okuyucu tabakasının, daha iyi resimler ve anlatıma giden araçlarla bu hayal güçlerinin üzerine çıkılması düşünülmemiştir."

Sonraki basmalarda yer alan resimlerin çoğu da imzasızdır. Ancak, taşbasmalarındaki resimlerle kıyaslandığında, bunların daha başarılı olduğu görülmektedir. Veled Çelebi İzbudak'ın Bahaî takma adıyla yayımladığı *Letaif-i Hoca Nasreddin*'in ressamı Halid, dönemin en başarılı Nasredin Hoca illüstratörüdür. Resimleri sonraki Nasreddin Hoca kitaplarında da kullanılmıştır. (İstanbul Maarif Kitaphanesi'nce yayımlanan *Büyük Nasreddin Hoca*'nın 1954, 1958 baskılarında, Sami

Ergun'un 1950'de basılan *Manzum Nasreddin Hoca*'sında). Hemen hemen aynı dönemdeki başka kitapları resimleyen S. Agayan da başarılı bir Nasreddin Hoca illüstratörüdür.

Sonraki dönemde, Ratip Tahir'den (Burak) Mim Uykusuz'a uzanan bir çizgide, Nasreddin Hoca daha çok karikatürcülerin canlandırdıkları bir tip olmuş; Türk karikatürünün gelişme döneminde Nasreddin Hoca fıkraları sık sık çizgilerle anlatılmış ya da Hoca zaman zaman karikatürlere konuk edilmiştir.

1970'lerden başlayarak, usta karikatürcülerimizin hemen hemen hepsi Nasreddin Hoca tipini yorumlayan çizgileriyle Hoca'nın yaşatılmasına katkıda bulundular. Kemal Özer'in şiir diliyle yazdığı *Nasrettin Hoca*'yı Tan Oral, Burhan Felek'in *Nasrettin Hoca* kitabını Ferruh Doğan resimledi. Kuşkusuz ki, Abdülbaki Gölpınarlı'nın *Nasreddin Hoca*'sını resimleyen Abidin Dino'yu da anmadan geçemeyiz. Yukarda "Sinemada" altbaşlığı altında sıraladığımız çizgi filmler (canlandırma filmleri) de karikatürcü ve illüstratörler tarafından çizilmiş Nasreddin Hoca tiplemelerine dayanmaktadır.

Son olarak, Yurdaer Altıntaş'ın renkli Nasreddin Hoca çalışmaları ile Hoca'yı yabancılara tanıtmak üzere Aziz Nesin'in yazıp Talât S. Halman'ın İngilizceye uyarladığı *The Tales of Nasrettin Hoca* kitabına (İst. 1988) Türk minyatür ve motiflerinden yararlanarak renkli resimler hazırlayan Zeki Fındıkoğlu'nu analım.

Heykelde

Nasreddin Hoca'nın Ankara, Hortu, Sivrihisar ve Akşehir'de dört heykeli vardır. Hortu'daki heykelinde Hoca eşeğe ters binmiş gösterilmektedir. Sivrihisar girişine Metin Yurda'nın yaptığı 7 metre yüksekliğindeki heykeli Eylül 1985'te, Akşehir'e Prof. Tankut Öktem'in yaptığı 8.5 metre yüksekliğindeki heykeli Temmuz

1987'de dikilmiştir. Bu sonuncularda Hoca eşeğe "doğru" binmektedir.

Heykellerde Hoca'nın eşeğe ters binmiş gösterilmesi birtakım tartışmalara yol açmıştır (13).

Hoca'yı eşeğe ters bindiren bir tek fıkra vardır: Mollalarıyla birlikte camiye giderken ters biner eşeğe. Mollalar bunun nedenini sorduklarında, "Doğru binsem, siz benim arkamda kalacaksınız, siz önden gitseniz, ben arkada kalacağım, yine yüz yüze gelemeyeceğiz. İmdi en doğrusu böyle binmektir!" der.

Öteki fıkralarında eşeğe ters binmez. Ama heykellerinde, kimi simgelerinde ters binmiş görünmesi, onun bu fıkrada dile getirilen yönünü simgeler. Kimi eski resimlerinde de ters bindirilmesi aynı nedene dayanır.

Amaç Hoca'yı *simgelemek* olduğuna göre, kanımızca onun eşeğe ters binmiş gösterilmesi amaca daha uygun bir yöntemdir. Nitekim türbesinin kapısındaki işe yaramaz kilit de zamanla simgesel bir anlam kazanmıştır.

ÜÇÜNCÜ BÖLÜMÜN DİPNOTLARI

(1) İ. H. Konyalı: *Akşehir - Nasreddin Hoca'nın Şehri*, İst. 1945, s. 463.

(2) Charles Texier: *Küçük Asya*, Çev.: Ali Suad, C. II, İst. 1339/1923, s. 390.

(3) İ. H. Konyalı, agy, s. 465.

(4) Bereketzade İsmail Hakkı: *Yâd-ı Mazi*, İst. 1332/1916, s. 252 vd; "1870'li Yıllarda Nasreddin Hoca'nın Kabri", *Dergâh*, S. 12, Şubat 1991.

(5) Mehmed Ziya: *Bursa'dan Konya'ya Seyahat*, İst. 1327/1911, s. 301.

(6) İ. H. Konyalı, agy, s. 469-470.

(7) İ. H. Konyalı, agy, s. 475-476.

(8) İ. H. Konyalı, agy, s. 476; F. Köprülü: *Manzum Nasreddin Hoca Fıkraları*, İst. 1980, s. 16; Bahaî (Veled Çelebi İzbudak): *Letaif-i Hoca Nasreddin*, 4. bas., İst. 1926, s. 19.

(9) Bkz. Özcan Mert: "Nasreddin Hoca'nın Soyu İle İlgili Belgeler", *III. Milletlerarası Folklor Kongresi Bildirileri*, C. II, Ank. 1986, s. 259-268.

(10) Mehmed Tevfik (Çaylak): *Letaif-i Nasreddin*, Cüz 1, İst. 1299/1883.

(11) Başlıca kaynağımız: A. Esat Bozyiğit: *Nasreddin Hoca Bibliyografyası Üzerine Bir Deneme*, Ank. 1987.

(12) Dr. G. Derman: *Resimli Taş Baskısı Halk Hikâyeleri*, Ank. 1988.

(13) Eşeğe ters bindirilmesine karşı çıkanlardan M. Şakir Ülkütaşır'ın *Hisar* dergisindeki (S. 144, 1969) yazısı ile Mustafa Yıldırımer'in "Nasreddin Hoca ve Görünümü" başlıklı bildirisini (*I. Milletlerarası Nasreddin Hoca Sempozyumu Bildirileri*, Ank. 1990) analım.

NASREDDİN HOCA VE FIKRALARI ÜZERİNE GÖRÜŞLER

İLHAN BAŞGÖZ:

Fıkra kahramanlarımızı Türk halkının yarattığı yolundaki yargımız çok söylenmiştir ve bu doğru bir yargıdır. Ama Türk halkını da fıkraların yoğurup yarattığını nedense pek düşünmemişizdir. Oysa bizim duyu ve düşünce dünyamızın biçimlenmesinde, diyelim Nasreddin Hoca'nın katkısı küçümsenemeyecek kadar önemli olmuştur. Okuyucu çevresi üç beş bini geçmeyen sanatçılarımızın etkisinden söz ederken, örneğin Namık Kemal kuşağı, Orhan Veli kuşağı deriz. Abartılmış olmakla beraber bu görüşte gerçek payı vardır. Toplumumuzun bir bölümü, vatanı ve milleti Namık Kemal'in gözü ile görmüştür bir zaman. Çoğumuz sokaktaki küçük adama Orhan Veli gibi bakmışızdır. Köyün toplumsal yapısını İnce Memed'den nakledenlerimizin sayısı epeyce kabarık olmalıdır. Bu yandan bakılınca hepimiz Nasreddin Hoca'nın kuşağıyız. En az 500 yıldan beri onun fıkralarını dinleyerek, beslenip büyümüşüz. Bu etki çoluk çocuk, genç ihtiyar hepimize işlemiş. Beşikten mezara hepimiz onlarla eğitilmişiz. Böylece Nasreddin Hoca'yı Türk halkı yarattığı kadar, Türk halkını da Nasreddin Hoca yaratmış. Nedense, gene de fıkralardan gelen eğitimi pek ciddiye almayız. Halbuki, açıkça belirtilsin belirtilmesin, fıkralarımızın bir de eğitim fonksiyonu var. Eski kaynaklar bunu "Nef-i kelam oldur ki", yahut "kıssadan hisse oldur ki" diye açıklarlar. Bugün de kullandığımız kıssadan hisse deyimi bunu belirler. Nicemiz, nice kereler, kıssadan aldığımız hisseye göre davranır, bu gelenekten aldığımız çizgide yürürüz."

(*Folklor Yazıları*, İst. 1986)

ADNAN BİNYAZAR:

Nasrettin Hoca, Türk düşüncesinin yetiştirdiği büyük bir bilgedir. Türkçenin kıvraklığı, espri gücü, anlatımsal yalınlığı bu fıkraların düşünsel özünün yansımasında etkisini gösterir. Ayrıca, bütün Türk halkının yaratma gücü, Nasrettin Hoca'nın fıkralarında anlatımını bulmuştur. Türk halkının yüzyıllar boyu süren direngenliğinin ölçüsü de gene bu fıkralardır. Bu nedenle Türk düşüncesinin, felsefesinin, yaratma gücünün ve anlatım kıvraklığının kaynaklarını bu fıkralarda aramak gerekir.

......

Nasrettin Hoca, her kesim halkın; köylünün kentlinin, varsılın yoksulun çelişkilerini, düşüncelerini, eleştirilerini dile getirir. Fıkralarda yerellik, sınıfsallık özelliği önemli bir ayrılık yaratmakla birlikte, Nasrettin Hoca'da bu görülmez. Başta komşu ülkeler olmak üzere, bütün dünyada tanınmasının, yaygınlaşmasının nedenini, onun bu evrensel yönünde aramak gerekir. Nasrettin Hoca, fıkralarında, bütün dünya insanlarının çelişkilerine, esprilerine, yaratma dünyalarına da seslenmeyi bilmiştir.

(*Türk Dilinde 25 Ünlü Eser*, İst. 1982)

PROF. AHMET CAFEROĞLU:

Akşehir'in yanıbaşında eski Anadolu kültürünün kaynar ocağı mesabesinde olan Konya, öteden beri İslam ve Türk tefekkür tarihinde haklı bir merkez rolünü oynamakla, kolayca Hoca'mızı unutturma imkânında idi. Burada ilim feyzini saçanlar arasında, Sadrettin Konevi'yi yetiştiren Merakeşli Muhittin ibn el-Arabi, Harezm'den gelen Necmettin Kübra, Necmettin Razi, nihayet devrinin birçok bilim yıldızlarını şöhreti ve nüfuzu altına alan Mevlâna Celâleddin Rumi, Sultan Velet ve saire gibi dev mütefekkirler yaşamakta idiler. Bunlar, ilim âlemine himayesini esirgemeyen Selçuk oğulları devletiyle ittifak yaparak, burasını İslâm âleminin en çekici ve cazip bir noktası haline getirmişlerdir. Zavallı Hoca'mız, işbu devlerle boy ölçüşmek durumunda, bunların arasından sivrilivermek zorunda idi. Takdir edersiniz ki, bu o kadar da kolay ve her kula nasip olabilecek bir meziyet değildi.

Bununla beraber Mevlâna Celâleddin Rumi'nin mistik propagandasından sıyrılamayan devrin diğer Anadolu bölgelerinde ve şehirlerinde, ayrıca, geniş bir kültür gelişmesine sahne olan merkezler de bulunmakta idi. Kayseri ve Akşehir bu özel merkezler arasında bulunmakta idiler. Hocamızla Necmettin Ahmet ve Mahmut Seyrani kardeşler işbu Akşehir kültürünü geliştiren ve birbirini tamamlayan üç hatırı sayılır mütefekkirlerdi.

Bununla yetinmeyerek, çağın kültür geleneği icabı yabancı, Arap, bilhassa Fars dillerinde yapılmakta olan muazzam ilim propagandasında Türkçeye önem verilmediği bir zamanda Hoca'mızın Türklüğün bu özlü sahasının başında bulunması, unutulmayacak nimetlerden biridir. Anadolu'nun diğer hayırlı bir evlâdı olan Yunus Emre'nin Anadolu Türkçesine yeni bir yol çizmiş olması da, bu işte Hoca'mıza büyük bir destek vazifesi görmekte idi. Zira çeşitli kültür ve kültler kaynağı olan bu devir Anadolu'su ve Konya'sı, ister istemez. ruhen hem Hoca'mıza, hem de Hoca'dan haz duyan muhite tamamıyla yabancı sayılmakta idi. Halbuki Hoca'mız tepeden tırnağına kadar Türk oğlu Türk idi. Ne şahsında, ne düşünüşünde, ne de dış görünüşünde yabancı bir tesire yer vermemiştir. Ve bu bakımdan onu herhangi bir eşref saatta türemiş bir derviş veyahut bir soytarı telâkki etmeye kimsenin hakkı yoktur.

....

Alman bilginlerinden birinin dediği gibi, Hoca, gazeteciliğin ne olduğunu bilmeyen topluluklarda âdeta bir gazeteci vazifesini görmüştür. Zekâsının mahsulü olarak kabul edilen nükteleri, hikmetleri müstevli düşmana karşı halklarca beslenen kin ve adaveti, zayıfın zorbadan almak istediği intikam hissini kamçılayan ve bozkır halkının sağduyusunu okşayan en sağlam bir vasıta olmuştur. Çünkü Hoca'mız, maceralı hayatında asla romantik bir geçmişe sahip olmamıştır.

....

Nihayet Hoca'mızın, Orta Asya ile Anadolu şövalyeliğinin altın devrinde yaşaması, ona ayrıca bir şövalye necabetini kazandırmıştır. Zarafeti, nüktesi, mütevekkil oluşu, intikamını sindire sindire alışı, işbu şövalyeliğinin necip vasıflarından biridir. Yine Hoca'mızın, Ortaçağ şövalyeleri zıddına at yerine eşekli olarak tasvir edilmesi hiç de yadırganacak bir durum olmasa gerektir. Hele bu basit dış görünüşten Hoca'mızı alelâde bir soytarı seviyesine düşürmek asla doğru değildir. (...) Bu aziz halk evlâdının sarığında ş e h i r, yani yerleşik, küçük eşeğinde ise g ö ç e b e Türk yaşayışının bağdaştırılmak istendiğini sezmekteyim. Bu yolla Hoca'mız k e ç e medeniyeti ile b a l ç ı k medeniyetini kendi şahsında kaynaştırmış bir şövalyedir.

(*İ.Ü. Edebiyat Fakültesi Türk Dili ve Edebiyatı Dergisi,* C. IX, 1 Kasım 1959)

ABDÜLBAKİ GÖLPINARLI:

Belki iddia edenlerin iddiası doğrudur da Hoca, bir hâcedir, vezir oğlu vezirdir ve bu zat, espritüeldir, hazırcevaptır, zekidir, sırasında kendini saf göstermeyi bilir. Fakat halk, ondan daha zekidir, daha espritüeldir, daha hazır-cevaptır, onun şöhretini kullanmış, ondan bambaşka bir tip, bir halk tipi yaratmış, onu kendisine mal etmiş, ona sözler söyletmiştir. Belki de Hoca, bir köy imamının oğludur, köy imamıdır, halktandır ve halk, onu o kadar bağrına basmıştır ki zaman zaman durmamış, boyuna onun dilinden olaylar icad etmiştir, sözler söylemiştir, içini dökmüştür, derdini boğmuştur.

Her ne olursa olsun, Hoca, perdecileri olan, harem ağalarının dolaştığı haremlerde, beyaz topuklu, yalın yüzlü hizmetçilerin, nâz ile hırâmân olduğu saraylarda yaşamış bir tip değildir. Hoca, dert çeken, acıkan, ağlayan, bezen, uman, isteyen, inanan ve sırasında inancıyla alay eden, efkârlanan ve sırasında efkârını bir nüktede boğan halktır, hem de tarih boyunca halk.

Halk, Hoca'dır. Buna örnek mi istiyorsunuz? İşte bir fıkrası. Ter ü tâze, burcu burcu kokmada:

Hoca'nın bir boğası varmış, yedi köyün ineğine yetermiş. Hükümet, bir nümune çiftliği yapmış, bu boğayı satın almış. Gözleri sürmeli, gerdanı katmerli, tüyleri pırıl pırıl bir inek arz etmişler boğaya, başını çevirmiş. Ondan güzelini bulmuşlar, koklamış, beğenmemiş. Günler günü bu, böyle gitmiş.

Hoca'ya başvurmuşlar, ne oldu bu boğaya demişler, yedi köye yeterdi, bir döl alamadık gitti. Gülmüş Hoca, elbette demiş, öyle olacak; hükümet memuru oldu, bugün git, yarın gel diyor.

Bu fıkranın, XIII. yüzyılda yaşayan müreffeh bir bey, yahut bir köy imamı Hoca'ya ait olmasına imkân var mı? Demek ki halk, yüzyıllar boyunca Hoca'yla sarmaş dolaş yaşıyor. O, halkın muhayyilesinde; halk, icap edince öz nefsine bile onun nüktesiyle çatıyor, onun diliyle sözler ediyor. Bedri Rahmi Eyüboğlu'nun dediği gibi yakın zamanda bir gün Hoca, otobüse, dolmuşa da binecek, taksiye de binmek isteyecek mutlaka.

(*Nasreddin Hoca*, İst. 1961)

ŞÜKRAN KURDAKUL:

Nasrettin Hoca, çağdan çağa, okumuş, okumamış, Türkçeyi konuşan her kuşaktan değişik toplumsal sınıf ve tabakalardaki insanların benimsediği fıkralarıyla halk zekâsının simgesi olmuştur. Genellikle insanların günlük yaşam içindeki tutum ve davranışları, devletli-tâbi, paralı-parasız, güçlü-güçsüz, esnaf-halk, yönetilen-yöneten, insan ve hayvan ilişkileri işlenerek, insanın ussal güçlerine bağlanmak istendiği fıkralarda bilgece buluşlar ve düşündürme özelliklerinin yanı sıra güldürü havası, amacı zenginleştiren başlıca ögeler arasındadır. Başa gelen sıkıntı ve açmazlardan bir yolunu bulup çıkıvermek, genel bir iyimserlik havası, kimi zaman da yaşamı saran toplumsal koşulları alabildiğine taşlama, zaman içinde Hoca'nın fıkralarına eklemelerin yapılmasına yol açmış, halk şiirimizde olduğu gibi ortak bir nitelik kazandırmıştır.

(*Şairler ve Yazarlar Sözlüğü*, 5. bas., İst. 1989)

ŞÜKRÜ KURGAN:

Nasrettin Hoca, sanatının felsefesini hikâyeleri ile açıklayan değerli bir halk sanatçısıdır, ancak o, sanatının ürününü sunarken, müzikçiler gibi armoniyi, ressamlar gibi rengi, heykel yontanlar gibi mermer ya da tuncu değil, kendi yoksul hayatının olaylarını işlemiştir. Böyle olunca, onun kişiliğinde canlanan Anadolu Türk Halk Mizahı, yorgun bir zihnin düşüncelerini boşaltan, dilimizin güçlü bir deyimi ile "lala-paşa eğlendiren" başıboş bir mizah değildir. Nasrettin Hoca mizahı, bunun tam aksine, Türk halkının sorunları ile beraber yürüyen, toplum eğitimine yönelmiş, yapıcı bir mizahtır. Türk halkı, yüzyıllar boyunca dertlerini bu mizahla avutmuş, sevinebildiği mutlu günlerde de, bu mizahın sevinci ile yaşamıştır.

Bu "Nasrettin Hoca sevinci ile yaşamak", hafif olmak, işleri şakaya almak demek değildir, sadece güler yüzü ciddiliğe engel saymamak, yani Türk halkı gibi "güler yüzle ciddi olmak" demektir.

(*Nasrettin Hoca*, Ankara 1986)

AZİZ NESİN:

Yeniliklerin gülmecesi, korkunun eseridir. Birçok başarısız denemelerden sonra, artık başkaldırmaya, ayaklanmaya yüreklenemeyenler, kendilerini ezenlerden korktukları için, onlarla alaya başlamışlardır.

Halkın, ister kendi ulusunun egemen sınıfına, ister istilâcı yabancılara karşı başkaldırdığı, savaşa girdiği evrelerde artık gülmecenin geniş olarak yeri yoktur. Ne zaman halk savaş gücünü yitirip yenik düşer, kendisini ezenlerden korkmaya başlarsa, o zaman yoğun olarak gülmece silahını eline alır ve bu koşulda gülmece yayılma ortamı bulur.

Bu tür gülmece, korkunun eseri olduğu için beşeridir. Çünkü korku, en beşeri duygudur. Yazılı olmayan, ya da bir sanatçının eseri olmayan ve halkın ortak ürünü olan sözlü mizahta, mizahın korkunun ürünü olduğu daha da belirgindir. Çünkü halk, *légendaire* kahramanlar yaratır ve kendi uydurduğu alayları, yarattığı *légendai-*

re kahramanlara bağlayarak, onların ağzından anlatır ve böylece suçluluktan kurtulmaya çalışır. Bunun en iyi örneği Nasrettin Hoca'dır. Halk, yaşadığı dönemin egemen ve yönetmenlerini yermek, onlarla alay etmek isteyince, ya duruma uyan bir Nasrettin Hoca fıkrası, ya Hoca'nın belli kişiliğine uygun olan başka kaynaktan aktardığı fıkrayı Hoca'ya bağlayarak, Nasrettin Hoca fıkrası diye anlatmıştır. Nasrettin Hoca fıkralarının, gittikçe zenginleşmesinin ve canlılığını, doğurganlığını korumasının nedenlerinden biri de budur.

(*Cumhuriyet Döneminde Türk Mizahı*, İst. 1973)

Sınıflı toplumlarda, o toplumun bütün sınıflarının bir amaçta birleştikleri dönemler olur. Örneğin ulusal kurtuluş savaşlarında, ulusal niteliği kazanan burjuvaziyle emekçi sınıfı ulusun bağımsızlığı amacında birleşir. Bunun gibi, ulusal değerler de sınıflar üstüdür, bütün sınıflarındır. Örneğin Mimar Sinan, Yunus Emre, nasıl bütün Türk ulusunun ortaklaşa değeriyse, Nasrettin Hoca da, Türk ulusunun bütün sınıflarının ortaklaşa varlığıdır. Ancak aradaki ayrılık, o ulusal değeri, her sınıfın kendine özgü bir anlayışa göre değerlendirip yorumlamasındadır.

(*Milliyet Sanat Dergisi*, S. 71, 15 Mart 1974)

FERİT ÖNGÖREN:

Hemen her halkın, aşiret düzeninden yerleşik düzene geçerken, ya da bu tip köklü yapı değişikliklerinde yol göstericiler çıkardıkları doğrudur. Bu yol gösterici, Ortadoğu'da peygamberler, Grek ilinde feylesoflar, bizde de tarikat uluları olmuştur. Anadolu ne zaman kültür yönünden bir bunalıma düşerse onlara dönmek, oradan yeniden yola çıkmak zorundadır. Hacı Bektaş Veli, Ahi Evren, Mevlâna, Hacı Bektaş - Baba İshak, Taptuk Emre, Yunus Emre bu anlamda yeniden tanınmalıdır. İşte bu uluların çağdaşı bir ulu kişi daha var ki, ona da Hoca diyoruz. Nasrettin Hoca'nın mizahı, fıkra ve hikâyeleri bu tablo içinde alabildiğine önem kazanacaktır. Bütün bu tarikat uluları Konya Selçuk sarayının eşiğinde çepeçevre boy atmış oldular. Ancak bunlar içinde Hoca'nın duruşu, hepsinden ayrı olmaktadır. Nitekim, Hoca diğer ulular gibi bir çözüm yolu teklif etmemektedir. Bu çerçeve içinde Hoca nasıl değerlendirilebilir?

Nasrettin Hoca bir kuruluş döneminden çok, Anadolu'nun yıkık ve karmakarışık günlerini işaret eder. İç isyanlar, dış saldırılar biribirini yeni kovalamıştır. Her kafadan bir ses çıkmaktadır. Hoca, bu ortam için, kültür geleneklerinden, "Akilment", "Danişment" motifine bağlı olarak ortaya çıkıyor. Sünni olduğu, "Kuduri"yi okuttuğu, varlıklı bir kişi olduğu, vergi kayıtlarından öğrenilenler.

Aşiret toplumunda, en akıllı bilinen, sıkışıldığında kendisinden akıl danışılan, adına akilment denilir bir tip, yarı kutsal bir kimlikte iken, yerleşik düzene geçildiğinde, o da kendi halkı gibi bilgisiz kalınca, tipik bir mizahi kaynak olmakta gecikmemiştir. Bir mizahi tip olarak, akilment fıkraları bugün bile Anadolu'da çok sık anlatılır. Nasrettin Hoca'ya halktaki bu gereksinmenin karşılığı olarak; kendisine gelinip sorular sorulmuş ve onun da birtakım karşılıklar vermiş olduğu varsayılır. Ancak, Hoca, belirli bir kişilik olarak akilmentlik kurumundan ayrılır. Ayrıca Hoca, akilmentlik motifi ile alay ederek gerçek ününü toplamıştır. Fakat en önemli yanı, Hoca'nın akilmentliği aşan, hikâyeci kişiliğidir. Gerçekten Yunus'un ilk şair sayılışı gibi, Hoca'nın da ilk hikâyeci sayılması gerekir. Gerçek Hoca mizahı, fıkralar ve hikâyeler diye iki ana öbeğe ayrılabilir. Fıkraları ise, ya birisinin kendisine gelip bir soru sorması ya da Hoca'nın olmadık bir şey yapması ile gelinip kendisinden açıklama istenilmesi gibi iki ana kuruluş gösterirler. Bu üç tip mizah kuruluşunda, Hoca'nın yol gösterici kimliği eksik olmaz.

Ancak Hoca'yı, adını andığımız hiçbir tarikat benimsememiştir. Bu nedenle Hoca, halkın arasında varlığını sürdürebilmiştir. Nasrettin Hoca da Akşehirlilere hiçbir tarikatın öğretisini öğütlememiş, tersine yeri geldikçe, eşeğine binerek, öte dünya ile alay ederek, ölümle dalga geçerek, onları ırgalamasını da bilmiştir. Hoca'nın bu tavrına, bugün demokrat bir yurttaş tavrı diyebiliyoruz. Hemşehrilerine aklın yolunu göstermek, onları bu yolda eğitmek, bu büyük aydınlatıcının teklif ettiği çözüm yolu olmuştur. Hoca, halkının arasında bir mantık hocası olarak dolaşmış gibidir. Değişik önermelerin çatıştığı ortamda, sonunda eşeğini kendisi sırtlayarak somut karşılıklar göstermiştir. Herkesin kendi düşüncesini benimsetmeye zorladığı bir ortamda, "-Sen de haklısın" fıkrası ile karşılamıştır. Bir bakıma geleneksel bürokrat kuruluşlar sayılabilecek tarikatlara, halkın işin içine karıştırılmadığı ortamda, temelli bir çözümün getirilemeyeceğini halktan yana duruşu ile ifade etmek istemiştir. Sahte yol göstericilere karşı, "-Ağaçtan düşeceğimi bildin, ne zaman öleceğimi de bilirsin" fıkrası ile takılmakta, sonra, kalkıp "-Ben öldüm" diyerek kendisini yere atmaktadır. Akşehir halkı da onu kaldırıp, ölümsüz yapmasını biliyor.

(*Cumhuriyet Dönemi Türk
Mizahı ve Hicvi*, 4. bas., Ank. 1983)

PROF. CAHİT TANYOL:

Türk halk kültürünün temel kaynaklarından biri de Nasreddin Hoca fıkralarıdır. Öyleyse aydınla toplum arasındaki uçurumu kapatmak için bu fıkralara çeşitli yönlerden ışık tutmak gerekir. Köylü, kentli, aydın, bilgisiz toplumun bütün zümre ve sınıfları arasında ortak olarak bilinen ve söylenen bu fıkralar gerçekte "yitik halka"ya atılan ilk bağlantıdır. Türk halk düşüncesi, dünya görüşü, hayat anlayışı, yaşama felsefesi, birey ve toplum ilişkisi, devlet görüşü, gerçeklere bakış tarzı, Nasreddin Hoca fıkralarında, ince bir mizahla ortaya serilir. Gülünçlüklerimiz üzerinde düşüneceğimiz yerde, çoğu zaman bu fıkralara güler geçeriz. Bu fıkralarda karşılaştığımız bönlükleri, aptallıkları, kurnazlıkları, hiçbir zaman Türk halkının hayat akışı içinde bir gerçeği dile getirdiğini düşünmeyiz bile. Oysaki, bu fıkralarda bireysel tek bir iz dahi bulmak mümkün değildir. Hoca'da belli bir aptal kişi değil, belli bir aptallığımız ve bönlüğümüz hicvedilir.

(*Gerçekler Postası*, S. 6, Mart 1967)

SEÇİLMİŞ NASREDDİN HOCA KAYNAKÇASI

YAZMALAR

- *Hikâyet-i Hoca Nasreddin*. İstinsah tarihi: 1191/1772, 142 yaprak, A.Ü. Dil ve Tarih-Coğrafya Fakültesi İsmail Saip Sencer Kitapları, No. 1/4838.
- *Hikâyet-i Nasreddin Hoca*. 1292/1876'da vakfedildiği anlaşılıyor; 78 yaprak, Antalya-Elmalı Halk Kütüphanesi, no. 3032.
- *Nasreddin Hoca Hikâyeleri*. Mütercimi: Seyyid Burhaneddin Mevlânâ Celâleddin, tercüme tarihi: 1305/1890, 30 yaprak, Afyon Gedik Ahmet Paşa Kütüphanesi, no. 18315
- *Hikâyet-i Nasreddin Hoca*. İstinsah tarihi: 18. yy'ın sonları ya da 19. yy'ın başları, Süleymaniye Kütüphanesi Beşiktaş Hacı Mahmud Efendi Vakıf Kitapları, no. 6272, 9 yaprak.

(Paris'te Bibliothéque Nationale'de, Oxford Bodleian Library'de, Berlin'de Deutsche Staatsbibliothek'te, Londra'da British Museum'da, Cambridge University Library'de, Viyana Österreichische National-Bibliothek'te, Leiden Biblioteek der Rijksuniversiteit'te, Özbekistan'da Prof. Hadi Zarif'in özel kitaplığında, otuz kadar yazma daha vardır.)

TAŞBASMALAR

Mustafa Duman, 40 dolayında taşbasması saptamış, bunlardan 34'ünün kaynakçasını vermiştir (*Tarih ve Toplum*, S. 73, Ocak 1990). Aşağıdaki seçmeler bu kaynakçadandır.

- *Letaif-i Hoca Nasreddin Efendi Kenarında Hikâye-i Uğru Maa Kadıefendi*, (İst.), 1266/1850, 45 s.

- *Nasreddin Efendi Hikâyesi*, Tophane-i Âmire İstihkâm Alayları Litografya Destgâhı, İst. 1270/1854, 46 s.
- *Meşhur ve Mütearif Hoca Nasreddin Letaifi ve Kenarında Razınihan ile Mahfiruze Sultan Hikâyeleri*, İbrahim Efendinin Taş Derstgâhı, İst. 1285/1869,
- *Meşhur ve Mütearif Hoca Nasreddin Letaifi ve Kenarında Razınihan ile Mahfiruze Sultan Hikâyeleri*, (İst.) 1298/1881, 32 s., resimli.
- *Nasreddin Eğlencesi*, (İst.) 1303/1886, 32 s.
- *Meşhur ve Mütearif Hoca Nasreddin Letaifi ve Kenarında Razınihan ile Mahfiruze Sultan Hikâyeleri*, (İst.), 1328/1910, 32 s., resimli.
- *Meşhur Hoca Nasreddin*, Matbaa-i Mahsusa-i İraniye, İst., ty, 39 s., resimli.
- *Meşhur ve Mütearif Hoca Nasreddin Letaifi ve Kenarında Razınihan ile Firuze Sultan Hikâyeleri*, Emniyet Mat., İst. 1342/1924, 39 s., resimli.
- *Letaif-i Hoca Nasreddin Efendi Kenarında Hikâye-i Uğru Maa Kadıefendi*, (İst.), ty, 44 s.

ESKİ HARFLİ KİTAPLAR

- Bahai (Veled Çelebi İzbudak): *Letaif-i Hoca Nasreddin Rahmetullah-ı Aleyh*, İst. 1323/1907, 225 s., resimli; 4. bas.: İkbal Kütüphanesi, İst. 1342/1926, 273 s. resimli.
- *Letaif-i Hoca Nasreddin Efendi*, Bulak Matbaası, Bulak (Mısır), 1254/1838, 40 s.; 1257/1841, 40 s.
- *Letaif*, Dârü't-Tıbaatü'l-Âmire, İst. 1253/1837, 41 s.
- Mehmed Tevfik (Çaylak): *Letaif-i Nasreddin*, Cüz 1-2, İst. 1299/1882, 16 s. (tamamlanmamış).
- *Nasreddin Hoca. Fıkraları, Anlattıkları, Zendostlukları*, İst. 1343/1927, 127 s., resimli.

(Kazan baskıları için A. Turgut Kut'un *III. Milletlerarası Türk Folklor Kongresi Bildirileri*, C. II, s. 221-230'daki yazısına bkz.)

- Aksoy, Mehmet Ali: *Nasreddin Hoca ve Hikâyeleri*, Semih Lütfi Kitabevi, (İst.) (1958), 304 s.
- Asaf, M.: *Resimli Nasreddin Hoca Hikâyeleri,* Yeni Şark Kitabevi, İst. 1940, 80 s., resimli
- Bolayır, Enver: *Resimli Nasreddin Hoca Fıkraları,* Kültür Kitabevi, İst. 1979, 208 s., resimli.
- *Büyük Nasreddin Hoca,* Maarif Kitaphanesi, İst. 1954, 223 s., resimli.
- Doyuran, Enver: *Büyük Resimli Nasreddin Hoca Lâtifeleri,* Sağlam Kitabevi, İst. 1977, 160 s., resimli.
- Ercan, Hakkı: *Nasreddin Hoca'dan Fıkralar,* Aka Kitabevi, İst., 96 s.
- Felek, Burhan: *Nasrettin Hoca,* Resimleyen: Ferruh Doğan, Milliyet Yayınları, İst. 1983, 96 s.
- Gökşen, Enver Naci: *Hoca'dan Fıkralar,* İyigün Yayınevi, İst. 1964, 192 s.
- Gölpınarlı, Abdülbaki: *Nasreddin Hoca,* Resimleyen: Abidin Dino, Remzi Kitabevi, İst. 1961, 112 s.
- Güney, Eflatun Cem: *Nasreddin Hoca Fıkraları,* Yeditepe Yayınları, İst. 1957, 204 s. resimli.
- Kocagöz, Samim: *Nasreddin Hoca Fıkraları,* Yeditepe Yayınları, İst. 1972, 49 s.
- Korgunal, Muharrem Zeki: *Nasreddin Hoca ve Fıkraları,* Yusuf Ziya Kitabevi, İst. 1937, 77 s.
- Koz, M. Sabri: *Nasreddin Hoca'dan Fıkralar,* Resimleyen: Gönül Şen, Serhat Dağıtım Yayınları, İst. 1982, 128 s.
- Köklügiller, Ahmet: *Nasreddin Hoca,* Koza Yayınları, (İst.) (1978), 143 s.
- Köslü, M. Emin: *Resimli Nasreddin Hoca Lâtifeleri,* Yusuf Ziya Kitabevi, İst. 1936, 79 s., resimli.
- Kurgan, Şükrü: *Nasrettin Hoca,* Kültür ve Turizm Bakanlığı Yayınları, Ank. 1986, 96 s.
- *Letaif-i Hoca Nasreddin,* İkbal Kütüphanesi, İst. 1933, 96 s., resimli.
- Manavoğlu, İhsan: *Resimlerle Büyük Nasreddin Hoca,* Ak Kitabevi İst. 1957, 96 s., resimli.

- *Nasreddin Hoca.* Resimleyen: Mim Uykusuz, Önsöz: Aziz Nesin, Selek Yayınevi, İst. (1959), 92 s.
- *Nasreddin Hoca Fıkraları,* Önsöz: İsmail Hami Danişmend, Tasvir Neşriyatı, (İst.) 1944, 103 s., resimli.
- Önder, Mehmet: *Nasreddin Hoca,* İş Bankası Kültür Yayınları, İst. 1971, 137 s.
- *Resimli Nasreddin Hoca Fıkraları,* Bolayır Yayınevi, İst. 1970, 200 s.
- Sandaş, Seyit (S.K.): *Nasreddin Hoca,* Serhat Dağıtım, İst. 1984, 154 s.
- (Soko), Ziya Şakir: *Nasreddin Hoca'nın Hayatı ve Hikâyeleri,* Tan Evi, İst. 1934, 96 s.
- Tokmakçıoğlu, Erdoğan: *Bütün Yönleriyle Nasreddin Hoca,* Sinan Yayınları, İst. 1971, 302 s.
- Tuncor, Ferit Ragıp: *Renkli Resimlerle Nasreddin Hoca,* Resimleyen: Aladdin Barışkan, İnkılâp ve Aka Kitabevi, İst. 1984, 256 s.
- Yaşaroğlu, Ahmet Halit: *Nasreddin Hoca Merhumun 220 Fıkrası,* Ahmet Halit Kitabevi, İst. 1950, 96 s., resimli.
- Yeşim, Ragıp Şevki: *Dünyayı Güldüren Adam Nasreddin Hoca,* Bütün fıkraları ve hayatının romanı, 6 cilt birarada, Hadise Yayınevi, İst. 1956, 562 s., resimli.
- Yurdatap, Selâmi Münir: *Resimli Nasreddin Hoca Fıkraları,* İst. 1975, 104 s.
- Zaparta (Server İskit): *Nasreddin Hoca Lâtifeleri Külliyatı,* Akba Yayınları, Ank. (1943), 88 s.

MANZUM FIKRALAR

- Abacı, Tahir: *Nasreddin Hoca,* Resimleyen: Haslet Soyöz, İst. 1980, 76 s.
- Ahıskalı, Yusuf: *Şiirle Nasredin Hoca,* İst. 1965, 80 s.
- Burdurlu, İbrahim Zeki: *Ömürsün Nasreddin Hocam,* İzmir 1965, 47 s.
- Candaş, Ömür: *Nasreddin Hoca,* Resimleyen: Belkıs Taşkeser, Ya-Ba Yayınları, İst. 1978, 143 s.
- Cumbul, Sadi: *Nasreddin Hoca'dan* (Manzum), Nasreddin Hoca Derneği Yayınları, Akşehir 1963, 34 s.

- Ergun, Sami: *Manzum Nasreddin Hoca Fıkraları ve Hikâyeleri,* Ank. 1950, XI + 143 s., resimli.
- Güleç, İbrahim: *Şiirde Nasreddin Hoca,* İst. 1991, 174 s.
- Kanık, Orhan Veli: *Nasreddin Hoca (70 Manzum Hikâye),* Doğan Kardeş Yayınları, İst. (1949), 64 s.
- Köprülü, Fuat: *Manzum Nasreddin Hoca Fıkraları,* Haz.: Dr. Atâ Çatıkkaş, Üçdal Yayınları, İst. 1980, 158 s.
- Özer, Kemal: *Nasrettin Hoca,* Önsöz: Aziz Nesin, Resimleyen: Tan Oral, Cem Yayınevi, İst. 1975, 95 s.
- Püsküllüoğlu, Ali: *Nasreddin Hoca,* Resimleyen: Ümit Kartoğlu, Derinlik Yayınları, İst. 1980, 69 s.
- Sefercioğlu, Nejat: *Nasreddin Hoca Fıkraları - Şiir Dili İle,* Resimleyen: Serdar Sağlam, Kültür Bakanlığı Yayınları, Ank. 1981, 62 s.
- Sönmez, Tekin: *Bizim Hoca Nasreddin,* Resimleyen: Mıstık, Yansıma Yayınları, İst. 1981, 80 s.
- Tuncer, Vahap: *Nasreddin Hoca'dan Fıkralar* (Manzum), *Ve Üç Beş Şiir,* İst. 1972, 127 s.
- Yiğitler, H. Zekâi: *Nasreddin Hoca,* Esin Yayınları, İst. (1983), 160 s., resimli.

YABANCI DİLLERDE

- Ali Nuri: *Nasreddin Khodjas schwanke und streiche Turkische Gescliten aus Timurlenks Tagen,* Resimleyen: Anthur Gjögren - Wald Undersen, Breslau 1904, 234 s.
- Bater, William Burchardt: *Pleasing Tales of Khoja Nasr-iddeen Efendi,* A Reading Book of Turkish Language, London 1854, 106 s.
- Barnham, Henry Dudley: *The Khoja: Tales of Nasr-ed-din.* New York, 1924, 256 s., resimli (2. bas.)
- Burrill, Kathleen R.F.: *The Nasreddin Hodja Stories,* New York 1957, 144 s.
- Decourdemanche, J.A.: *Sottisier de Nasr-Eddin Hodja. Bouffon de Tamerlan, suivi d'autres facéites turques, traduits sur des manuscrits inédits,* Brüksel 1878.

- Gordlevskiy, V.A.: *Anekdoti o Hoca Nasr-Ed-Dine.* Moskova-Leningrad 1936, 298 + 2 s.
- Gordlevskogo, V.A.: *Anekdoti o Hodja Nasreddine,* Moskova 1957, 274 2 s.
- Karahasan, Mustafa: *Nasreddin Hodza i Njegov Humor,* Belgrad 1959, 108 s.
- Kunos, Dr. Ignacz: *Anecdotes of Nasr-Eddin,* Budapeşte 1899.
- Mahen, Jiri: *Janosik ulicka odvahy Nasreddin,* Prag 1962, 310 s.
- Mallouf, N.: *Plaisanteries de Nasr-Eddin Khodja,* İzmir 1854.
- *Molla Nasreddin Lâtifeleri,* Bakû 1966, 399+1 s.
- Nesin, Aziz: *The Tales of Nasrettin Hoca,* Retold in English by Talât Halman, Dost Yayınları, İst. 1988, 107 s., resimli.
- Nevâdir-i Nasreddini'r-Rûmiyy-il meşhur be Cuhâ, Kahire 1278/1862, 36 s.
- Pann, Anton: *Nastratin Hogea,* Bükreş 1908.
- Pio, V.: *Lustiger historier om Nasreddin Hodja,* Kopenhag 1902.
- Ramazani, Muhammed: *Molla Nasroddin,* Tahran 1319/1940, 216 s.
- Solovev, Leonid: *Povest o Hodja Nasreddine,* Moskova 1957, 1+191 s.
- Spies, Dr. Otto: *Hodscha Nasreddin. Ein Turkisher Eulenspiegel,* Berlin 1928, 54 s.
- Şop, İvan: *Nasreddinove Metamorfoze,* Belgrad 1973, 148 s.
- Tahmasip, M.T.: *Molla Nasreddin Lâtifeleri,* Bakû 1965, 134 s.
- Wesselski, Albert: *Der Hodscha Nasreddin, Türkische, arabische, berberische, maltesische, sizilianische, kalabrische, kroatische, serbische und griechische Marlein und Schwanke,* 2 cilt, Weimar 1911, III+284, VIII+266 s.
- Zimmanichi, N.: *Vyber tekstov Tureckion opo vidania Choday Nasraddina,* Varşova 1951.

NASREDDİN HOCA KAYNAKÇALARI

- And, Metin: "Bir Oyun ve Nasreddin Hoca Bibliyografyasına Ek", *Türk Folklor Araştırmaları*, S. 245, Aralık 1969.
- Arbak, Perihan: "Nasreddin Hoca Bibliyografyası", *Türk Kültürü Araştırmaları*, S. 2, 1964.
- Bozyiğit, A. Esat: *Nasreddin Hoca Bibliyografyası Üzerine Bir Deneme*, Ank. 1987.
- Kaynardağ, Arslan: "Yabancı Dillerdeki Nasreddin Hoca Kitapları", *Türk Folklor Araştırmaları*, S. 329, 1976.
- Öztelli, Cahit: "Nasreddin Hoca Bibliyografyası", *Türk Folklor Araştırmaları*, S. 132, Temmuz 1960; "Nasreddin Hoca Bibliyografyası", M. Şakir Ülkütaşır - Cahit Öztelli: *Nasreddin Hoca* içinde, Ank. 1964.

(Nasreddin Hoca kitap ve belgeleri koleksiyonundan, dergilerde yayımlanan Nasreddin Hoca üzerine araştırmalarından yararlandığım Dr. Mustafa Duman'*a teşekkür borçluyum. – A.K.)*

FIKRALAR

1. TERSİ BİLİNMEZSE...

Nasreddin Hoca'ya:

— Burnun ne tarafta? demişler, ensesini göstermiş.

— Tam tersini gösteriyorsun Hoca, demişler.

— Bir şeyin tersi bilinmezse doğrusu anlaşılmaz! demiş.

2. ÇİFTÇİ DAHA BÜYÜK

Hoca'ya:

— Efendi, demişler, padişah mı büyük, çiftçi mi?

— Çiftçi büyük elbet, demiş. Çiftçi buğday yetiştirip vermese padişah acından ölür!

3. NE KADAR KALBUR VARSA...

Hoca, evinin kilerinde bir şey arıyormuş. Duvarda asılı kalbura çarpıvermiş. Kalbur yere düşmüş, sonra da ayağına takılıp Hoca'nın sırtüstü yuvarlanmasına yol açmış. Kalkmaya çalışırken kalburun kasnağına basmış, kalbur dizine çarpıp bir iyice canını yakmış. Hoca öfkelenmiş, kalburu kaptığı gibi yere vurmuş. Kalbur çarpmanın şiddetiyle sıçramış, Hoca'nın alnına çarpıp yaralamış.

Gözünü öfke bürüyen Hoca hemen koşup yatağanını almış; kilere, kalburun yanına gelip bağırmış:

— Dünyada ne kadar kalbur varsa şimdi çıksın karşıma!

4. BİLENLER BİLMEYENLERDEN ÖĞRENSİN

Hoca, vaaz vermek için kürsüye çıkıp:

— Ey cemaat, demiş, bugün size ne söyleyeceğimi biliyor musunuz?

— Bilmiyoruz, demişler.

— Siz bilmeyince ben size ne söyleyebilirim, deyip kürsüden inmiş, yürüyüp gitmiş...

Ertesi hafta yine kürsüye çıkıp da aynı soruyu sorunca, bu kez topluluk:

— Biliyoruz, cevabını vermiş.

— Mademki biliyorsunuz, demiş Hoca, öyleyse benim size bir şey söylememe gerek yok!

Yine çekip gitmiş...

Bunun üzerine camidekiler karar vermişler: Bir daha sorarsa, kimisi "biliyoruz" diyecek, kimisi "bilmiyoruz"...

Çok geçmeden Hoca yine kürsüye çıkmış:

— Ey inananlar, bugün size ne söyleyeceğimi biliyor musunuz?

Kimisi "biliyoruz" demiş, kimisi "bilmiyoruz" cevabını vermiş.

— Öyleyse, demiş Hoca, bilmeyenleriniz bilenlerinizden öğrensin!

5. GÖNLÜM RAZI OLMADI

Hoca eşeğine binmiş gidiyormuş. İçi dolu çuval da kendi sırtında...

— Bre Hoca, demişler, çuvalı niye kendi sırtına aldın?

— Ne yaparsın, demiş Hoca. Zavallı hayvan benim bütün kahrımı çekiyor zaten. Kendi bindiğim yetmiyormuş gibi çuvalı da ona taşıtmaya gönlüm razı olmadı!

6. DOLAMBAÇLI YOL

Hoca'nın parası çalınmış. Her namazdan sonra bulunması için dua etmeye başlamış.

O sırada Akşehir'in zenginlerinden birinin bindiği gemi fırtınaya tutulmuş. O da:

— Eğer sağ salim memleketime varırsam Hoca'ya iki yüz akçe vereceğim, diye adakta bulunmuş.

Kurtulup gelmiş, Hoca'ya parayı vermiş.

Hoca bir süre düşündükten sonra:

— Allahım, demiş, bu ne dolambaçlı yol! Bu parayı nerede yitirdim, sen bana nerede buldurdun! İşine gerçekten de akıl sır ermiyor!

7. BAHARA SÖZ YOK!

Bir toplulukta soğuklardan yakınanlar olmuş. İçlerinden biri de:

— Şu insanoğlu da haline şükretmez, demiş. Kış olur soğuktan, yaz olur sıcaktan yakınırlar...

Konuşmaya kulak misafiri olan Hoca:

— Öyle deme bre cahil, demiş, bak, bahara kimsenin bir şey dediği var mı?!

8. ACEMİ BÜLBÜL

Hoca gençliğinde bir bahçeye girmiş, ağaca çıkıp incir yemeye başlamış. Çok geçmeden bahçenin sahibi gelmiş:

— Hey sen! demiş. Kimsin? Ne yapıyorsun orada?

— Ben bülbülüm, demiş Hoca.

— Öyleyse öt bakalım.

Hoca bülbül gibi sesler çıkarmış.

Bahçenin sahibi:

— Bu ne biçim bülbül sesi yahu, demiş. Bülbül böyle mi öter?

— Ne yapalım, demiş Hoca, acemi bülbül bu kadar öter!

9. MAKAMI BULDUM!

Hoca'ya sormuşlar:

— Saz çalmayı bilir misin?

— Bilirim, demiş.

— Buyur çal bakalım, diyerek eline bir saz vermişler.

Hoca mızrabı almış, perdelere filan basmadan tellere vurmaya, tuhaf sesler çıkarmaya başlamış.

— Saz böyle mi çalınır Hoca, demişler. Parmaklar perdeler üzerinde gezdirilir. Mızraptan da makamlara göre ses çıkar...

— Perdeleri bulamayanlar öyle çalar, demiş Hoca. Ben alır almaz buldum! Ne diye boşuna gezineyim?!

10. DAMDA YATAN DERTTEN ANLAR

Bir yaz gecesi Hoca karısıyla damda yatıyormuş. Aralarında kavga çıkmış. Hoca yataktan fırlamış:

— Bıktım senden! Yatakta bile rahat yok! diye söylenerek yürürken damın kenarından paldır küldür yuvarlanmış.

Komşuları gürültüyü işitip koşuşmuşlar:

— Efendi, ne oldu?

Kendini toparlamaya çalışan Hoca, inleyip sızlayarak, belini tutarak:

— Damda yatan, sonra karısıyla atışıp düşen derdimden anlar! deyip yürümüş...

11. CENNETLE CEHENNEM

Hoca'ya sormuşlar:

— İnsanlar ne zamana kadar doğup yaşayıp ölecekler?

— Cennetle cehennem doluncaya kadar! demiş.

12. BU DA DÜŞÜNÜR!

Hoca pazarda dolaşırken renkli bir kuşun on iki altına satıldığını görünce şaşıp kalarak yanındakilere sormuş:

— Bu kuş neden bu kadar para ediyor?

— Bu papağandır, demişler. Konuşur.

Hoca doğru evine gitmiş, hindisini koltuğunun altına alıp pazara getirmiş.

— Kaça hindi? diye sormuşlar.

— On altın, demiş.

Herkes şaşırmış:

— Bir hindi on altın eder mi?

— Görmüyor musunuz, demiş Hoca, papağanı on iki altına satıyorlar.

— Onun marifeti var, insan gibi konuşur. Ya seninki ne yapar?

— O konuşursa, demiş Hoca, bu da insanlar gibi düşünür!

13. ÂŞIK OLMAK...

Hoca'ya sormuşlar:

— Hiç âşık oldun mu?

— Vallahi, demiş, bir kere tam oluyordum, üstüme geldiler!

14. ON DOLUSU BİR KİLE!

Nasreddin Hoca kırda gezinirken bir tavşan yakalamış. Daha önce hiç tavşan görmediği için çok tuhaf bulduğu hayvanı torbaya koyup evine götürmüş. Sonra da eşine dostuna:

— Bu akşam bize gelin, demiş, sizlere tuhaf bir şey göstereceğim.

Daha akşam olmadan, Hoca'nın karısı torbada ne var diye bakarken tavşan fırlayıp kaçmış. O da torbaya buğday ölçeğini koymuş.

Akşam herkes toplanınca Hoca torbayı ortaya getirip dikkatle ağzını açmış. Ölçek yere düşüvermiş...

Herkes şaşkın şaşkın bakarken, Hoca hemen kendini toplayıp:

— Bakın, demiş, bu ölçeğin on dolusu bir kile eder!

15. SANA NE?

Hoca çarşıda dolaşırken gevezenin biri:

— Efendi, demiş, az önce nar gibi kızarmış bir tepsi baklava götürdüler.

Hoca aldırışsız:

— Bana ne... demiş.
— Ama, demiş geveze, baklava tepsisini sizin eve götürdüler!
Hoca yine terslemiş adamı:
— Sana ne?!

16. İNŞALLAH BEN GELDİM!

Bir akşam Hoca, karısına:
— Yarın hava yağmurlu olursa oduna, açık olursa çift sürmeye gideceğim, demiş.
— İnşallah de Efendi, demiş karısı.
Hoca kızmış:
— Niye diyeyim? Ya o olacak, ya öteki...
Ertesi gün hava yağmurlu olmuş. O da ormana gitmek üzere erkenden evinden çıkmış. Biraz sonra bir sipahiye rastlamış. Sipahi sormuş:
— Filan köye nereden gidilir?
— Bilmem, deyip ormanın yolunu tutmak istemiş Hoca.
Sipahi, kamçısıyla vurarak:
— Çabuk önüme düş! Beni o köye götüreceksin! diye buyurmuş.
Hoca istemeye istemeye yolunu değiştirip adamı epey uzaktaki köye götürmüş. Evine de akşam dönebilmiş. Kapıyı çalıp da karısı:
— Kim o? diye seslenince:
— Aç hanım aç, demiş, inşallah ben geldim!

17. YA DAYAK YEMEMİŞSİN...

Hoca Timur'un yanındaymış. Timur'a bir asker getirip sarhoş olduğunu söylemişler, "ne yapalım?" diye sormuşlar. Timur:

— Üç yüz değnek vurun! diye buyruk vermiş.

Hoca kahkahalarla gülmeye başlamış.

— Ne gülüyorsun? demiş Timur. Benimle alay mı ediyorsun? Kavuğundan da mı utanmıyorsun?

Hoca:

— Gülüyorum, demiş, çünkü ya sen hiç dayak yememişsin, ya da sayı saymasını bilmiyorsun!

18. HATİM İNDİRİRİM!

Karısı, Nasreddin Hoca'ya:

— Benim yüzüme bakarken besmele çekiyorsun, demiş.

Hoca sormuş:

— Ne var bunda?

— İmam efendi, karısının yüzüne bakarak yasin okuyormuş.

Hoca gülmüş:

— Ben o kadını görsem, hatim bile indiririm!

19. GEÇİNMEYE NİYETİM YOK!

Hoca, karısını boşamak üzere kadıya başvurmuş. Kadı, davayı görmeye başlarken sormuş:

— Karının adı neydi?

— Bilmiyorum, demiş Hoca.

— Kaç yıldır evliydiniz?

— On iki.

— Nasıl olur? İnsan on iki yıllık karısının adını öğrenmez mi?

— İlk geceden geçinmeye niyetim yoktu, demiş Hoca, onun için adını bile sormadım!

20. UMUT DAĞIN ARDINDA

Hoca eşeğini yitirmiş. Bir yandan arar, bir yandan türkü söylermiş.

— Bu ne iş Hoca, demişler. Eşeğini yitiren adam türkü mü söyler?

— Bir umudum şu dağın ardında, demiş Hoca. Orada da bulamazsam, görün bendeki feryadı!..

21. YARISINI YATAK, YARISINI YORGAN...

Hoca, konuk olduğu evde gece yatısına kalmış. Ev sahibi, bir şerbet sunduktan, biraz da hoşbeşten sonra, bir odada hazırlanan yer şiltesini göstermiş.

Karnı aç olan Hoca:

— Sağolun, demiş, ama biz böyle yufka yataklarda yatmaya alışık değiliz. Bunun yerine bir kül pidesi verseniz, yarısını yatak yapıp yatar, yarısını'da yorgan diye üstüme örtüp mışıl mışıl uyurum!

22. SENİNLE DE KONUŞULMAZ Kİ!..

Hoca bir gün karısına:

— Hatun, demiş, şu bizim komşu çarıkçı Mehmet Ağanın adı neydi?

— Kendin söyledin ya efendi, demiş karısı, Mehmet Ağa...

— Canım, dilim sürçtü işte... Ne iş yapar diyecektim.

— A efendi, kendin çarıkçı demedin mi?

— Anlasana, işte, nerede oturuyor demek istedim.

— Efendi sana n'oluyor bugün? Komşu dedin ya...

Hoca birden sinirlenmiş, kestirip atmış:

— Aman be karı... Seninle de konuşulmaz ki!..

23. KOKU ALMAK...

Hoca'nın canı bol naneli, bol yoğurtlu bir çorba istemiş. "Şimdi sofraya gelse kaşıklasam..." de düşünürken kapı çalınmış. Komşunun çocuğu elinde kâseyle gelip:

— Babamın selâmı var, sizden biraz çorba istedi, demiş.

Hoca gülümsemiş:

— Amma iş!.. Bizim komşular malihulyanın (fantezinin, düşlemin) da kokusunu alıyorlar!

24. TEDBİRİ ELDEN BIRAKMA

Günün birinde bir köylü uyuz keçisini Hoca'ya getirmiş.

— Şuna bir nefes ediver Hocam, demiş. Senin nefesin keskindir.

Hoca okuyup üfledikten sonra köylüye dönmüş:

— Ben nefes ettim ama, sen yine de tedbiri elden bırakma. Gidince keçiye katran sür.

25. YA TUTARSA?

Hoca bir gün biraz yoğurt mayası alıp Akşehir Gölü'ne gitmiş, mayayı göle bırakmış. Birisi bunu görüp sormuş:

— Ne yapıyorsun Hoca?

— Göle maya çalıyorum, demiş Hoca.

Adam şaşırıp kalmış:

— Tutar mı?

— Ben de biliyorum tutmayacağını. Ama ya tutarsa?

26. NE SANA, NE BUNA...

İki komşu, birbirine bitişik evlerinin karşısındaki dükkânda oturuyorlarmış. Bir köpek gelmiş sokağa, iki evin arası hizasına yestehlemiş. Komşulardan biri, ötekine:

— Senin evine yakın, demiş, sen kaldır.

Öteki:

— Hayır, senin evine yakın, demiş.

Tartışma alevlenmiş, mahkemeye kadar gitmişler...

O sırada Nasreddin Hoca, kadı'nın yanında oturuyormuş. Kadı, Hoca'yla eğlenmek için:

— Efendi, demiş, bu davayı sen gör.

Bunun üzerine Hoca adamlara dönmüş:

— O sokak kamunun değil mi? Demek ki sokağın ortasına bırakılan da kimsenin malı olmaz. Öyleyse ordaki şeyi kaldırmak ne sana düşer, ne buna... Anlaşılıyor ki kadı efendiye düşüyor!

27. TERSYÜZ EDERLER!

Hoca Konya'ya gidiyormuş. Yolda Sivrihisarlı bir hemşerisiyle karşılaşmış. Selamlaşmışlar, birlikte yol almışlar...

Hiç minare görmemiş olan köylü, Konya'ya yaklaşırlarken karşılarına çıkan minarelerin nasıl yapıldıklarına akıl erdiremeyip Hoca'ya sormuş:

— Hoca Efendi, şu sivri sivri yüksek şeyleri nasıl yaparlar?

Hoca bıyık altından gülmüş:

— Kuyuların içini dışına çevirirler, olur biter!

28. YUMUŞAK ŞEY...

Şeyyad Hamza, bir gün Hoca'ya:

— Behey Hoca! demiş, işin gücün maskaralık. Başka bir hüner gösteremez misin?

— Ere bir hüner yeter, demiş Hoca. Senin hünerin varsa sen söyle!

Şeyyad Hamza:

— Benim hünerim çok, olgunluğuma son yok... demiş. Her gece bu dünyadan geçer, göklere sarkar, dünyaya yukardan bakarım. Yerde gökte ne varsa görürüm!

Hoca sormuş:

— O sırada eline samur gibi yumuşak, sıcak bir şey dokunur mu?

Şeyyad Hamza, "Ben Hoca'yı onaylayayım ki, o da beni onaylasın," diye düşünerek:

— Nasıl da bildin Efendi, demiş, dokunur.

Bunun üzerine Hoca:

— İşte o eline dokunan yumuşak şey, demiş, benim t.........ımdır!

("Tarihi Kişiliği" bölümünde sözünü ettiğimiz, Lâmii'nin *Letâif*ındeki fıkra.)

29. NE DURUYORSUN?

Hoca Konya'ya gitmiş. Sokaklarda dolaşırken karnı acıkmış. Ama ekmek alacak parası yokmuş. Bir fırının önünden geçerken burnuna mis gibi ekmek kosusu gelmiş. Dayanamayıp içeri girmiş, fırıncıya:

— Bu ekmekler senin mi? demiş.

— Benim, demiş fırıncı.

— Doğru mu söylüyorsun, hepsi senin mi? diye üstelemiş.

Fırıncı, biraz da kızarak:

— Evet, demiş, hepsi benim!

— Be adam, demiş Hoca, mademki bu kadar mis gibi kokan ekmeğin var da ne duruyorsun? Yesene!..

30. UTANCINDAN...

Hoca'nın evine hırsız girmiş. Hoca da onu görünce yüklüğe saklanmış.

Hırsız her yeri aramış, çalacak bir şey bulamamış. Belki burada bir şey bulurum diye yüklüğün kapısını açınca Hoca'yla göz göze gelivermiş. Şaşkınlıkla:

— Siz burada mısınız? demiş.

Hoca, aldırışsız:

— Kusura bakma, demiş, evde çalacak bir şey yok diye utandım da buraya saklandım!

31. İÇERİSİ KARANLIK DİYE...

Hoca, evinin bodrumunda yüzüğünü yitirmiş. Orada biraz arayıp da bulamayınca kapısının önünde aramaya başlamış. Komşusu sormuş:

— Ne arıyorsun Efendi?

— Yüzüğümü düşürdüm de... demiş.

— Nerede yitirdin yüzüğü?

— İçerde.

— Öyleyse ne diye burada arıyorsun?

— İçerisi çok karanlık, görünmüyor. Onun için burada arıyorum.

32. DOKUZ AKÇE OLSUN...

Hoca'ya düşünde dokuz akçe vermişler.

— Hiç olmazsa on akçeye tamamlayın, derken uyanıvermiş.

Bakmış ki elinde avcunda para yok... Gözlerini sıkı sıkı kapayıp elini uzatmış:

— Getir getir. Ne yapalım, dokuz akçe olsun!

33. SEYRE ÇIKMIŞ...

Hoca, mezarlık yakınında üstünü başını çıkarmış, çamaşır değiştiriyormuş. Karşıdan atlılar sökün etmiş. Hoca giyinmeye vakit bulamayıp, yarı beline kadar bir mezara girivermiş...

Atlılar Hoca'yı görüp seslenmişler:

— Bre adam, mezarda ne işin var?

Hoca, verecek cevap bulamayıp:

— Benim mezarım burası, demiş. Bugün biraz seyre çıktım.

34. KAZMA KILIFI

Hoca'nın çocukluğunda, arkadaşları bir çizme teki bulmuşlar. Evirip çevirmişler, ne olduğunu anlayamamışlar. Nasreddin'e gösterip sormuşlar:

— Bu nedir?

— Ne var bunu bilmeyecek, demiş, kazma kılıfı!

35. EVİNİ TAŞI...

Birisi, Hoca'ya:

— Evim hiç güneş görmüyor, diye yakınmış.

— Tarlan görüyor mu? demiş Hoca.

— Evet, cevabını alınca:

— Öyleyse, demiş, evini tarlaya taşı.

36. PEŞİN PARAYI GÖRÜNCE...

Nasreddin Hoca bilmem kaçıncı kez kapısını çalan alacaklışına:

— Yakında, demiş, senin paranı vereceğim.

— Ne zaman?

— Dinle bak... Kapının önüne çalı ektim. Çalılar ilkbaharda yeşerecek...

— Eee?

— Kapının önünden gelip geçen koyunların yünleri çalılara takılacak...

— Sonra?

— Sonra bu yünleri toplayacağız. Bizim köroğlu bunları eğirecek, ben de pazara götürüp satacağım. Senin paranı da ödeyeceğim.

Alacaklı kahkahalarla gülmeye başlamış.

— Seni köftehor seni... demiş Hoca. Parayı avcunda bilince nasıl da gülersin!

37. PINAR BAŞINDA...

Hoca, Akşehir'den Konya'ya giderken yolunun üstündeki bir köyün imamına konuk olmuş. Yatma zamanı gelince imam sormuş:

— Hoca Efendi, uykusuz musun, yoksa susuz musun?

İmamın yemekten söz etmediğini görünce, karnı acıkmış olan Hoca'nın canı sıkılmış. Ama hiç bozuntuya vermemiş:

— Buraya gelirken pınar başında uyumuştum, demiş.

38. KIRPAR KIRPAR...

Hoca'ya sormuşlar:

— Yeni ay girince eski ayı ne yaparlar?

— Kırparlar kırparlar yıldız yaparlar, demiş.

39. BİZ DE ÖLSEK...

Bir yaz günü Hoca'yı iftara çağırmışlar. Ortaya önce buzlu hoşaf gelmiş.

Bakmışlar ki muzip ev sahibi eline büyük bir kepçe almış, durmadan hoşaf içiyor, her içişte de:

— Ohhh, öldüm! diyor.

Hoca'yla öteki çağrılılar ellerindeki küçücük kaşıklarla içmeye çalışıyor, ama ne hoşafın tadını alıyor, ne susuzluklarını giderebiliyorlar...

Hoca dayanamayıp ev sahibine seslenmiş:

— Efendi, şu kepçeyle birer de biz içsek de, birer kerecik olsun biz de ölsek...

40. AKLIN VARSA GÖLE KOŞ...

Hoca ormandan çalı çırpı toplayıp eşeğine yüklemiş, evine götürüyormuş. Aklına takılmış:

— Acaba bunlar kuru mu?

Denemek için şöyle bir köşesinden yakmak istemiş. Çalılar hemen tutuşmuş. Esen rüzgârın da etkisiyle eşeğin sırtını alevler sarıvermiş. Eşek ürkmüş, olanca hızıyla koşmaya başlamış.

Hoca ardından bağırırmış:

— Aklın varsa göle koş!..

41. AKINTININ TERSİNE...

Komşularından biri Hoca'nın yanına gelmiş:

— Başın sağolsun Efendi, demiş. Kaynanan ırmak kıyısında çamaşır yıkarken ayağı kayıp düştü.

Hoca ırmak kıyısına varmış, oradan suyun geldiği yöne doğru ilerlemeye başlamış.

Komşuları:

— Su öbür yana akıyor Hocam, demişler, aşağıda aramak gerekmez mi?

Hoca başını sallamış:

— Kaynanamın ne aksi kadın olduğunu siz bilmezsiniz. Onun her işi terstir. Burada da akıntının tersine gitmiştir!

42. BEN KARIŞMAM!

Bir komşusu gelip, Hoca'ya:

— Efendi, evinden alevler çıkıyor, demiş. Koş, yangını söndür!

Hoca aldırış etmemiş:

— Zahmet olmazsa, benim hanımı bul da ona söyleyiver. Biz aramızda işbölümü yaptık. Ben evin dışındaki işlere bakıyorum. Evde olup bitenlerle ilgilenmek, onun işi.

43. KARŞILAMA

Hoca ormanda odun kesmiş, eşeğine yüklemiş, evine dönüyormuş. Yolda karşılaştığı münasebetsiz bir adam:

— Hoca, demiş, iki kardeş tıpış tıpış ne güzel gidiyorsunuz.

Hoca hiç düşünmeden cevabı yapıştırmış:

— Siz ağabeyimizi karşılamaya çıktık!

44. DEVEYE KANAT...

Nasreddin Hoca caminin kürsüsüne çıkmış, vaaz vermeye başlamış:

— Ey cemaat, Tanrıya şükredin ki deveye kanat vermedi. Yoksa damlarınız başınıza yıkılırdı!

45. YILDIZ HESABI

Hoca, Konya'da vaaz veriyormuş:

— Ey Müslümanlar, bu şehrin havasıyla bizim şehrin havası birdir, diye söze başlamış.

Camidekilerden biri sormuş:

— Nereden biliyorsun?

— Akşehir'de ne kadar yıldız varsa, demiş Hoca, burada da o kadar var. İnanmazsanız sayın!

46. BİR KEPÇE VURSAN...

Yoksul Anadolu köylüsünün sevdiği besinlerden biri, kuru ekmek doğranmış süt... Hoca'yla iki arkadaşı da süte ekmek doğrayıp yiyecek olmuşlar. İkisi doğrarken içlerinden biri sürekli yiyor, "dur, bizi bekle" demelerine aldırış etmiyormuş. Sonunda Hoca kızmış, ekmek bastırdığı kepçeyi arkadaşının başına vuruvermiş.

Adam mosmor olmuş, oracığa yığılmış. Hoca ona şöyle bir baktıktan sonra öteki arkadaşına dönmüş:

— Ne doğrar, ne basar, ne elini çeker; bir kepçe vurunca işte böyle küser!..

47. İKİSİNİN ARASINDA...

Nasreddin Hoca bir kadı ile bir tüccara yoldaş olmuş. Hem giderler, hem konuşurlarmış. Bir ara Hoca, her ikisine de söz dokundurmuş. Kadı:

— Sana laf yetişmez ki, demiş. İstersen öyle kurnaz kesilirsin ki, en yaman muzırları geride bırakırsın. İstersen yabanın öküzünden daha şaşkın görünürsün.

— Yok canım, demiş Hoca, abartıyorsun. –Eliyle kadıyı göstermiş– Ne o kadar muzır, –öteki eliyle tüccarı göstermiş– ne de bu kadar öküzüm. İkinizin arasında sayılırım!

48. YİNE SÖZ DİNLEMEDİN...

Hoca pazardan eşek satın almış. Eşeği yularından tutmuş, evine götürüyormuş. Yolda iki hırsız ona sezdirmeden eşeğe yaklaşmışlar. Biri yuları çözmüş, eşeği alıp götürmüş. Öteki de yuları kendi başına geçirmiş, Hoca'nın ardınca yürümüş...

Evin kapısına gelip de başını çevirince eşek yerine tanımadığı biriyle karşılaşan Hoca, şaşkınlıkla:

— Sen kimsin? diye sormuş.

Kurnaz adam, başını önüne eğip:

— Sorma Efendi, demiş. Anamın çok canını sıktım. O da beddua etti, "inşallah eşek olursun" dedi. Ben de eşek oldum. Pazara götürüp sattılar. Siz alınca, sayenizde, yeniden insan kılığına girdim.

Hoca adama acımış:

— Bir daha ananın sözünden çıkayım deme, diye öğütler verdikten sonra salmış.

Ertesi gün pazara gidip de dün satın aldığı eşeği gören Hoca, hayvanın kulağına eğilmiş:

— Seni köftehor seni! demiş. Yine söz dinlemeyip ananı darıltmışsın!

49. VER CÜBBEMİ AL SEMERİNİ

Hoca bir gün eşeğiyle Akşehir dışındaki bahçesine gidiyormuş. Abdest bozmak için cübbesini çıkarıp eşeğin üzerine koymuş, kuytu bir yere gitmiş. O sırada birisi cübbeyi alıp kaçmış.

Hoca geri dönüp de cübbesinin yerinde yeller estiğini görünce, semeri eşeğin üstünden alıp yüklenmiş. Eşeğe de bir kamçı vurup:

— Haydi bakalım, demiş, getir cübbemi, al semerini!

50. KURDUN KEYFİNİ BOZMA

Bir kış günü Hoca ormanda odun kesiyormuş. Bir aç kurt ansızın saldırıp yokuşun altında bıraktığı eşeğini yemiş, yokuş yukarı kaçmaya başlamış.

Birisi uzaktan durumu görüp seslenmiş:

— Hoca yetiş! Kurt eşeğini yedi, kaçıyor!

Hoca bir eşeğin kemikleri çıkmış ölüsüne, bir kaçıp giden kurda baktıktan sonra:

— Boşuna yorulma efendi, demiş. Olan oldu! Hiç olmazsa tok karnına yokuş yukarı kaçan kurdun keyfini bozma!

51. SEN İÇERDEN BEN DIŞARDAN

Hoca'nın eli daralmış. Eşeğini pazara götürüp tellala vermiş.

Tellal hayvanı övdükçe dayanamayıp fiyatı durmadan yükseltmiş, sonunda eşek yine onun üzerinde kalmış. Tellalın ücretini ödeyip evine götürmüş. Karısı kapıda karşılayıp:

— Efendi demiş, bugün iyi bir iş yaptım. Tuzcu geçiyordu, adamı kepekle tuz değiştokuşu yapmaya razı ettim. Terazinin bir gözüne bir torba tuz koyduk, öbür gözüne bizim kepeği. Kepek hafif gelince, bileziğimi içine atıverdim. Böylece fazla tuz almış oldum.

Hoca sakalını sıvazlayıp gülümsemiş:

— Ha gayret, hatun! Sen içerden ben dışardan, şu evi ne güzel çekip çeviriyoruz!

52. İMAMI TİMUR OLURSA...

Hoca bir gün Timur'un adamlarından birine sormuş:

— Kimin mezhebindensin?

Adam elini göğsüne götürüp:

— Emir Timur'un! demiş.

Orada bulunanlardan biri seslenmiş:

— Hoca Efendi, bir de peygamberini sor bakalım.

— Gerek yok, demiş Hoca. İmamı Topal Timur olursa, peygamberi de kesinlikle Kandökücü Cengiz'dir!

53. HANGİ O... ÇOCUĞU SÖYLEDİ?

Hoca cebine şeftali doldurmuş, evine geliyormuş. Mahallenin çocuklarıyla karşılaşmış.

— Cebimde ne olduğunu bilene en büyük şeftaliyi vereceğim, demiş.

Çocuklar, bir ağızdan:

— Şeftali! demişler.

Hoca şaşkın şaşkın bakındıktan sonra:

— Bunu size hangi o... çocuğu söyledi? deyivermiş.

54. NERELERE KADAR...

Nasreddin Hoca kırda sesinin yettiğince bağırarak ezan okuyor, bir yandan da olanca hızıyla koşuyormuş. Birkaç kişi, Hoca'ya bir şey olduğunu düşünerek yanına koşup sormuşlar:

— N'oldu Hoca Efendi?

Hoca, koşmasını sürdürerek:

— Sesimin nerelere kadar gittiğini merak ettim de... demiş. Arkasından koşuyorum!

55. YOKSULUN MALI GÖZÜ ÖNÜNDE

Bir gün Hoca'yı bir şölene çağırmışlar. Yemeğe oturulunca Hoca ağzındaki sakızı çıkarıp burnunun ucuna yapıştırmış.

— Hoca Efendi, demişler, sakızı koyacak başka yer bulamadın mı?

Hoca başını sallamış:

— Ne olur ne olmaz! Yoksulun malı her zaman gözünün önünde bulunmalı!

56. TESTİ KIRILDIKTAN SONRA...

Hoca, oğlunu çeşmeye gönderiyormuş. Testiyi eline verdikten sonra yüzüne iki tokat aşketmiş, ardından da:

— Sakın testiyi kırma! diye seslenmiş.

Bu durumu görenler:

— N'apıyorsun Hoca Efendi, demişler, çocuk testiyi kırmış değil ki... Hiç suçu olmayan çocuğu ne diye dövüyorsun?

— Testi kırıldıktan sonra iş işten geçmiş olur, demiş Hoca.

57. KAYIŞIN ÇEKTİĞİ...

Hoca öküzle saban sürüyormuş. Öküzü sabana bağlayan kayışlardan biri kopmuş. Hoca, onun yerine sarığını bağlamış. Daha ilk asılışta sarık da kopmuş.

Hoca sarığına dönmüş:

— Düdüğüm, demiş, kayışın neler çektiğini anladın mı?

58. TURŞUYU KİM SATACAK?

Hoca turşuculuk yapmaya karar vermiş. Bir turşucunun eşeğini, bütün araç gerecini satın almış. Ertesi gün de yola koyulmuş...

Yıllardır alışan eşek, kalabalık arasında, sık sık turşu alan evlerin önünde anırmaya başlıyor, böylece Hoca'nın "Turşuu!" diye bağırmasını önleyip duruyormuş. Oysa, Hoca bir kerecik olsun bağırmak için yanıp tutuşuyormuş. Birkaç kez dövmüşse de, eşek huyundan vazgeçmemiş.

Bir gün yine kalabalık arasına girmişler. Hoca, sesinin çıktığınca "Turşuu!" diye bağırmaya hazırlanırken, eşek anırıvermiş.

Eşekten düşmüşten beter olan Hoca, eşeğe dönüp azarlamış:

— Bana bak arkadaş! Turşuyu sen mi satacaksın, yoksa ben mi satacağım!

59. ÖLMESE BOŞAYACAKTIM!

Hoca Konya'da bulunuyormuş. Bir tanıdığı, başsağlığı dilemek için:

— Efendi, galiba karın ölmüş... diye söze girmiş.

Hoca, aldırışsız:

— Ölmese de zaten boşayacaktım! demiş.

60. BIRAKTIĞIM YERDE OTLUYORSUN

Hoca dağda odun kesip eşeğe yüklemiş. Baltasını, abasını da odunların üstüne koyduktan sonra eşeğe:

— Ben dağ yolundan, kestirmeden gidiyorum, demiş. Sen doğru yoldan gel.

Evine varmış, bir süre beklemiş. Eşek gelmeyince:

— Varıp bakayım nerede kaldı bu hayvan? diyerek yine yola koyulmuş.

Eşeği dağda, bıraktığı yerde otlar bulmuş. Ama bakmış ki üstünde ne aba var, ne balta...

Çok canı sıkılmış. Odunları yere yıkıp semeri sallasırt etmiş. Eşeğe de:

— Sen hâlâ bıraktığım yerde otluyorsun, demiş. Haydi öyleyse, getir abayla baltayı, al semerini!

61. BUNA DEĞMİŞ BUNA DEĞMEMİŞ...

Bir gün Hoca ormana oduna giderken yanında birkaç karpuz götürmüş. Biraz sonra bir tanesini kesmiş, kabak olduğunu görünce bir kenara atmış. Öteki karpuzlar da kabak çıkmış. Kızmış, karpuzların üstüne işemiş...

Öğle olunca iyice susamış. Yakınlarda su da olmadığından, karpuzların yanına gitmiş; "buna değmiş", "buna değmemiş" diyerek yemeye başlamış.

Her susayışta bir parça yemiş, sonunda bir de bakmış ki geride karpuz filan kalmamış!

62. YAŞ MESELESİ DEĞİLSE...

Bir gün Hoca evinde otururken komşularından biri telâşla kapıyı çalmış:

— Aman Hoca... Bizim evde karımla baldızım fena kapıştılar, saç saça baş başa dövüşüp duruyorlar. Bir türlü ayıramadım. Yetiş, yardım et!..

Hoca sormuş:

— Kavga neden çıktı? Yaş meselesinden mi?

— Hayır, demiş komşusu, başka bir konu...

Hoca elini şöyle bir sallamış:

— Öyleyse hiç telâşlanma evlâdım! Yüreğini serin tut. Şimdiye kadar barışmışlardır bile!

63. ARAPÇA DEĞİL Mİ...

Akşehir'e bir Arap gezgini gelmiş. Orada Arapça bilen olmadığı için, adam derdini kimselere anlatamamış. "Dilinden anlasa anlasa Hoca anlar" deyip, gezgini Hoca'ya götürmüşler. Arap bir şeyler söylemiş, o da birtakım cevaplar vermiş. Sonunda:

— Karnı acıkmış, demiş, biraz ekmek verin.

Önüne ekmek getirilince gezgin öfkelenmiş, bağırıp çağırmaya başlamış. Hoca da aynı perdeden karşılık vermiş. Gezgin büsbütün öfkelenmiş...

Orada bulunanlar, şaşkınlıkla:

— Hoca Efendi, demişler, bu adam senin sözlerinden bir şey anlamıyor. Bu ne biçim Arapça?

— Arapça değil mi bu, demiş Hoca, uydur uydur söyle!..

64. KUŞA BENZEDİN!

Hoca hiç leylek görmemişmiş. Bir gün tutup getirmişler, eline vermişler. Şöyle bir bakmış, beğenmemiş... Ayaklarını, gagasını kesmiş... Karşısına geçip bir iyice süzdükten sonra:

— Hah, demiş leyleğe, işte şimdi kuşa benzedin!

65. O BENİ BOĞACAKTI!

Bir kış günü Hoca, konuk olduğu evde gece yatısına kalmış. Yatarken, ısınmak için kavuk giyermiş. O gece de ev sahibinin yatağa bıraktığı kavuğu giymiş. Kavuk büyük olduğundan, boğazına kadar inip Hoca'yı soluksuz bırakmış. Çıkarmış üşümüş, giymiş boğulacak gibi olmuş... Sonunda bir umar bulmuş: Kavuğu ortasından mendiliyle sıkıca bağlamış. Ardından da mışıl mışıl uyumuş.

Gece uzun süre kavukla uğraşıp da uykusuz kaldığı için, sabah erken kalkamamış. Ev sahibi odaya girip de onu öyle görünce:

— Ne o Efendi, demiş, kavuğu boğmuşsun?

Hoca gülümsemiş:

— Ben kavuğu boğmasaydım o beni boğacaktı!

66. ALIP SATTIĞIM YOK...

Hoca Akşehir pazarında gezerken tanımadığı biri:

— Efendi, demiş, bugün ay kaç?

— Bilmem ki evlâdım, demiş Hoca. Bugünlerde ay alıp sattığım yok...

67. CENAZE BİZE GELİYOR!

Nasreddin Hoca penceresinin önünde oturmuş sokağa bakarken, sokakta bir cenaze alayı belirmiş. Cenazenin arkasından giden akrabaları dövünüyorlarmış:

— Karanlık yerlere gidiyorsun! Gittiğin yerde ne ışık var ne ateş!.. Ne yiyecek var ne içecek!..

Hoca, karısına:

— Hatun, demiş, kalk kapıyı sürgüle! Bu cenaze mutlaka bizim eve geliyor!

68. GİZLİSİ AÇIĞI...

Hoca'yı çarşıda ekmek yiyerek giderken görenler:

— Hoca Efendi, demişler, herkesin gözü önünde böyle ekmek yemek ayıp değil midir?

— Bir şeyin gizlisi ayıp olmazsa açıkta yapılanı ne diye ayıp olsun? demiş Hoca. Bir şey ya her zaman her yerde ayıptır, ya da hiç ayıp değildir.

69. YANGIN

Çorba yerken Hoca'nın ağzı yanmış. O da bağırarak sokağa fırlamış:

— Savulun!.. Karnımda yangın var!

70. AY YERİNİ BULDU!

Hoca su çekmek için kuyunun başına varmış. Bir de bakmış ki testekerlek ay kuyunun içinde... "Kurtarayım şunu," demiş; ipi kopan kovayı sudan çıkarmakta kullanılan çengeli kuyuya daldırmış. Çengel bir taşa takılmış. Hoca olanca gücüyle ipi çekince çengel kurtulmuş, Hoca da sırtüstü düşmüş...

Gökyüzünde ayı görünce:

— Şükürler olsun, demiş. Çok uğraştım ama, sonunda ay yerini buldu!

71. ADI ANDAÇ KALSIN

Nasreddin Hoca'nın bir oğlu olmuş. Sıra adını koymaya gelince, çocuğun kulağına ezan okuduktan sonra adını vermiş:

— Ya Atike bin Nasreddin (Nasreddin oğlu Atike)!

Orada bulunan kadınlardan biri:

— Hoca Efendi, demiş, erkek çocuğa kadın adı konulur mu?

— Ben karımı çok severim, demiş Hoca. O ölünce adı yadigâr (andaç) kalsın, karımı hiç unutmayayım diye, oğluma anasının adını verdim.

72. SESİ YARIN ÇIKAR

Bir gece geç vakit Hoca, mollası İmad'la birlikte evine gidiyormuş. Yolda, bir dükkânın önünde hırsızların toplanmış olduklarını, içlerinden birinin kilidi törpülediğini görmüşler. Hoca, onlarla başa çıkamayacağını bildiği için, sesini çıkarmamış.

İmad sormuş:

— Hocam, bu adamlar gece yarısı ne yapıyorlar böyle?

— Birisi rebap çalıyor, ötekiler onu dinliyor, demiş Hoca.

İmad ciddiye almış bu sözü:

— Ama rebabın sesi çıkmıyor?

Hoca gülmüş:

— Onun sesi yarın çıkar!

73. SARI AŞI YİYEN...

Hoca'nın evleneceği akşam düğün sofrası kurulmuş. Ama onu sofraya çağırmayı unutmuşlar. Çok sevdiği zerdeyi yiyemeyen Hoca darılmış, çıkmış gitmiş... Bir ara güveyi akıllarına gelip de onu aradıklarında bulamamışlar. Sağa sola adamlar salmışlar, en sonunda Hoca'yı uzak bir mahallede bulup eve getirmişler. Ailenin büyükleri:

— Neredesin a canım, demişler, gerdeğe girecek adam ortada olmaz mı? İki saattir seni arıyoruz!

Hoca, dargın dargın:

— Neme gerek... demiş. Sarı aşı kim yediyse gerdeğe o girsin!

74. BAŞI BİLE YARILIR(*)

Hoca kadılık yaparken yanına iki adam getirmişler. Davacı:

— Bu adam, demiş, benim kulağımı ısırdı.

Öteki:

— Hayır ben ısırmadım, demiş, o kendi kulağını ısırdı.

Hoca onlara "biraz bekleyin" deyip içeri girmiş, kendi kulağını ısırmaya çalışmış. Bu sırada sırtüstü düşüp başı yarılmış.

Mahkemeye dönünce davacı yine söz almış:

— Kadı efendi, insan hiç kendi kulağını ısırır mı?

— Isırır ısırır, demiş Hoca. Hatta ısırırken düşüp başını bile yarar!

75. CEVİZLERİN SESİNİ DUYAR DUYMAZ...

Hoca'nın karısı hamileymiş. Sancısı tutmuş ama bir türlü doğuramamış. Komşu kadınlar:

— Hoca, dua mı olur, başka bir şey mi olur, ne biliyorsan söyle de kadıncağızı kıvranmaktan kurtaralım, demişler.

Hoca:

(*) Bu fıkra, Selahaddin Eyyubi'nin veziri olarak gösterilen, aynı zamanda bir fıkra tipi olan, akla mantığa sığmayan yargılarıyla ünlü Karakuş'a da bağlanır.

— Ben onun ilacını biliyorum, diyerek bakkala koşup biraz ceviz getirmiş, ortaya dökmüş:

— Oğlan şimdi cevizlerin sesini duyar duymaz oynamaya çıkar!

76. DÜŞÜNE GİRMEMEK...

Timurlenk, düşünde kendisine kötülük yaptığını gördüğü bir adamın asılmasını buyurmuş.

Bunu işiten Hoca, pılısını pırtısını toplayıp Akşehir'den ayrılma hazırlığına girişmiş.

— Hoca Efendi, demişler, Timur'a karşı bizi sen koruyordun. Ne yapıp ediyor, öfkesinin önüne geçiyordun. Ne diye gidiyorsun ki?!

— Uyanıkken gereğini yapıyordum yapmasına, demiş Hoca, ama düşüne girip girmemek elimde değil!

77. TANRI KONUĞU

Bir akşamüstü Hoca'nın kapısı çalınmış. Pencereden başını uzatmış:

— Kim o?

Birisi seslenmiş:

— Tanrı misafiriyim.

Hoca aşağı inip adamın elinden tutmuş, camiye götürmüş:

— İşte aradığın yer, demiş. Burası Tanrının evi. İstediğin kadar konuk olabilirsin!

78. AKÇEYİ SEN AL!

Hoca yolda giderken adamın biri arkasından yaklaşıp ensesine bir tokat patlatmış.

Canı yanan Hoca, adamın özür dilemesine aldırmayıp, kadıya başvurmuş. Meğer kadı, bu adamın yakın dostuymuş. Onları barıştırmaya çalışmış ama Hoca direnmiş. Sonunda kadı:

— Haksız yere tokat vuran bu adamın, demiş, davacıya bir akçe ödemesine karar verdim.

Adama dönüp kaş göz işareti yapmış:

— Git bir akçeyi getir!

Adam gitmiş, Hoca da oturup akçenin gelmesini beklemiş. Aradan uzun bir süre geçip de adamın gelmeyeceğini anlayınca, önündeki kağıdı okumaya çalışan kadıya yavaşça yaklaşmış. Ensesine bir tokat aşkettikten sonra:

— Benim işim var kadı efendi, demiş, gidiyorum. Bir akçeyi benim yerime sen alırsın!

79. SAVURGANLIKTAN HOŞLANMAM!

Hoca ateş yakıyormuş. Körüğü kullandıktan sonra ağzını sıkıca tıkayıp duvara asmış.

— Körüğün ağzını ne diye tıkıyorsun Hoca? demişler.

— Tıkamayım da içindeki onca hava boşa mı gitsin, demiş. Ben savurganlıktan hoşlanmam!

80. DÜNYANIN DENGESİ

Hoca'ya bir gün:

— Efendi, demişler, sabah olunca insanların kimisi o yana gider, kimisi bu yana... Nedendir?

— Hepsi aynı yöne gidecek olsa, demiş Hoca, dünyanın dengesi bozulur, devriliverirdi!

81. KENDİSİ KABAHATİNİ BİLİR!

Hoca'nın bostan tarlasına giren bir öküz epey zarara yol açmış. Hoca bir sopa kapıp öküzün üzerine gitmişse de hayvan kaçıp kurtulmuş.

Birkaç gün sonra Hoca öküzü pazar yerinde, bir kağnıya koşulu görünce:

— Geçen gün tarladan kaçıp kurtuldun ama, işte şimdi elimdesin, diyerek dövmeye başlamış.

Sahibi koşup gelmiş:

— Benim öküzümü ne dövüyorsun be adam! Zavallı hayvan sana ne yaptı! diye diklenecek olmuş.

— Haltetme cahil herif! demiş Hoca. Sana n'oluyor? O kendi kabahatini bilir!

82. ÜSTÜNDE BULUNSAYDI...

Hoca eşeğini yitirmiş. Hem arar, hem "çok şükür!" dermiş kendi kendine.

— Neden şükrediyorsun Hoca? demişler.

— Üstünde bulunmadığıma... demiş. Üstünde olsaydım ben de kaybolup gidecektim!

83. TEKE OLMUŞTUR!

Bir gün Hoca'ya:

— Hangi burçtansın? diye sormuşlar.

— Teke burcundanım, demiş.

— A Efendi, öyle bir burç yok ki... diyecek olmuşlar.

— Olmadığını ben de bilirim amma, diye başlamış söze, bana çocukluğumda cedy (oğlak) burcundansın dedilerdi. Yıldızım hep oğlak kalacak değil a... Şimdiye kadar çoktan teke olmuştur!

84. TANRININ RAHMETİ

Hoca bir gün, şakır şakır yağan yağmurdan korunmak için cübbesinin eteklerini toplamış, koşa koşa evine gidiyormuş.

Komşusu, pencereden:

— Hoca, demiş, ne diye koşuyorsun? Allahın rahmetinden kaçılır mı?

— Kaçmıyorum, demiş Hoca, Allahın rahmetini çiğnememek için koşuyorum!

85. BİR ÖĞÜN YEMEK...

Hoca pek yoksullaşmış, kuru ekmeğe muhtaç duruma gelmiş. Bir dostu, onu teselli ediyormuş:

— Aldırma Hoca Efendi, demiş, şu gökleri direksiz tutan ulu Tanrı seni hiç bu durumda bırakır mı?

Hoca içini çekmiş:

— Keşke gökleri binbir direkli yaratsaydı da, bana günde bir öğün yemek verseydi!

86. İŞ KAVUKLA CÜBBEDEYSE...

Bir İranlı, memleketinden gelen mektubu Hoca'ya vermiş:

— Hocam, demiş, şunu okuyuver.

Hoca bakmış, hem yazı okunaksız, hem Farsça.

— Bunu başkasına okut, diyerek geri uzatmış.

Adam ısrar edince açıklamış:

— Ben Farsça bilmem. Türkçe de olsa, yazı okunaklı olmadığı için, yine okuyamazdım.

İranlı kızıp köpürmüş:

— Başında değirmen taşı kadar kavuk, üstünde koskoca cübbenle şu mektubu okuyamazsın, bir de hocayım diye geçinirsin!..

Hoca kavuğunu cübbesini çıkarıp İranlının önüne koymuş:

— İş kavukla cübbedeyse, buyur sen giy, mektubu da sen oku!

87. HAKKINI ALMIŞ...

Akşehir'in zenginlerinden biri Hoca'ya elli akçe verip:

— Hocam, demiş, bunu al, beş vakit namazında bana dua et.

Hoca, paranın on akçesini geri uzatmış:

— Çoktandır sabah namazına kalkamıyorum. Onun için, hakkım olmayan parayı alamam!

88. DÖVE DÖVE YEDİRİYORLAR

Hoca bir iş için Konya'ya gitmiş. Pek de parasızmış. Bir helvacı dükkânının önünden geçerken canı helva çekmiş. İçeriye girip bir lengeri önüne almış, başlamış atıştırmaya.

Helvacı üstüne yürümüş:

— Bre adam, böyle sorup istemeden, parasını ödemeden helva yenir mi?

Hoca'nın aldırmayıp atıştırmayı sürdürdüğünü görünce, sille tokat girişmiş.

Hoca ise bir yandan helva yiyor, bir yandan da olup biteni izleyen müşterilere:

— Şu Konyalılar ne iyi adamlar! diyormuş. İnsana döve döve helva yediriyorlar!

89. EŞEK ATLA GİDİYOR

Bir gün Hoca eşeğine binmiş giderken, kendini beğenmişin biriyle karşılaşmış. Gösterişli bir ata binmiş, küçük dağları ben yarattım der gibi tepeden bakan adam:

— Hoca, Hoca, demiş, eşek nasıl gidiyor?

— Eşeği mi sordun? derken bir an düşünmüş Hoca. Eşek, atla gidiyor!

90. GÜLE GÜLE GİYMENE BAK!

Sivrihisar kadısı gece gündüz içermiş. Bir gün Hoca mollası İmad'la kırlarda dolaşırken bir de bakmış, kadı su kıyısında sızmış yatıyor. Cübbesi bir yanda, sarığı bir yanda... Hoca cübbeyi giymiş, sarığı da başına sarıp evine gitmiş.

Kadı kendine gelince adamlarına buyruk vermiş:

— Cübbemle sarığımı kimde görürseniz kendisini yanıma getirin!

Ertesi gün Hoca'yı pazarda, kadı'nın cübbesi ve sarığıyla gören mahkeme kollukçusu (muhzır), yaka paça sürükleyip götürmüş. Halk da ne oluyor diye artlarına düşmüş.

Mahkemeye varmışlar. Kadı sormuş:

— Bre Hoca, o sırtındaki cübbeyle kavuğu nerede buldun?

— Dün mollamla birlikte dolaşmaya çıkmıştık, diye söze başlamış Hoca. Bir su kıyısında körkütük sarhoş bir adam gördüm. Cübbesi bir yanda, kavuğu bir yandaydı...

Kadı efendi, sahibini belki tanırsın. Tanıyorsan söyle de geri vereyim.

Kadı, kendini toparlamaya çalışarak:

— Nereden tanıyayım, demiş. Sen güle güle giymene bak!

91. İP OLUR...

Hoca vaaz veriyormuş.

— Ey Müslümanlar, demiş, oğlunuz olursa adını sakın Eyüp koymayın. Halkın dilinde çokça söylene söylene ip olur!

92. BU KARANLIKTA...

Hoca'nın bir konuğu gece yatısına kalmış. Yatmışlar. Biraz sonra konuk:

— Hoca, demiş, sağında mum var. Ver de yakayım.

— Sen deli misin be birader, demiş Hoca. Bu zifiri karanlıkta ben sağ tarafımı nasıl bulayım?

93. RAHAT BIRAKMADIN Kİ...

Nasreddin Hoca bir yaz günü köy yolunda giderken susamış. "Şu önünden geçtiğim bostandan bir karpuz koparayım da hararetimi gidereyim" diye düşünüp bostana girmiş. Tam gözüne kestirdiği karpuzu koparacağı sırada zebaniyi andıran bostancı karşısına dikilmiş:

— Ne işin var burada?

Hoca, şaşkın şaşkın bakındıktan sonra toparlanıp:

— Şey... demiş. Abdest bozuyordum.

Bostancı gürlemiş:

— Hani, nerde? Göster bakalım!

Hoca yerlere göz gezdirdikten sonra bir kıyıda duran sığır tersini göstermiş:

— İşte...

— Beni enayi mi sandın herif? demiş bostancı. O gösterdiğin sığır tersi!

Hoca sesini yükseltmiş:

— Birader, şurada insan gibi bir abdest bozacaktım amma rahat bırakmadın ki!

94. BİRİNDEN GİRDİM...

Bir gün Hoca yorgun argın evine gelmiş; tam soyunup dökünecekken kapı çalınmış. Pencereden bakıp da hiç sevmediği iki tanıdığını görünce, karısına:

— Evde yok deyiver, demiş.

Karısı kapıyı açıp:

— Efendi evde yok, demiş.

— Az önce, biz sokağın başından gelirken eve girdi ya, demişler.

Hoca dayanamayıp pencereden seslenmiş:

— Amma uzattınız be birader... Bu evin iki kapısı var. Birinden girdim, ötekinden çıktım!

95. BAŞINI UNUTMASIN!

Akşehir'in zenginlerinden biri Hoca'yı evine çağırmış. Kararlaştırılan günde Hoca kalkıp gitmiş. Adam pencerenin önünde oturuyormuş.

Hoca kapıyı çalıp da:

— Efendi hazretlerini ziyarete geldim, dediğinde:

— Evde yok, demişler. Dışarı çıktı.

Hoca sinirlenmişse de kendini tutmuş:

— Öyleyse çok selam söyleyin efendiye, demiş, bir daha dışarı çıkarken başını pencerenin önünde unutmasın!

96. ABDESTİ YOK...

Hoca abdest alıyormuş. Su yeterli olmadığından, sol ayağını yıkayamamış.

Camiye gitmiş; sağ ayağı üstüne basıp sol ayağını yukarı kaldırarak namaz kıldıracak olmuş.

— Ne yapıyorsun Hocam, demişler, böyle namaz olur mu?

— Kusura bakmayın, demiş Hoca. Sol ayağımın abdesti yok da...

97. DERTTEN KURTULUŞ

Babasından kalan büyük mirası har vurup harman savuran birisi, elinde avcunda hiçbir şey kalmayınca Hoca'ya dert yanmış:

— Halim kötü, Hocam. Neredeyse dileneceğim. Derdime bir umar bul.

Hoca, sakalını sıvazladıktan sonra:

— Merak etme evlât, demiş, yakında bu dertten kurtulursun.

Eski mirasyedi heyecanlanmış:

— Yine zengin mi olacağım, Hocam?

— Hayır evlâdım, demiş Hoca. Züğürtlüğe alışacaksın!

98. HAS BOYA KULLANMIŞ!

Hoca yine parasız kalmış. Kümesteki kara tavuğu alıp pazara götürmüş. Uzun süre bekledikten sonra bir alıcı çıkar gibi olmuş. Ama:

— Efendi, demiş adam, tavuğun ak olsa alırdım.

Hoca, bulduğu bu biricik müşteriyi kaçırmamak için:

— Hele azıcık bekle, deyip yandaki dükkândan bir kalıp sabun almış.

Çeşme başına gidip tavuğu bir güzel yıkamış. Bakmış ki hayvanın rengi hiç değişmemiş.

— Helâl olsun boyacıya, diye söylenmiş. Has boya kullanmış!

99. SENİ KURTARAMAYIZ!

Mahallenin çirkin sesli müezzini ezan okuyormuş.

Hoca minarenin altında durup yukarıya seslenmiş:

— Evlâdım niye bağırıp duruyorsun? Öylesine dalsız budaksız bir ağaca tırmanmışsın ki... Seni kolay kolay kurtaramayız oradan!

100. ARADIĞIN HOCA...

Nasreddin Hoca'nın ününü duyan bir köylü, onunla görüşmek için Akşehir'e gelmiş; evini sormaya başlamış.

Eğri bir duvara yaslanmış olan birisine de aynı soruyu sorunca, adam:

— Onun evini benden başkası bilmez, demiş. Gösterirdim ama, duvarı tutuyorum. Payanda getirmeye gittiler. İstersen sen tut, ben Hoca'yı çağırayım buraya.

Adam "olur" deyip olanca gücüyle duvara yaslanmış, beklemeye başlamış. Ne payanda getiren olmuş; ne Hoca'yı aramaya giden adam görünmüş, ne de Hoca... En sonunda yoldan geçen birilerine seslenmiş, olup biteni anlatmış.

— Nasıl biriydi seni buraya bırakıp giden? demişler.

Anlatmış. Gülmüşler:

— Aradığın Hoca işte o adamdı!

101. O KADAR GEZSEYDİ...

Hoca'ya:

— Karın fellik fellik geziyor, demişler.

— Yok canım, demiş. O kadar gezseydi bizim eve de uğrardı!

102. MOLLALAR BİLE UYUYOR!

Hoca, mollalarına çoğu zaman Kuduri adlı din kitabını okuturmuş.

Bir gün komşusu bir türlü uyuyamayan çocuğu için muska yazmasını isteyince:

— Bir Kuduri bulup yastığının altına koy, demiş.

— Kuduri muska mıdır Hoca? diye sormuş komşusu.

— Muska olup olmadığını bilmem, demiş Hoca. Ama şunu bilirim ki, ne zaman okutmaya kalksam, bizim mollalar bile horul horul uyuyor!

103. AĞIZ TADIYLA...

Timurlenk, Akşehir'in ileri gelenlerini tanışmak için yanına çağırtmış. Gidenlere şerbet dağıtılmış. İlk bardağı da Timur'a vermişler. İçip bitirince, oradaki dalkavuklardan biri, "afiyet olsun" diyecek yerde, dili sürçerek "merhaba" deyivermiş. Timur adamın yüzüne ters ters bakınca, Hoca araya girmek gereğini duymuş:

— Efendim, demiş, bizim şehrin merhabası böyle ağız tadıyladır!

104. KIRK YILDA BİR PİLAV YİYECEKTİK!

Hoca eve yorgun argın dönmüş; karısının pişirdiği bulgur pilavını kaşıklayıp karnını doyurmak için sofranın başına oturmuş...

Tam o sırada komşunun çocuğu kapıyı çalmış:

— Efendi Hoca yetiş! Babam seni acele çağırıyor!

Hoca kalkıp gitmiş. Meğer eşeği kuyruksuz sıpa doğuran komşu, bunun nedenini öğrenmek için çağırtmış Hoca'yı...

Biraz sonra Hoca asık yüzle eve dönünce karısı sormuş:

— Efendi, komşu niye çağırmış?

— Bırak canım, demiş Hoca, kırk yılda bir karı koca güle oynaya bulgur pilavı yiyecektik, komşunun eşeği kuyruksuz sıpa doğurmuş!

105. KÖYÜN YABANCISI

Hoca, daha önce yolunun hiç düşmediği bir köyden geçiyormuş. Bir köylü yanına yaklaşmış:

— Efendi, demiş, bugün günlerden ne?

Hoca, yorgunluğun da etkisiyle hangi gün olduğunu bir türlü çıkaramayınca:

— Bu köyün yabancısıyım, demiş. Buranın günlerini bilmem!

106. TEPEÜSTÜ GÖMÜN...

Hoca:

— Beni, demiş, öldüğüm zaman tepeüstü, dikine gömün.

— Neden? demişler.

— Nasıl olsa kıyamet koptuğunda dünyanın altı üstüne gelecek, demiş. O zaman güçlük çekmeden, dosdoğru kalkarım!

107. PEK SEVDİĞİNDEN...

Bir sabah kapısı önünden geçmekte olan bir arabanın Sivrihisar'a gideceğini öğrenen Hoca, don gömlek fırlayıp arabaya binmiş.

Sivrihisar'a yaklaştıklarında, birisi kasabalılara:

— Gözünüz aydın, demiş, Hoca geliyor!

Sivrihisarlılar Hoca'ya karşıcı çıkmışlar. Bir de bakmışlar ki Hoca bir arabanın içinde, çırılçıplak... İçlerinden biri:

— Bu ne hal, Efendi? diye sormuş.

Hoca aldırışsız:

— Sizi pek sevdiğim için elbise giymeyi unuttum! demiş.

108. ÇOK ZAHMET ÇEKMİŞ AMA...

Hoca'nın kocaman çatal boynuzlu bir öküzü varmış. Onu her görüşte yay gibi boynuzları arasına binesi gelirmiş. Ama korkar, cesaret edemezmiş.

Bir gün öküzü uyuklar görünce, fırsat bu fırsattır deyip, usulca öküzün alnına oturuvermiş. Öküz huylanıp sıçramış, Hoca'yı yere çarpmış. Beyninin üzerine düşen Hoca, oracıkta yığılıp kalmış...

Biraz sonra karısı gelip de onu öyle görünce ölmüş sanarak ağlamaya başlamış. Çok geçmeden Hoca gözlerini açmış; onu ağlar görünce:

— Ağlama karıcığım, demiş, çok zahmet çektim ama, istediğimi de elde ettim!

109. GURBET ELLERDE ÖLEYİM DİYE...

Hoca'nın kızı bir yaz günü evin bodrumuna bir şey almak için inmiş. Bakmış ki babası bir küpün arkasına gizlenmiş, yatıyor.

— Efendi baba, demiş, burada işin ne?

— A kızım, demiş Hoca, ne yapayım? Gurbet ellerinde öleyim de şu ananın elinden kurtulayım bari diye ta buralara kadar geldim!

110. NE KADAR SÜRE İSTERSEN...

Bir dostu, Hoca'dan biraz vadeyle birkaç akçe borç istemiş.

— Dostum, demiş Hoca, naktim yok, para veremem. Ama ne kadar vakit istersen o kadar vade veririm!

111. BİZDE ÖYLE ÂDET YOK!

Dostlarından biri Hoca'ya konuk olmuş. Yemiş içmiş, söyleşmişler. Sabaha karşı, tam yatacakları sırada konuk:

— *Bizim eller bizim eller,*
Yatarlarken üzüm yerler, demiş.

Hoca bakmış ki yemenin içmenin sonu gelmeyecek:

— *Bizde öyle âdet yoktur,*
Saklarlar da güzün yerler! deyivermiş.

112. MESELE ÇATALLAŞTI

Hoca'nın kadılığı sırasında birisi yanına gelip:

— Efendi, demiş, kırda sığır yayılırken bir alaca inek –sanırım sizinki–, bizim ineği karnından boynuzlayıp öldürmüş. Buna ne gerekir?

— Bunda sahibinin ne kabahati var, demiş Hoca. Hayvandan kan davası edilmez!

Adam sözünü değiştirmiş:

— Yok yok, yanlış söyledim. Bizim inek sizinkini öldürmüş.

Hoca yerinden kalkıp raftaki kitaba uzanmış:

— Ha, o zaman iş çatallaştı. Bakalım kara kaplı ne diyor...

113. YOK DEVENİN BAŞI!

Hoca, karısının evde eğirdiği iplikleri pazara götürüp satarmış. İplikçiler yok pahasına alırlarmış hep. Sonunda Hoca dayanamamış:

— Size bir oyun edeyim de görün! demiş kendi kendine.

Bir gün bulduğu bir deve başını evine götürmüş, iplikleri bunun üzerine sarmış. Kocaman yumağı gören iplikçi kuşkulanmış:

— Bunun içinde başka bir şey olmasın?

— Yok devenin başı! demiş Hoca.

İplikçi inanmış, akçeleri verip yumağı satın almış. İçinden deve başı çıktığını görünce, ertesi gün Hoca'ya:

— Hile yapıp yalan söylemeye utanmaz mısın? demiş.

Hoca diklenmiş:

— Sorduğun zaman "devenin başı" demedim mi?!

114. ALLAH VERSİN

Nasreddin Hoca evinin damını aktarıyormuş. Kapı çalınmış. Yukardan kapıyı çalana seslenmiş:

— Ne istiyorsun?

Kapıdaki adam:

— Biraz aşağı gelir misin? demiş.

İnip kapıyı açmış:

— Ne istiyorsun?

— Sadaka istiyorum, demiş adam.

— Yukarı gel, demiş Hoca.

Adamı dama çıkardıktan sonra da:

— Allah versin, demiş.

Yoksul sormuş:

— Efendi, madem boş gönderecektin, ne diye aşağıda söylemedin?

— Ya ben yukardayken sen niye söylemedin de, demiş Hoca, beni kapının önüne kadar indirdin?!

115. KAVGALIDIR

Hoca Sivrihisar'da imamlık yaparken subaşıyla kavga etmiş. Bir süre sonra subaşı ölmüş. Hoca'yı cenazeye çağırmışlar:

— Gel de talkınını ver, demişler.

— Siz başka birini bulun, demiş Hoca. O benimle kavgalıdır, sözümü tutmaz.

116. SAKIN GELME DİYE...

Hoca'nın karısı sancılanmış. O da hekim çağırmak için yola çıkmış. Daha sokağın başına varmadan, karısı pencereden seslenmiş:

— Gerek kalmadı Efendi, ağrı geçti. Hekimi çağırma!

Hoca yolundan dönmemiş. Gidip hekimi bulmuş:

— Bizim hatun sancılandıydı, seni götürmeye geliyordum. Arkamdan "gerek kalmadı, ağrı geçti," dedi. Ben de "bize gelme," demeye geldim!

117. ÖYLE YANLIŞLAR OLUYOR Kİ...

Silah taşımayı yasaklamışlar. Kötü rastlantı bu ya, Hoca medreseye giderken kocaman yatağanıyla yakalanmış. Subaşı, cübbesinin altından yatağanı çıkarırken sormuş:

— Bu ne bu?

— Ben, demiş Hoca, bununla kitaplardaki, defterlerdeki yanlışları kazırım.

Kimi yazıları silmek için çakı kullanılırmış o zaman.

Subaşı öfkelenmiş:

— Bre yalancı! Hiç bu koca yatağanla yanlış düzeltilir mi?

— Sorma ağam, demiş Hoca, bazen öyle yanlışlar oluyor ki, bu bile az geliyor!

118. ENİNİ BOYUNA UYDURACAKTIM!

Akşehir'e gelen bir İranlı, sürekli palavra atarmış. Bir gün:

— Bizim Isfahan'da şahın iki yüz odalı, beş bin arşın boyunda sarayları var, diye söze başlamış, attıkça atmış...

Hoca da karşılık vermek istemiş:

— Bizim başkentimiz Bursa'da, demiş, daha da büyük saraylar var. Bir de kaplıca yapıldı ki, boyu beş bin arşın...

Tam o sırada başka bir İranlı içeri girip:

— Bursa'dan gelirem... diye söze başlayınca, Hoca:

— Eni de elli arşın, deyivermiş.

— Nasıl oluptur? diye karşı çıkmış İranlı. Boyu enine uymadı.

— Şu adam Bursa'dan gelmiş olmasaydı, demiş Hoca, ben onun enini boyuna uyduracaktım!

119. İÇİNDE BEN DE VARDIM!

Komşusu, Nasreddin Hoca'ya:

— Hocam, demiş, neydi sizin evdeki gürültü? Dün gece evinizin önünden geçerken sizin merdivenden gümbür gümbür bir şeyler yuvarlanıyordu.

— Hiç canım, demiş Hoca. Karı benim cübbeyi merdivenden aşağı attı da...

— Amma yaptın be Hocam. Cübbe o kadar gürültü çıkarır mı? demiş komşusu.

Hoca kızmış:

— Sen de uzun ettin birader... İçinde ben de vardım!

120. OĞLUN KADAR OLAMADIN!

Hoca'nın Bursa'da bir işi varmış. Günlerce uğraşmış, olumlu sonuç alamamış.

— Ulu Cami'de kırk gün namaz kılarsan isteğin olur, demişler.

Denileni yapmış ama, işi yine çözüme ulaşmamış. O da Ulu Cami'ye gitmekten vazgeçmiş. Bir sabah küçük bir mescitte namaz kılmış, işinin olması için dua etmiş, çıkmış. Biraz sonra bir tanıdığı ardından seslenmiş:

— Hoca, muştular olsun! İşin oldu!

Ulu Cami'nin önünden geçerlerken Hoca camiye dönmüş:

— Yazıklar olsun sana Ulu Cami! Oğlun kadar olamadın!

121. TAM AÇLIĞA ALIŞTIRMIŞTIM...

Hoca yoksullaştıkça yoksullaşmış... Her şeyden kıstığı gibi, eşeğin yemini de azaltmış. Bakmış ki eşekte bir değişiklik yok, yemi her gün biraz daha azaltır olmuş.

Günün birinde hayvan ölüvermiş.

Hoca pek yazıklanmış:

— Tüh, demiş, eşeği tam açlığa alıştırmıştım ki ölüverdi!

122. İNSAN ÇIKMAYAN YERE...

Hoca'nın biraz parası varmış. Evde kimsenin bulunmadığı bir gün, bir yeri kazıp gömmüş. Sonraya kapıya kadar gidip, "Ben hırsız olsam bunu hemen bulurdum," diyerek geri dönmüş; yerini değiştirmiş. Orasını da beğenmemiş.

En sonunda parayı bir torbaya koyup uzun bir sırığın ucuna asmış, sırığı da evinin önündeki tepeciğe dikmiş.

— İnsan kuş değil ki... Uçup da bunun üzerine çıkacak değil ya... diyerek, artık gönlü rahat, işine gitmiş.

Meğer bir hırsız Hoca'yı gözetler dururmuş. O gidince tepeye çıkmış, sırığı söküp para torbasını almış, tepesine biraz sığır tersi sürdüğü sırığı yeniden yerine dikmiş.

Birkaç gün sonra para almak için sırığı indiren Hoca, para torbasını koyduğu yerde sığır tezeğini görünce, şaşkınlıkla:

— Bu sırığa insan çıkamaz derdim, diye söylenmiş. Ya sığır nasıl çıkmış? Böyle garip iş görmedim!

123. KIZ OĞLAN KIZ...

Hoca parasız kalınca ineğini pazara götürmüş. Birisi yanına yaklaşarak:

— Efendi, demiş, iki akçe verirsen ineğini iyi fiyata, tezden satarım.

Hoca kabul edince bağırmaya başlamış:

— Haydi, yok mu müşterisi! Kız oğlan kız, altı aylık gebe!

İnek kısa sürede iyi bir fiyata satılmış.

Hoca eve dönünce, evde kalmış kızlarına görücü geldiğini öğrenmiş.

Karısına:

— Hanım, demiş, gör şimdi kızın kısmeti nasıl açılacak!

İçeri girmiş, görücü kadınlarla hoş beş ettikten sonra, söz kızlarından açılınca:

— Bizim kız, demiş, kız oğlan kız altı aylık gebedir!

124. İNECEKMİŞ

Hoca bir gün eşeğini koştururken düşüvermiş.

Çocuklar başına toplanmışlar:

— A... Hoca eşekten düştü! Hoca eşekten düştü!.. diye alaya alacak olmuşlar.

Hoca bir silkindikten sonra, hiçbir şey olmamış gibi:

— A çocuklar, demiş, düşmeseydim zaten inecektim!

125. YOKUŞ ÇIKMAK...

Hoca yaşlanmış. Geçim sıkıntısı da çekiyormuş...

Bir hemşerisi:

— Hoca Efendi, Tanrı insanları niçin yaratmış? diye sorunca, hiç düşünmeden:

— Yokuş çıkmak ve borç ödemek için, evlâdım! demiş.

126. HER BİNİŞTE...

Hoca bir gün değirmene gidiyormuş. Komşuları:

— Gitmişken bizim buğdayları da götürüp öğüttürüver, diye rica etmişler.

Hoca onları kıramamış; dokuz evin buğdayı yüklenmiş olan dokuz eşeği önüne katarak yola çıkmış. Sağa sola sapan, yoldan çıkan eşekleri gözden yitirmemeye çalışıyor, epey zorlanıyormuş.

Karanlık basarken "eşekler tamam mı acaba?" diyerek saymış, dokuz eşek... "Ya benim eşeğim?" demiş kendi kendine. "On eşek olmayacak mıydı?" Eşeğinden inip bir daha saymış, on..

"Tamam," deyip eşeğine binmiş.

Biraz sonra yeniden saymış, dokuz... Bir kere daha inip saymış, on... Sonunda:

— Her binişte bir tanesi eksiliyor, demiş. En iyisi yaya yürümek!

127. UYKUM YOK!

Hoca bir köye konuk olmuş. Biraz hoşbeşten sonra, yatma zamanının geldiğini anımsatmak için:

— Hocam, demişler, insan neden esner?

Yemek çıkarmadıklarından, aç karnına nasıl uyuyacağını düşünürmüş Hoca.

— Ya açlıktan ya uykusuzluktan, demiş.

Kendini zorlayıp esnedikten sonra eklemiş:

— Ama benim uykum yok!

128. KURDUN KUYRUĞU KOPARSA...

Hoca'yla çömezi İmad kurt avına çıkmışlar. İmad, bir kurt yavrusu yakalamak için ine dalmış. Tam o sırada ana kurt yetişmiş. Hoca, kurdu ine girerken kuyruğundan yakalamış. Kurt elinden kurtulmak için debelenmeye başlayınca, olup bitenlerden haberi olmayan İmad içerden seslenmiş:

— Ne yapıyorsun Hoca Efendi! Ortalığı toza dumana boğdun!

— Dua et de kurdun kuyruğu kopmasın! diye bağırmış Hoca. Bir koparsa, asıl o zaman görürsün tozu dumanı!..

129. YAĞIM TUZUM NE OLACAK?

Bir gün Hoca on beş yirmi bıldırcın avlayıp evine getirmiş. Bıldırcınları bir güzel pişirttirdikten sonra dostlarını yemeğe çağırmış. Hoca'ya şaka olsun diye, birisi tenceredeki bıldırcınları saklayıp, onların yerine birkaç canlı bıldırcın koymuş.

Herkes sofraya oturup da Hoca tencerenin kapağını kaldırınca, bıldırcınlar havalanıvermiş. Hoca, bir süre arkalarından baktıktan sonra:

— Hey Tanrım, demiş, haydi bıldırcınlara can verdin, buna diyeceğim yok... Peki, benim yağım, tuzum, ateşim ne olacak?!

130. SOFTANIN KIRK SORUSU

Gereksiz sorular sorup gereksiz tartışmalar çıkaran bir softa gelmiş Akşehir'e.

— Bu şehrin en büyük bilginiyle görüşmek istiyorum, demiş.

Hoca'nın yanına götürmüşler. Softa:

— Efendi, size kırk soru soracağım, diye söze başlamış. Bunların hepsine birden, tek cevap vereceksiniz.

Hoca, aldırışsızca:

— Sor bakalım, demiş.

Softa kırk soruyu birbiri ardınca sıralamış. Onu can kulağıyla dinleyen Hoca, soruların sonu gelince cevabını vermiş:

— Bilmem!

131. SOYAÇEKİM Mİ?

Bir gün Hoca'ya iki kadın gelmiş. Yaşlısı, tazeyi göstererek, biraz da onu suçlayan bir tonla:

— Hoca Efendi, demiş, gelinimin üç yıldır çocuğu olmuyor. Bir muska mı yazarsınız, dua mı okursunuz, her ne yaparsanız yapın da derdimize bir umar bulun.

Hoca, geline dönmüş:

— Kızım, soyuna çekmiş olmayasın? Acaba anan da mı çocuksuzdu?

132. KİMİN İÇİ YANIYOR?

Nasreddin Hoca, dostlarından birine konuk olmuş. Bal ikram etmişler.

Balı önce ekmekle yiyen Hoca, ekmek bitince kâsede kalan balı parmaklarıyla atıştırmaya başlamış. Ev sahibi bakmış ki balı tükeniyor:

— Hocam, demiş, ekmeksiz yersen içini yakar.

Hoca aldırış etmeyip yemeyi sürdürmüş:

— Kimin içinin yandığını Tanrı bilir!

133. ANLASINLAR DİYE...

Hoca eşeğini pazara götürmüş, satılmak üzere tellala vermiş.

Bir müşteri yaşını anlamak için ağzına bakınca eşek elini ısırmış, o da sövüp sayarak çekilip gitmiş. Bir başkası kuyruğunu kaldırmak istemiş, eşekten hızlı bir tekme yemiş. O da topallayarak, lânet ederek oradan uzaklaşmış. Tellal, Hoca'ya:

— Efendi, demiş, bu merkebi kimse almaz. Önüne geleni kapıyor, ardına geleni tepiyor.

— Ben de onu satmak için getirmedim, demiş Hoca. Müslümanlar görsünler de benim neler çektiğimi anlasınlar diye getirdim!

134. NEYİ ARIYORMUŞ?

Hoca gece yarısı sokakta geziniyormuş. O çağın güvenlik görevlisi olan subaşı, kendisini görünce:

— Efendi! demiş, gece yarısı sokakta ne arıyorsun?

— Uykum kaçtı da... diye cevap vermiş Hoca. Onu arıyorum!

135. SU DEDİĞİN...

Hoca, deniz kıyısında dolaşıyormuş. Susamış. Su içecek çeşme filan da yokmuş oralarda. Dayanamamış, deniz suyunu avuçlayıp içmiş. İçince de susuzluğu artmış, midesi bulanmış.

Gezip dolaşmış, arayıp taramış, bir çeşme bulmuş. Kana kana içtikten sonra takkesine doldurmuş, götürüp denize dökmüş:

— Boşuna şişinip kabarma! Su dediğin işte böyle olur!..

136. KUL TAKSİMİ

Bir gün Hoca'nın yanına dört çocuk gelmiş. Bir torba da ceviz getirmişler:

— Hoca Efendi, demişler, bu cevizleri aramızda bölüşemeyip sana geldik. Sen paylaştır.

Hoca sormuş:

— Allah taksimi mi istersiniz, kul taksimi mi?

— Allah taksimi isteriz, demiş çocuklar.

Hoca torbayı açmış; çocuğun birine iki avuç, ötekine bir avuç, üçüncüsüne iki tane verip dördüncüye hiç vermeyerek cevizleri bölüştürmüş.

Çocuklar:

— Bu ne biçim paylaştırma Hoca? demişler.

— Eee, demiş Hoca, Allah taksimi böyle olur. O kimine çok, kimine az verir, kimine hiç vermez. Kul taksimi isteseydiniz, herkese eşit sayıda verecektim!

137. **KAPIYA SAHİP OL!**

Hoca'nın çocukluğunda, annesi komşuya giderken:

— Nasreddin, demiş, göreyim seni, kapıya sahip çık!

Nasreddin kapının önünde oynarken canı sıkılmış. Kapıyı söküp sırtına almış, annesinin yanına gitmiş. Annesi dizlerini dövmüş:

— Oğlum, nedir bu hal?!

— Kapıya sahip ol demedin mi? İşte kapı... demiş Nasreddin. Ne farkeder? Ha orda sahip olmuşum, ha burda!

138. **OCAK BİLE...**

Hoca, ocağı bir türlü tutuşturamayınca karısının feracesini giyip gelmiş. İlk üfürüşünde odunlar yanmaya başlamış...

— Anlaşıldı anlaşıldı, demiş, bizim karıdan ocak bile yılarmış!..

139. DÜĞÜN EVİNDEN...

Hoca yorgun argın evine gitmiş. Karısı her zamankinden de ekşi bir suratla karşılamış.

— Hayrola hatun, demiş, bir şey mi oldu?

— Hasta komşumuz vardı ya... demiş kadın.

— N'oldu?

— Hakkın rahmetine kavuştu.

— Yaa... Başımız sağolsun, demiş Hoca.

Biraz düşündükten sonra eklemiş:

— Ben senin düğün evinden gelişini de bilirim!

140. BULGURDAN ÜRÜN

Yoksul bir köylü, geceledği handa dört yumurta yemiş. Hancı, bu dört haşlanmış yumurta için iki yüz akçe istemiş.

— Dört yumurtanın iki yüz akçe ettiği nerede görülmüş, nerede duyulmuş? diye karşı çıkmış. Ödemem bu parayı!

Hancı demiş ki:

— Dört yumurtadan dört civciv çıkacaktı. Büyüyüp tavuk olacaklardı, onlardan da çok yumurta alacaktım. O yumurtalardan da civcivler, tavuklar yetişecekti... Bir kümes dolusu tavuğum olacaktı. Onun için, istediğim para çok değil!

Sonunda yolcu ile hancı mahkemelik olmuşlar. Kadı, yiyici bir adammış. Köylü bakmış ki kadı rüşvet alacak, davayı hancıya kazandıracak...

— Ben cahil bir adamım, demiş. Mahkemede nasıl konuşulacağını bilmem. Nasreddin Hoca'yı kendime vekil yaptım. Benim yerime o konuşsun.

Kadı, mahkeme kollukçusunu yollayıp Hoca'yı çağırtmış.

Hoca adama:

— Sen git, demiş, şimdi geliyorum.

Uzunca bir süre sonra gelmiş. Kadı:

— Niye geç kaldın Hoca? demiş. Mahkeme bu kadar bekletilir mi?

— Kadı efendi, kusuruma bakmayın, demiş Hoca. Geçen yıldan kalma bulgurları bahçeye ekiyordum da...

Kadı gülmüş:

— Kaynamış buğdaydan yapılma bulguru ekip de ürün elde edeceksin, öyle mi?

— Ee, demiş Hoca, kaynamış yumurtadan civciv çıkarsa, bulgurdan niye ürün elde edilmesin?

141. BENİ BİR GÖR!

Hoca'yı görücü usulüyle evlendirmişler. Gerdek gecesinin sabahı Hoca sofraya kahvaltı için bir tabak bal getirmiş. Meğer kadın şaşıymış:

— A efendi, demiş, bize bir tabak yeterdi. Niye iki tabak getirdin?

Hoca kendi kendine, "Eh, n'apalım," demiş, "bir tabağı iki tabak görmek fena bir şey değil."

Biraz sonra kahvaltıya oturduklarında kadın:

— Efendi, yanındaki kim? diye sormuş. Misafir geleceğinden haberim yoktu.

Hoca yerinden fırlamış:

— Yok hanım, demiş. İşte buna dayanamam! Her şeyi iki gör, zararı yok. Ama beni bir!..

142. SABUN KİME GEREK?

Nasreddin Hoca çamaşır teknesini yüklenmiş, karısı da kirli çamaşır bohçasını... Dere kıyısına çamaşır yıkamaya gitmişler.

Hoca'nın karısı evin tek kalıp sabununu çamaşırların üstüne koymuş, tekneye su doldurmaya girişmiş. Bu sırada bir karga sabunu alıp kaçmış. Kadın bağırmış:

— Efendi, koş!.. Karga sabunu kaptı!

Hoca, karganın ardından umutsuzca baktıktan sonra:

— Bırak kapsın, demiş. Görmüyor musun, onun üstü bizimkinden daha kirli!

143. IŞIĞI GÖREN FIRLIYOR!

Hoca'nın karısı gebeymiş. Bir gece sancılanmış. Hoca komşuları çağırmış, ebeyi çağırmış... Biraz sonra içerden seslenmişler:

— Hoca, bir oğlun oldu!

Hoca sevinmiş. Az sonra ebe:

— Hoca, demiş bir de kızın oldul

Kısa bir süre sonra yine seslenmiş:

— Hoca, bir kızın daha oldu!

Kapının önünde bekleyen Hoca, içeri girip mumu üfleyivermiş.

— Aaa, demişler kadınlar, ne yapıyorsun Hoca Efendi?

— Ne yapayım, demiş Hoca, ışığı gören dışarıya fırlıyor!

144. SOPAMI YANIMA...

Bir gün Hoca'ya sormuşlar:

— Efendi, öldüğün zaman nereye gömülmek istersin?

— Hiç yorulmayın, demiş. Şu dağın dibine bırakıverirsiniz, olur biter!

— Olur mu hiç, demişler. Kurda kuşa yem olursun.

— Öyleyse sopamı yanıma koyun, demiş. Gelirlerse hepsini kovayım!

145. TEMBELLİK EDECEĞİNE...

Hoca çift sürerken bir kaplumbağa görmüş. Kımıldamadan öylece durup duruyormuş.

— Hey kaplumbağa, demiş, öyle tembellik edeceğine bana bak da çift sürmesini öğren!

146. BAŞKA BİRİ OLSAYDI...

Hoca'nın karısı komşuya gidiyormuş. Çocuğu Hoca'ya bırakmış. O da kucağına alıp avutmaya çalışmış. Çocuk üstüne işeyivermiş. Hoca kızmış, çocuğun üstüne işemiş. Karısı eve döndüğünde:

— Efendi, nedir bu rezalet? diye sorunca:

— Kafamı kızdırma hatun, demiş. Ben, o çocuktur diye daha ileri gitmedim. Başka biri üstüme işeseydi ben onunkine s...rdım!

147. HAKKINI AL!

Hoca gölge kadılığı yapıyor, yani Kadı'nın içinden çıkamayıp da kendisine yolladığı tuhaf davalara bakıyormuş. Bir gün iki adam gelmiş. Biri, ötekini göstererek:

— Bu adam sırtına odun yüklenmiş geliyordu, diye anlatmaya başlamış. Ayağı takıldı, düştü, odunlar döküldü. Onları sırtına yüklememi istedi. "Bunun için bana ne vereceksin?" dedim, "Hiç" dedi. Şimdi hakkımı istiyorum.

Hoca:

— Haklısın, deyip, oturduğu minderin üzerindeki

seccadeyi göstermiş: Şu seccadenin köşesini kaldır... Tamam. Ne var orada?

— Hiç, demiş adam.

— Onu al git, demiş Hoca. Böylece hakkını elde etmiş oldun!

148. HA BUĞDAY, HA ARPA...

Bir tanıdığı, ağzından girip burnundan çıkmış, Hoca'yı yalancı tanıklık yapmaya razı etmiş. Mahkemede davacı, davalıdan buğday alacaklı olduğunu söylemiş. Kadı, Hoca'ya sormuş. O da:

— Evet, demiş, davacının bu adamdan arpa alacağı vardır.

Davacı:

— Efendi yanıldı, diye söze karışmış. Buğday diyecekti.

Hoca aldırışsız:

— Yalan olduktan sonra ha buğday olmuş ha arpa, demiş. Ne farkeder?

149. YAS TUTUYORLAR

Hoca'nın tavuğu kaybolmuş. O da siyah bez parçalarını delip piliçlerin boğazlarına takmış. Komşuları sormuş:

— Bu piliçlerin hali ne, Hoca Efendi?

— Anaları öldü de... demiş. Karalar giyip yas tutuyorlar!

150. TANRININ KILICI

Timur, uğradığı her yerde kentin ileri gelenlerini, bilginlerini yanına çağırtır sorarmış:

— Ben adaletli miyim, zalim miyim?

Öyle diyeni de, böyle diyeni de öldürtürmüş...

Akşehir'e gelince aynı soruyu sormuş. Hoca, hemen öne geçerek:

— Siz, demiş, ne adaletlisiniz, ne de zalim... Siz, Allahın kılıcısınız. Demek ki Allah, sizi başımıza ceza diye gönderdi.

Timur bu cevaptan hoşlanıp Akşehir ileri gelenlerini bağışlamış...

151. YEL YİYORUM...

Hoca, esintili bir havada deveye binmiş. Hem gider, hem de şekerli bulgur unu yemeye çalışırmış. Yel üfürdüğü için de bir türlü yiyemezmiş... Biri onu öyle görüp:

— Efendi, ne yiyorsun? deyince:

— Hiç, demiş. Bu böyle sürerse, yel yiyorum!

152. KIRK YILLIK SİRKE

Komşusu, Hoca'ya:

— Efendi, demiş, sende kırk yıllık sirke varmış.

— Var, demiş Hoca.

— Biraz versene, ilaç yapacağım, diye ricada bulunmuş.

Hoca ellerini kaldırarak:

— Yoo... demiş. Her isteyene verseydim kırk yıldır durur muydu?

153. EŞEĞE DANIŞINCA...

Bir gün komşularından biri, bağına gidip dönmek için, Hoca'dan eşeğini istemiş.

— Biraz bekle, demiş Hoca. Eşeğe danışıp geleyim.

İçeri girmiş, az sonra geri dönüp:

— Kusura bakma komşu, demiş. Eşeğe danıştım, "olmaz" diyor. Başkasına verdiğin zaman hem beni dövüyor, hem de sana sövüyorlar, dedi!

154. ELİNDE BÜYÜMÜŞ

Bir gün Hoca'nın komşusunun kazanı çalınmış. Sahibi, çalıntı kazanın çarşıda satıldığını işitince, hırsızı yakalayıp mahkemeye götürmüş. Hoca'yı da tanık göstermiş. Kadı sormuş:

— Hoca, bu kazanın filanca kişiye ait olduğunu bilir misin?

— Kuşhane olduğu zamandan bilirim, demiş Hoca. Bu adamın elinde büyümüştür!

(Kuşhane: Yayvan küçük tencere).

155. ŞALVAR PARASI

Hoca, Bursa çarşısından bir çuha şalvar beğenmiş. Tam alıp gidecekken geri dönmüş. Satıcıya:

— Vazgeçtim, demiş, şalvar yerine cübbe alacağım.

Cübbeyi almış giderken satıcı:

— Efendi, para vermedin, demiş.

— Cübbenin yerine şalvarı bıraktım ya! demiş Hoca.

Satıcı:

— Şalvara da para vermemiştin ki... deyince kızmış:

— Ne tuhaf adamsın sen! Almadığım şalvarın parasını mı verecektim!

156. BABAM BOŞAMIŞTI!

Hoca ağır hastalanmış. Geçmiş olsuna gelenlerden biri:

— Hocam, demiş, memlekette kimin kimsen, mirasçın falan var mı?

Hoca:

— Bir anam var ama, demiş, onu da babam sağlığında boşamıştı. Onun için, hiç mirasçım yok!

157. DELİ DELİ AKTIĞIN İÇİN...

Hoca bir yaz günü köyüne gidiyormuş. Karşısına çıkan çeşmeye yaklaşıp su içmek istemiş. Lüleye tıkanmış olan odun parçasını çekip çıkarınca su fışkırmış, üstü başı bir iyice ıslanmış. Çeşmeye:

— Anlaşıldı, demiş, o kazığı böyle deli deli aktığın için tıkamışlar dibine!

158. PARAYI VEREN...

Hoca pazara giderken mahallesindeki çocukların hepsi de düdük ısmarlamışlar. Hoca:

— Peki, peki, getiririm, demiş.

Çocuklardan biri para vermiş.

Akşam üstü pazardan dönerken çocuklar Hoca'nın yolunu kesmişler. Hepsi de sorarlarmış:

— Hani benim düdük, Hoca Efendi?

Hoca, para veren çocuğa düdüğü uzatmış:

— Parayı veren düdüğü çalar!

159. RAMAZANIN 49'U

Nasreddin Hoca, ramazanda günleri şaşırmamak için çömleğe her gün bir taş atarmış. Ayın kaçıncı günü olduğunu öğrenmek isteyince bu taşları sayarmış.

Bunu öğrenen bir muzip, gizlice çömleğe taş doldurmuş. Ertesi gün de:

— Hocam, bugünün ramazanın kaçı? diye sormuş.

Hoca gidip çömlekteki taşları saymış, 149 çıkmış. "Bu kadarı da fazla," demiş kendi kendine. Geri gelince:

— Bugün ramazanın 49'u, diye cevap vermiş.

Muzip adam:

— Aman Hocam, demiş, hiç ramazanın 49'u olur mu?

Hoca bıyık altından gülmüş:

— Sen 49'una şükret! Çömlek hesabına bakılırsa, bugün ramazanın 149'u!

160. O KADAR DA DEĞİL...

Bir gün Hoca değirmene buğday öğütmeye gitmiş. Sırasını beklerken, oradaki çuvallardan avuç avuç alıp kendi çuvalına doldurmaya başlamış. Değirmenci bunu görünce:

— Ne yapıyorsun! diye seslenmiş.

Hoca, pek aldırış etmeden:

— Ben budala bir adamım, demiş. Aklıma ne gelirse onu yaparım.

Değirmenci sormuş:

— Niye kendi çuvalından buğday alıp da başkasının çuvalına koymuyorsun?

— Yoo, demiş Hoca, ben rasgele bir budalayım. Öyle yaparsam katmerli budala olurum!

161. UTANMASA SAHİP ÇIKACAK...

Hoca'nın bir tefeciye borcu varmış. Adam sıkıştırıp dururmuş. Sonunda evinin kapısından ayrılmaz,

— Kadıya gideceğiz! diye yakasına yapışır olmuş.

Hoca bıkıp usanmış.

— Tamam, demiş, mahkemeye gideriz ama, ben çok yoksul düştüm. Bu kılıkta kadı'nın karşısına çıkamam. Ödünç olarak bana yaraşır bir kürk ver, gidelim...

Tefeci boyun eğip kürkü getirmiş. Bu sefer Hoca:

— Bir de at isterim, demiş. Mahkemeye eşekle gidemem. Dava görüldükten sonra atını geri alırsın.

Tefeci atı da getirmiş. Kadı'nın yanına varmışlar. Tefeci alacaklı olduğunu söyleyince kadı, Hoca'ya dönmüş:

— Bu adamın dediği doğru mu?

— Bu adam hem açgözlüdür, hem yalancıdır, demiş Hoca. Utanmasa, sırtımdaki kürke bile sahip çıkar.

— Hoca'nın sırtındaki kürk de benim, demiş tefeci.

— Böyledir bu adam, demiş Hoca. Bu gidişle dışarda bağlı atıma da sahip çıkar.

Tefeci:

— Evet, o da benim! deyince kadı öfkelenmiş:

— Yıkıl karşımdan teres! diyerek adamı kovmuş.

162. HERKESİN MALI BAŞI ALTINDA!

Hoca gündüzleri bahçesine birkaç fidan diker, akşamları bunları topraktan çıkarıp içeri alırmış. Komşuları:

— Hoca Efendi, bu nasıl iş böyle? demişler.

— Eee, demiş, ortalık bozuldu... Ne olur ne olmaz! Herkesin malı başı altında gerek!

163. GÖRÜP GÖRECEĞİ...

Akşehir'de kurak günler yaşanıyormuş... Hoca, kapısının önüne bir söğüt ağacı diktikten sonra dibine çişini yapmış:

— İşte su namına, demiş, görüp göreceğinin hepsi bu!

164. KUYRUK YABANDA DEĞİL

Hoca, eşeğini satmak üzere pazara götürüyormuş. Kuyruğunun çamura bulanmış olduğunu görünce, kesip cebine koymuş.

Eşeğe bir alıcı çıkmış, el ele tutuşup pazarlığa başlamışlar. Ama adam eşeğin kuyruksuz olduğunu görünce:

— Vazgeçtim, demiş. Bu eşeğin kuyruğu yokmuş.

Hoca adamın kulağına eğilmiş:

— Sen pazarlığı uydur. Kuyruk yabanda değil!

165. EŞEĞİN SÖZÜNE İNANIYORSUN...

Bir sabah komşularından biri Hoca'ya:

— Efendi, demiş, değirmene gidip geleceğim. Bugün eşeğini bana verir misin?

Hoca kestirip atmış:

— Evde değil.

Tam o sırada ahırdaki eşeğin anırtısı duyulmuş. Komşu:

— İşte eşek ahırdaymış Hoca, demiş. Bir eşeği esirgedin benden.

Hoca sesini yükseltmiş:

— Yahu sen ne biçim adamsın? Ak sakalımla benim sözüme inanmıyorsun da eşeğin sözüne inanıyorsun!

166. MAVİ BONCUK KİMDEYSE...

Hoca'nın iki karısı varmış. Aralarında kıskançlık, geçimsizlik başgösterince, her ikisine de birbirinden gizli birer mavi boncuk vermiş. Verirken de:

— Sakın, demiş, bu boncuğu ortağına gösterme. Bu, seni sevdiğimin kanıtıdır.

Bir gün karıları yine kavga edip Hoca'nın üstüne yürümüşler:

— Çabuk söyle! Hangimizi daha çok seviyorsun?

Hoca, soğukkanlılığını hiç bozmadan:

— Mavi boncuk kimdeyse gönlüm ondadır, demiş.

İki karısı da "Hoca beni seviyor" deyip onu rahat bırakmış!

167. GİYSİLERİN NE YANDAYSA...

Birisi Akşehir Gölü'ne girip boy abdesti alacakmış. Nasreddin Hoca'ya sormuş:

— Abdest alırken ne yana döneyim? Kıbleye mi?

— Giysilerin ne yandaysa o yana dön, demiş Hoca. Yoksa hepsini çaldırır, dımdızlak kalırsın!...

168. AÇIK AÇIK KÖTÜLEMEYİN...

Hoca, evindeki çatlak su küpünü pazara götürüp satışa çıkarmış.

Küpün çatlak olduğunu gören alıcılar:

— Bu çatlak Hoca, işe yaramaz, demişler.

— Allah Allah... demiş Hoca. Anlaşılan sizin almaya niyetiniz yok. Bari elalemin malını açık açık kötülemeyin. Bunun içindeki pamuğu karım az önce boşalttı. Bir parçası bile dökülmemişti!

169. DOSTLAR ALIŞVERİŞTE GÖRSÜN!

Hoca, evlerden yumurtanın dokuzunu bir akçeye alır, pazara götürüp onunu bir akçeye satarmış.

— Bu ne biçim ticaret, Hoca? demişler.

— Bir öteki satıcılara bakın, bir de bana... demiş. Müşteriler kaynaşıyor önümde... Bundan âlâ keyif mi olur? Amacım madrabazlık değil. Yeter ki dostlar alışverişte görsün!

170. KIRK AKÇE EDER!

Hoca ile Timur hamamda yıkanıyorlarmış. Timur sormuş:

— Hoca, bana kaç akçe değer biçersin?

— Kırk akçe, demiş Hoca.

Timur kaşlarını çatmış:

— Bre Hoca, yalnız şu üstümdeki futa (peştemal) kırk akçe eder!

— Ben de zaten ona değer biçmiştim, deyivermiş Hoca.

171. ÇOK ŞÜKÜR!

Hoca bir sepet pancar götürüyormuş. Bir tanıdığı:

— Nereye böyle Hoca Efendi? diye sormuş.

— Timur'a armağan götürüyorum, demiş Hoca.

— İncir götürsen daha iyi edersin, demiş adam. Timur inciri pek severmiş.

Hoca pancarları boşaltıp sepete incir doldurmuş.

Timur incirden hiç hoşlanmazmış. Sepeti görür görmez, adamlarına buyruk vermiş:

— İncirlerini kafasına atın şu herifin!

İncir yağmuruna tutulan Hoca, kafasına her incir gelişte:

— Oh, çok şükür, dermiş.

Timur:

— Bre Hoca! demiş. Nedir bu? Kafana vuruldukça şükrediyorsun?

— Çok şükür... demiş yine Hoca. Ya dostumun sözünü dinlemeyip de pancar getirseydim!..

172. ÖLÇMÜŞ BİÇMİŞ GİDİYOR

Bir tanıdığı sormuş:

— Hoca, dünya kaç arşın?

Tam o sırada bir cenaze geçiyormuş. Hoca onu göstermiş:

— Ona sor! Bak, ölçmüş biçmiş, gidiyor!..

173. YÜZME BİLİRDİN...

Hoca, yaşlı ve çirkin karısından bıkmış; genç, güzel bir kadın daha almış. Kadınlar arasında hemen kıskançlık, geçimsizlik başlamış. Bir gün "Hoca hangimizi seviyor, kendisinden öğrenelim," deyip ikisi birden sormuşlar:

— Akşehir Gölü'nde kayıkla gezecek olsak, fırtına çıkıp kayık devrilse, önce hangimizi kurtarırdın?

Hoca mırın kırın etmişse de üstelemişler.

Umarsız kalan Hoca, ilk karısına dönmüş:

— Hatun, sen biraz yüzme biliyorsun değil mi?

174. BİR AHIR DOLUSU...

Hoca bir gün ahırının bir köşesini kazıyormuş. Kazmayı hızla vurunca komşusunun ahırına bir delik açılmış. Oradan bakıp da çok sayıda sığır, koyun, keçi görünce, soluk soluğa yukarıya koşmuş:

— Muştular olsun, hanım! Zengin olduk! Dikyanos'tan kalma bir ahır dolusu hayvan buldum!

(Dikyanos: Söylenceye göre, uzun süre uyuyan "Ashab-ı Kehf" [Yedi Uyurlar] dönemindeki hükümdar).

175. ÖLME EŞEĞİM ÖLME...

Akşehir'de büyük bir kıtlık başgöstermiş. İnsanlar yarı aç yarı tok yaşamaya, hayvanlar yemsizlikten kırılmaya başlamış. Hoca, elindeki yemi azar azar yedirerek eşeğini yaşatmaya çalışmış. Bir gün hayvanın gücünün büsbütün tükendiğini, açlıktan ölecek duruma geldiğini görünce, emektarının kulağına eğilmiş:

— Ölme eşeğim ölme... Yonca bitsin de bir güzel ye!

176. KEDİ İSE ET NEREDE?

Hoca evine birkaç kez et götürmüş ama, hiçbir zaman yiyememiş. Karısı eti pişirip kendisi yer, ya da eşine dostuna yedirir; Hoca'ya da:

— Bizim kedi senin getirdiğini eti kapıp kaçtı. Arkasından koştum ama yetişemedim, dermiş.

Bir gün yine getirdiği iki okka eti kedinin kapıp kaçtığını söyleyince, Hoca kediyi tutup tartmış. Kedi iki okka gelmiş. Karısına:

— Hatun, demiş, bu kedi ise et nerde, etse kedi nerde?

177. YARAŞIYOR HASPAYA!

Nasreddin Hoca camide kadınlara vaaz verirken:

— Gözlerinize sürme, kaşlarınıza rastık çekmeyin. Yüzünüze düzgün sürmeyin! diye söze başlamış. Hem ayıptır, hem günahtır!

Kadınlardan biri:

— Ama Hoca Efendi, demiş, senin karın hepsini sürüp sürüştürüyor.

Hoca sakalını sıvazlamış:

— Doğru söylüyorsun, demiş. Ne yapayım, yakışıyor haspaya!

178. SIĞIRCIK YAVRUSU

Hoca'nın beş altı yaşındaki oğluna patlıcanı gösterip sormuşlar:

— Evlâdım, bu nedir?

— Gözü açılmadık sığırcık yavrusu, demiş.

Hoca, gururlanarak söze karışmış:

— Vallahi amcaları, ben öğretmedim. Zeki oğlan, kendisi buldu!

179. AKILDA BULUNACAĞINA...

Bir bayram günü Hoca'nın karısı tatlı yapmış. Oturup bir güzel yemişler, artanını da "sabaha yeriz" diye kaldırmışlar.

O gece Hoca'yı uyku tutmamış. Karısını da uyandırmış:

— Kalk hanım kalk! demiş. Önemli bir şey söyleyeceğim sana.

Karısı uyku sersemliğiyle yataktan fırlarken Hoca da gidip tatlıyı getirmiş:

— Şunu bitirelim de öyle yatalım, demiş. Aklımızda bulunacağına karnımızda bulunsun!

180. KATIR NEREYE GİDERSE...

Hoca, bir köye gidiyormuş. Katıra binmiş. Hayvanın inadı tutmuş, Hoca'nın yönlendirmek istediği tarafa değil kendi istediği tarafa gidiyor; bir duruyor bir koşuyormuş. Yolda bir tanıdığı:

— Uğurlar olsun Hocam, nereye böyle? deyince Hoca başını sallamış:

— Katır nereye giderse oraya!

181. EŞEĞE NEDEN TERS BİNMİŞ?

Hoca bir gün, mollalarıyla birlikte camiye giderken eşeğe ters binmiş. Mollalar:

— Hoca Eefendi, demişler, niye böyle ters binip rahatsız oluyorsun?

— Eğer doğru binsem siz benim arkamda kalacaksınız, demiş Hoca. Siz önde gitseniz ben arkada kalacağım, yine yüz yüze gelemeyeceğiz. İmdi en doğrusu böyle binmektir!

182. KADINLARIN SOHBETİNE DOYAMADI

Hoca hastalanmış. Komşu kadınlar hatırını sormaya gelmişler. İçlerinden biri, şakalaşmak için:

— Hoca Efendi, demiş, sana emri hak vaki olursa (Tanrının -ölüm- buyruğu gelirse) ardından nasıl yas tutalım?

— Kadınların sohbetine doyamadan gitti diye ağlayın, demiş Hoca.

183. CEMAAT HAZIR!

Kasabanın şakacı delikanlıları Hoca'nın yolunu kesmişler:

— Sen ölmüşsün Hoca, demişler, cenazeni kaldıracağız.

Hoca direnecek olmuş ama, zorla soyup teneşire yatırmışlar, su ısıtmaya başlamışlar.

O sırada yoldan geçmekte olan birini de çevirmişler:

— Hocamız öldü, biraz sonra cenaze namazı kılacağız. Sen de cemaate katıl.

Adam:

— Şakanın sırası değil, acele işim var, diyerek gitmeye davranmış.

Hoca teneşirden başını kaldırarak:

— Boşuna direnme evlâdım, demiş. Cemaat hazır. Ben gideceğim, sen de namazımı kılacaksın!

184. ÇOK ŞÜKÜR

Bir gün çift sürerken Hoca'nın ayağına diken batmış.

Dikeni çıkardıktan sonra:

— Çok şükür, demiş, geçen yıl aldığım yeni çarıkları giymemişim!

185. BANA SOR!

Hoca'nın karısı ölmüş. Cenaze kaldırılırken imam:

— Ey cemaat, demiş, öleni nasıl bilirsiniz?

Gelenek uyarınca, hep bir ağızdan:

— İyi biliriz! demişler.

Hoca başını sallamış:

— Yahu, kimi kimden soruyor bu imam! Onu bana sor, bana!..

186. SANATIN YARISI...

Hoca'yı çocukluğunda sanat öğrensin diye bir terzinin yanına çırak vermişler. Nasreddin iki yıl gidip gelmiş.

Bir gün annesi sormuş:

— Oğlum, öğrendin mi terziliği?

— Yarısını öğrendim anne, demiş, dikilmiş şeyleri sökebiliyorum artık. Geriye dikme işi kaldı. Eh, onu da iki üç yılda öğrenirim, olur biter!

187. GÖRENLER NE SANIR?

Hoca'ya sormuşlar:

— Hocam, helâda sakız çiğnemek haram mıdır?

Hoca, biraz düşündükten sonra:

— Kara kaplı bu konuda bir şey demez, demiş. Ama çiğnememek iyidir.

— Neden? demişler.

— Ee, demiş, ağzında bir şey çiğneyerek helâdan çıktığını görenler b.k yediğini sanırlar da ondan!

188. GÜRÜLTÜYE PATIRTIYA GEREK YOK!

Hoca'nın karısı ne zaman çamaşır yıkamaya kalkışsa hava bozar, yağmur başlarmış. Sonunda Hoca:

— Hatun, demiş, ben bir umar buldum. Çamaşır yıkayacağını Allaha duyurmayacaksın.

— Nasıl olacak o? demiş kadın.

— Hava güzel olunca, çamaşır yıkayacağını bana

işaretle anlatırsın. Ben de bakkaldan sabunu, kili alır gelirim. Hiç konuşmadan bu işi yaparız.

Birkaç gün sonra karısı çamaşır yıkayacağını işaretlerle anlatmış. Hoca da gidip bakkaldan gerekenleri almış. Dükkândan çıkınca bir da bakmış ki hava kararmış, yağmur serpiştiriyor. İçini çekip başını gökyüzüne kaldırmış.

Tam o sırada müthiş bir şimşek çakmış, ardından büyük bir gökgürültüsü işiltilmiş...

Hoca, bakkaldan aldıklarını cübbesinin altına sakladıktan sonra:

— Öyle gürültüye patırtıya gerek yok! demiş. Biz çamaşır filan yıkayacak değiliz!

189. GÖĞÜN DÖRDÜNCÜ KATINA...

Birkaç papaz, Hoca'ya gelip:

— Efendi, demişler, sana bir şey sormak istiyoruz: Peygamberiniz, miraç için göğe nasıl çıktı?

Hoca, birazcık düşündükten sonra:

— Nasıl çıkacak, demiş, sizin peygamberiniz göğün dördüncü katına çekilirken kurulan merdivenle çıktı!

190. SEN BÜYÜKSEN...

Hoca, Timur'un yanına gidip Akşehirlilerin kimi isteklerini iletmiş. Bir ara Timur ansızın sinirlenip:

— Bre Hoca, sen kim oluyorsun da benim gibi dünyayı pençesine almış bir cihangire bunları söylersin! diye bağırmaya başlamış.

Hoca, hiç aldırış etmeden, sakin sakin:

— Ne olacak canım, demiş, sen büyüksen biz de küçüğüz!

191. YANINDA EŞEK BULUNDURSUN!

Hoca, eşeğini mahkeme kapısına bağlayıp pazara gitmiş. O sırada kadı, bir yalancı tanığı yargılamış, merkebe ters bindirilerek kentte dolaştırılma cezası vermiş. Suçluyu, Hoca'nın kapı önündeki eşeğine bindirip gezdirmeye başlamışlar. Hoca gelince eşeğini bulamamış, çok öfkelenmiş...

Bir süre sonra aynı adam, aynı suçtan dolayı aynı cezaya çarptırılmış. Bindirecek eşek arayıp bulamamışlar, Hoca'nın eşeği akıllarına gelmiş. Hoca'nın evine bir adam gönderip eşeğini istetmişler. Hoca:

— Ben eşeğimi vermem! demiş. Siz gidin o herife söyleyin: Ya bu sanattan vazgeçsin, ya da her ihtimale karşı yanında bir eşek bulundursun!

192. DÖRT KİŞİ SIĞAR MI?

Hoca'nın karısı ölmüş. Bir zaman sonra Hoca dul bir kadınla evlenmiş. Kadın, daha ilk geceden, ölen eski kocasını anmaya, onun iyiliklerini sayıp dökmeye başlamış. Hoca başlangıçta aldırmamış ama, giderek o da karşılık vermek için eski karısını anar olmuş.

Bir gece kadın yine eski kocasından söz ederken dayanamayıp bir tekme vurmuş, onu yataktan düşürmüş. Kadın:

— Efendi, niye kızdın? diye sorunca:

— Be kadın, demiş, bir sen, bir eski kocan, bir ben, bir de benim eski karım... İnsaflı ol... Dört kişi bu daracık yatağa sığar mı?!

193. NE YER NE İÇER?

Hoca, ramazanı geçirdiği köyde, vaaz verirken bir

ara Hz. İsa'nın göğe çekildiğinden söz etmiş. Camiden çıkınca yaşlı bir kadın yanına yaklaşıp:

— Hoca, demiş, "İsa peygamber göğe çekildi," dedin, ama orada ne yiyip ne içtiğini anlatmadın.

Hoca'nın canı sıkkınmış zaten:

— Bre kadın, demiş, günlerdir bu köydeyim, bir gün olsun şu zavallı Hoca ne yer ne içer demediniz de, gökyüzünde Tanrı'ya kavuşmuş peygamberin ne yiyip içtiğini soruyorsun!..

194. İKİ AKÇELİK CİĞERİ KAPAN...

Hoca birkaç kez evine ciğer götürmüş. Karısı bunu eşine dostuna yedirdiğinden, o hep hamur mancasıyla, bulgur aşıyla karnını doyurmak zorunda kalmış. Bir gün sormuş:

— A hatun, getirdiğim ciğerleri ağzıma koymak kısmet olmadı. Nereye gidiyor bunlar?

— Kedi kapıp kaçıyor, demiş kadın.

Hoca yerinden kalkmış, baltayı sandığa kilitlemiş. Karısı sormuş:

— Baltayı kimden saklıyorsun?

— Kediden, demiş Hoca. İki akçelik ciğeri kapan, kırk akçelik baltayı almaz mı?

195. BEN DE ONUN KIZINI...

Hoca'nın karısı babasının evine gitmiş. Konuşurlarken babası kızıp bir tokat atmış. Kadın eve gelince olup bitenleri Hoca'ya anlatmış. Hoca'nın buna canı sıkılmış, bir tokat da o vurmuş:

— Git baban olacak adama söyle, demiş. O benim karımı nasıl döverse ben de onun kızını böyle döverim!

196. EŞEĞİN OKUMASI...

Hoca Timur'la konuşurken eşeğini övmüş:

— İstesem, okuma yazma bile öğretirim ona, demiş.

— Öyleyse öğret, demiş Timur. Sana üç ay süre!

Bu buyruk üzerine Hoca eşeğini eğitmeye başlamış. Yemini büyük bir kitabın yaprakları arasına koyuyor, oradaki yem bitince diliyle sayfaları çevirmesini öğretiyormuş. Üçüncü ayın bitimine üç gün kala, eşeği aç bırakmış.

Tam üçüncü ay dolunca ortaya büyük bir kitap konulmuş, eşek getirilmiş... Aç hayvan, kitabın sayfalarını birer birer diliyle çevirmiş, bir şey bulamayınca da Hoca'ya bakıp anırmaya başlamış.

Timur:

— Acayip şey... diye söylenmiş.

Hoca, Timur'a dönmüş:

— İşte eşeğin okuması böyle olur!

197. KIYAMET KOPMAYACAK MI?

Hoca'nın pek sevdiği, kendi eliyle beslediği bir kuzusu varmış. Birkaç bıçkın Hoca'yı kandırıp kuzuyu yemeye karar vermişler; bunun yolunu yöntemini düşünürlermiş. Sonunda bir oyun hazırlamışlar: İçlerinden biri, Hoca'ya:

— Hoca Efendi, demiş, müftü kıyametin birkaç gün sonra kopacağını söyledi. Gel, giderayak şu senin kuzuyu püryan edip ağız tadıyla yiyelim.

Hoca karşı çıkmış ama, ötekiler de üsteleyince, cuma günü mesire yerinde kuzunun kesilmesine boyun eğmiş.

O gün eş dost toplanmış, kuzu kesilmiş. Ateşler yakılmış... Soyunup dökünmüşler, püryan pişene kadar gülüp oynamışlar...

Yemek için toplandıklarında, bir de bakmışlar ki giysileri ateşte yanıp kül olmuş.

— Eyvah! Şimdi ne yapacağız? Kim yaktı?! diye bağrışırlarken Hoca yanlarına gelmiş.

— Canım ne diye üzülüyorsunuz? Yakında kıyamet kopmayacak mı? Giysiyi ne yapacaksınız!

198. NASIL ANLAŞILIYOR?

Afrika'dan yeni dönmüş birisi, oralarda kavurucu sıcaklar yüzünden insanların çırılçıplak gezdiklerini anlatıyormuş.

Hoca sözünü kesmiş:

— Peki, orada insanların kadın mı erkek mi oldukları nasıl anlaşılıyor?

199. ÖDEŞMEK İÇİN...

Hoca bir gün hamama gitmiş. Hamamcılar onunla hiç ilgilenmemiş; eski bir peştemal, yırtık bir havlu vermişler. Hoca sesini çıkarmamış. Giderken de, uzatılan aynaya yüklüce bir bahşiş bırakmış.

Bir hafta sonra hamama geldiğinde, büyük ikramlar görmüş. Çıkarken de pek az bahşiş bırakmış.

— Efendi, demiş hamamcılar, gösterdiğimiz o kadar ilgiye, saygıya karşı bu kadarcık mı bahşiş verilir?

Hoca:

— Bugün verdiğim, geçen haftanın bahşişiydi, demiş. Geçen hafta verdiğim de bugünkü hizmetinizin karşılığıydı. Böylece ödeştik!

200. TANBUR DAVASINDA...

Hoca Akşehir'de kadılık yaparken yanına birisi gelmiş:

— Çarşıdaki filanca adam tanburumu çaldı, diyerek davacı olmuş.

Adam mahkemeye getirtilmiş.

— Bu tanbur benim, demiş. Tanıklarım da var.

Tanıklar gelmiş, onlar da tanburun sahibinin davalı kişi olduğunu söylemişler, kaç telli olduğunu bile anlatmışlar.

Davacı:

— Bunların tanıklığını kabul etmem, demiş. Biri düğünlerde köçeklik eder, öteki şarkı söyler, üçüncüsü...

Hoca sözünü kesmiş:

— Be adam! Tanbur davasında bundan iyi tanık nerede bulunacak!

201. EST DEYİNCE...

Bir gün Hoca'ya:

— Efendi, demişler, iyi hoş adamsın da, Farsça bilmediğin için vaazların pek etkili olmuyor.

— Nerden çıkardığınız benim Farsça bilmediğimi? diye sormuş Hoca.

— Biliyorsan bir beyit söyle bakalım, demişler.

Hoca hemen okumuş:

— *Mor menevşe boynun eğmiş uyurest*
Kâfir soğan kat kat urba giyerest.

— Farsça bunun neresinde Hocam? demişler.

Hoca gülmüş:

— Sonlarında "est"leri görmüyor musunuz?!

202. UÇMASINI ÖĞRENEMEMİŞ

Hoca bir gün eşeğiyle derin bir uçurumun kıyısından gidiyormuş. Birdenbire eşeğin ayağı kaymış. Daha hoca "ne oluyor" demeye kalmadan hayvan aşağıya doğru uçmuş, hızla düşüp parçalanmış.

Hoca durup bir süre ardından baktıktan sonra söylenmiş:

— Bizim eşek uçmasını öğrenmiş ama konmasını öğrenememiş!

203. YAPACAĞIMI BİLİRİM!

Hoca bir köyde konuklarken heybesini yitirmiş. Köylülere:

— Ya heybemi bulun, ya da ben yapacağımı bilirim! demiş.

Köylüler telâşlanmışlar. Arayıp taramışlar, heybeyi bulup Hoca'nın önüne koymuşlar. Köyden ayrılırken de:

— Hocam, demişler, heybeyi bulmasaydık ne yapacaktın?

Hoca şöyle bir elini sallamış:

— Evde eski bir kilim var, onu bozup heybe yapacaktım!

204. BU EŞEKLE...

Akşehir pazarına gelen birkaç köylü, Hoca'yı kendi köylerine, cuma namazını kıldırmaya çağırmışlar.

— Hayhay, gelirim, demiş Hoca.

Ertesi gün de eşeğine binip yola düşmüş.

Yolda, tanıdıklarından biri:

— Nereye böyle Hoca? demiş.

Hoca birkaç saat ötedeki köyün adını söylemiş, cuma namazı kıldırmaya gittiğini anlatmış. Tanıdığı:

— Ama Hoca, demiş, bugün salı daha...

— Bu eşekle anca varırım! demiş Hoca.

205. SÖYLEDİĞİNE SÖYLEYECEĞİNE...

Komşularından biri Hoca'nın kuzusunu çalmış, kesip yemiş. Hoca bu işi yapanı öğrenmiş. O da onun keçisini aşırmış, kesip püryan yapmış, çoluk çocuğuyla yemiş.

Keçinin sahibi yas tutmaya, her gittiği yerde keçisini övmeye başlamış. Bir gün de Hoca'ya konuk olduklarında:

— İki arşın tüyü vardı... Gerdanı üç karıştı... Başı şöyleydi, gözleri böyleydi... diye atıp tutmaya başlamış.

Hoca dayanamamış:

— Şimdi gidip alt kattan şu uyuz keçinin postunu getiririm, demiş. O zaman söylediğine söyleyeceğine pişman olursun!

206. ÜÇ GÜN ÖNCE KARAR VERİRKEN...

Hoca bağına gidiyormuş. İki çocuğun kavga ettiklerini görüp yanlarına yaklaşmış; neden kavga ettiklerini sormuş. Çocuklardan biri:

— Arkadaşım omzuma basarak şu kargayı yakaladı, demiş. Ben omzuma bastırmamış olsaydım tutamayacaktı. Karga benim hakkım.

Öteki çocuk:

— Onun omzuna basmasam başka bir yolunu bulup yakalardım, demiş. Onu ürkütüp kaçırmadan tutmayı başardığıma göre, karga benimdir.

Hoca:

— Boşuna tartışmayın çocuklar, demiş. Karga sizin hiçbir işinize yaramaz. Size birer akçe vereyim, gidip şeker alın. Kargayı da bana verin.

Çocuklar birer akçe alıp gitmişler, Hoca da kargayı salıvermiş. Çocukların elinde hırpalanmış olan karga uzağa gidememiş; o dolayda otlayan bir mandanın üstüne konmuş. Hoca da:

— Şahinim av yakaladı! deyip mandayı önüne katmış, evine götürmüş.

Ertesi gün sahibi gelip mandayı istemiş. Hoca:

— O benim avım, diye diretmiş. Av tutanındır. Onu benim kuşum avladı!

Mandanın sahibi mahkemeye başvurmuş. Kadı, yiyici bir adammış. Hoca, bir çömlek manda yağı göndereceğini söyleyince, "Av mübahtır (din yapılmasını ya da yapılmamasını yasaklamamıştır)" diyerek, mandanın Hoca'ya ait olduğuna karar vermiş.

Kadı üçüncü gün bir de bakmış, Hoca'nın gönderdiği yağ çömleğinin altı manda pisliği dolu... Hemen Hoca'yı çağırttırmış:

— Efendi! diye gürlemiş, sen bana ne cesaretle manda pisliği yedirmeye kalkışıyorsun?!

Hoca, soğukkanlılığı elden bırakmadan:

— O b.ku, demiş, üç gün önce karar verirken yedin!

207. BEN YİYEYİM DİYE...

Hoca, kapısının önünde oturmuş, helva yiyormuş. Sokaktan geçen bir komşusu:

— Hoca Efendi, demiş, pek imrendim. N'olur azıcık da bana ver.

— Veremem, demiş Hoca. Karım onu başkası için değil, ben yiyeyim diye verdi!

208. DEDİĞİNİ YAPAR!

Bir gün Hoca Konya'ya gitmiş. Orada tanıştığı biri:

— Efendi, seni çok sevdim, demiş. Bize buyur da tuz ekmek yiyelim.

Sofraya gerçekten de yalnız tuzla ekmek gelmiş. Bu sırada bir dilenci kapıyı çalıp ekmek istemiş. "Allah versin" demişler, ısrar etmiş. Sonunda ev sahibi bağırmış:

— Defol! Gelirsem kafanı kırarım!

Hoca da yerinden kalkıp dilencinin yanına gitmiş:

— Bu ev sahibi dediğini yapan bir adamdır, demiş. Bir an önce gitsen iyi edersin!

209. ÖDENİR GİDER...

Hoca'nın zerzevatçıya borcu varmış. Adam alacağını isteyince:

— Ne kadar borcum? demiş.

— Otuz bir akçe, demiş zerzevatçı.

— İmamın da borcu var mı?

— Var. Onun borcu yirmi beş akçe.

— İyi, demiş Hoca. İmamla aramızda su sızmaz. Merak etme, o yirmi beş akçeyi öderiz. Ödenince geriye benim borcum ne kalır? Kalır altı akçe. Onu da sen bana ödersin, böylece borçlar temizlenmiş olur!

210. SIRRINI SÖYLEME!

Nasreddin Hoca bir gün bahçesini gezerken gömü bulmuş. Kimseye göstermeden evine götürüp saklamış. "Karıma söylesem mi acaba?" diye de ikirciklenmiş. Bir deneme yapmaya karar vermiş.

Koynuna bir yumurta gizleyip yatağa girmiş. Bir süre ıkınıp sıkındıktan sonra gıdaklayarak yumurtayı çıkarıp karısına göstermiş:

— Aman Hatun, bunu kimseye söyleme!

Biraz sonra, camiye gitmek üzere evden ayrılır ayrılmaz, karısı pencereyi açıp komşuya seslenmiş; olup biteni anlatmış. O kocasına, o başkalarına derken, Hoca'nın yumurtladığı hemen duyuluvermiş.

Hoca namazını kılıp da camiden çıktığında, çevresinde toplananlar alay etmeye başlamışlar:

— Aferin Hoca sana! Yumurtlamayı bize de öğretsene!

Hoca kendi kendine mırıldanmış:

— Atalar boşuna dememişler "sırrını karına söyleme" diye!..

211. TARİFESİ BENDE!

Hoca ciğer almış evine gidiyormuş. Yolda bir dostuyla karşılaşmış. Adam:

— Bak sana güzel bir ciğer yemeği tarifi yapayım da bunu ağız tadıyla ye, demiş.

Hoca rica etmiş:

— Benim aklımda kalmaz. Bir kâğıda yazıver.

Adam yazıp vermiş. Hoca biraz sonra lezzetli bir ciğer yemeği yiyeceğini düşünerek dalgın dalgın giderken, bir çaylak elindeki ciğeri kapıp kaçmış...

Hoca çaylağın ardından bir süre baktıktan sonra elindeki kâğıdı havaya kaldırmış:

— Ağız tadıyla yiyemeyeceksin. Tarifesi bende!...

212. BİR YIL ÇAYLAK OLMAK...

Hoca'ya sormuşlar:

— Çaylağın altı ay erkek altı ay dişi olduğu doğru mu?

— Bu soruya cevap verebilmek için, demiş Hoca, bir yıl çaylak olmak gerek!

213. İPE UN...

Komşusu, Hoca'dan urgan istemiş. Hoca içeriye girip çıkmış:

— İp boş değil, demiş. Kadınlar üstüne un sermişler.

Komşu:

— Bu nasıl iş Efendi? demiş. Hiç ipe un serilir mi?

— Serilir, demiş Hoca. Vermeye gönlüm olmayınca ipe un serilir!

214. HELVA ALIP YİYİN!

Hoca eşeğini yedeğine almış gidiyormuş. Susamış olan hayvan, gölü görünce seyirtmiş. Karşısına bir uçurum çıkmış. Hızını alamayıp göle düşecekken, karşısına çıkıveren kurbağadan ürküp geri çekilmiş, böylece düşmekten kurtulmuş.

Hoca onun kurtulduğunu görünce çok sevinmiş:

— *Aferin su kuşu*
Hoş ettin bu işi
Ürküttün eşeği
Sevindirdin dervişi

demiş. Cebinden birkaç akçe çıkarıp göle doğru savurmuş:

— Su kuşları, şu paralarla tatlıca helva alıp yiyin!

215. KENDİM DE BEĞENMEDİM

Hoca'ya sormuşlar:

— Efendi, bir şey icat ettiğin oldu mu?

— Oldu, demiş.

— Ne icat ettin? demişler.

— Karla ekmek yemeyi... Ben icat ettim ama kendim de beğenmedim!

216. ÖNCE YIKANIR...

Karısı, Hoca'ya:

— Efendi, demiş, apteshane ibriği delinmiş. İçinde su durmuyor. Ne yapsak?

— Kolayı var, demiş Hoca. Eskiden, önce aptes bozar sonra yıkanırdık. Bundan böyle, önce yıkanır, sonra aptes bozarız!

217. SEN DE HAKLISIN!

Kadılık yaptığı sırada Hoca'ya bir adam gelip başından geçen bir olayı anlatmış. Giderken sormuş:

— Haklı değil miyim Hocam?

— Haklısın, demiş Hoca.

Biraz sonra başka biri gelmiş, aynı olayı kendince anlatmış. O da sormuş:

— Haklı değil miyim? demiş.

Ona da:

— Haklısın, demiş Hoca.

İçeriki odadan konuşmaları dinleyen karısı, adam gittikten sonra:

— Efendi, demiş, herbiri kendine göre anlattı. Sen ikisini de dinledin, ikisine de "haklısın" dedin. Biri haklıysa öteki haksız olmaz mı?

Hoca, azıcık düşündükten sonra:

— Sen de haklısın Hatun! demiş.

218. KENDİM SANDIM!

Hoca'nın yanına birisi gelmiş. Uzun uzun söyleşmişler. Adam giderken Hoca:

— Bağışlayın, demiş, sizi tanıyamadım. Kimsiniz?

Adam:

— Tanıyamadınız da, ne diye aramızda eski bir dostluk varmış gibi uzun uzun, senli benli konuşup söyleştiniz? diye sormuş.

— Baktım ki, demiş Hoca, tacın tacıma, kaftanın kaftanıma, sözün sözüme benziyor, seni kendim sandım!

219. AZLA ÇOK

Hoca bir gün bağdan iki sepet üzüm toplayıp eşeğine yüklemiş, evine dönüyormuş. Mahallesine gelince çocuklar:

— Hoca Efendi, bize üzüm ver! diye bağrışmışlar.

Bir salkım üzüm almış eline, birer parça koparıp dağıtmış. Çocuklar:

— Ne kadar az verdin Hoca Efendi, diye söylenmeye başlamışlar.

— Ha birkaç tane, ha bir sepet... demiş Hoca. Hepsinin tadı bir!

220. BİR HOROZ GEREK!

Hoca, mahallesinin çocuklarıyla hamama gitmiş. Hep birlikte göbek taşının üzerine oturduklarında, çocuklar:

— Haydi yumurtlayalım, demişler. Yumurtlayamayan hamam parasını versin!

Tavuk gibi "gıt gıt gıdak" diye bağrışıp, yanlarında getirdikleri yumurtaları el çabukluğuyla mermerin üzerine bırakıvermişler.

Hoca bunları görünce, hiç telâşlanmadan, horoz gibi çırpınıp ötmeye başlamış.

— Ne yapıyorsun Hoca Efendi?! demişler.

— Bu kadar tavuğa bir horoz gerekmez mi?! demiş.

221. ONUN DEDİĞİ OLDU!

Hoca camide vaaz veriyormuş. Birisi ayağa kalkıp sormuş:

— Hoca Efendi, Allahın varlığını, birliğini, gücünü nasıl kanıtlarsın?

Hoca, eliyle susmasını işaret ettikten sonra:

— Kırk yıldır bu dünyada yaşıyorum, demiş, bu kırk yıl içinde bir kere olsun benim dediğim olmadı. Hep onun dediği oldu. Bu da gösteriyor ki, Allah vardır, birdir ve güçlüdür!

222. SU DOLDURMUŞLAR

Hoca Sivrihisar'dan Akşehir'e geliyormuş. Daha önce hiç göl görmemişmiş. Akşehir Gölü'nü karşıdan görünce:

— Burası köyün davarları için ne güzel otlak olurmuş, demiş. Ne yazık ki su doldurmuşlar!

223. EŞEĞE GÖZDAĞI

Hoca, inatçı eşeğinden bıkmış usanmış. Canından bezdiği bir anda oğlunu ahıra çağırıp eşeği göstermiş:

— Bundan sonra bu eşeğe ne yem vereceksin ne su... Açlıktan gebersin kâfir!

Ahırdan çıkınca oğlunun kulağına eğilmiş:

— Gözü korksun da inatçılıktan vazgeçsin diye söyledim. Sen bildiğin gibi yemini suyunu ver. Ben bilmemiş olayım!

224. VASİYET

Nasreddin Hoca:

— Beni eski bir mezara gömüverin! diye vasiyet etmiş.

— Neden Hocam? demişler.

— Sorgu melekleri gelince, "Siz uykuda mıydınız?" derim onlara. "Arkadaşlarınız geldi, beni sorguya çekip gereken cevapları aldılar. Görmüyor musunuz, mezarım epey eskidir." Onlar çeker gider, ben de paçayı kurtarırım!

225. KUZUYA NE DERLER?

Hoca Arabistan'a gidip dönmüş. Hoşgeldin demek için ziyaretine gelenler sormuşlar:

— Efendi, Arapça öğrendin mi?

— Öğrendim, demiş Hoca.

Birisi:

— Deveye ne derler Hocam? demiş.

— Pek büyüğünü sordun canım, diye geçiştirmiş.

Bir başkası:

— Öyleyse pireye ne derler? demiş.

— Şimdi de pek küçüğünü sordunuz, demiş.

Bir üçüncüsü:

— Peki, kuzuya ne derler? diye sormuş.

— Kuzuya bir şey demezler, demiş Hoca. Beklerler, koyun olunca "ganem" derler!

226. YA İÇİNDE BEN OLSAYDIM?!

Bir gece yarısı Hoca, bahçesinde beyaz giyimli bir adam görmüş. Karısına seslenmiş:

— Hatun, çabuk şu benim okla yayı getir. Hırsız var bahçede!

Karısı okla yayı getirmiş, o da ay ışığında nişan alıp adamı vurmuş.

— Yarın gereğini yaparız, demiş karısına. Şimdi yatalım.

Sabahleyin bahçeye çıkıp vurduğu adamı aramış. Meğer adam değil, karısının yıkayıp ipe astığı kendi gömleğini vurmuşmuş.

— Çok şükür, deyip secde etmiş.

Karısı sormuş:

— Niye şükrediyorsun Efendi?

— Nasıl şükretmeyeyim, demiş Hoca. Görmüyor musun, tam göğsünden vurmuşum. Ya içinde ben olsaydım?!

227. DEĞİŞİKLİK

Hoca bir gün eşeğiyle yola koyulmuş. Karşısına çıkan biri:

— Hoca Efendi, demiş, eşeğinin kaç ayağı var?

Hoca inmiş, eşeğinin bacaklarını birer birer yokladıktan sonra:

— Dört ayağı var, demiş.

Bu konuşmayı işitenler:

— Hocam, demişler, eşeğinin kaç ayağı olduğunu bilmiyor muydun? Ne diye saydın?

Hoca gülümsemiş:

— Biliyordum bilmesine de, dün akşamdan beri bakmamıştım. Belki bir değişiklik olmuştur diye yeniden saydım.

228. NE YAPACAKMIŞ?

Akşehir halkı Timur'un ordusundan bezmiş... Hoca da Timur'un yanına varıp:

— Bana bak, demiş, ordunu alıp buradan gidecek misin, gitmeyecek misin?

— Bu ne biçim söz? demiş Timur. Nasıl konuşuyorsun benimle?

— Ben açık konuşuyorum, demiş Hoca. Sen bana gidip gitmeyeceğini hemen söyle. Gitmeyeceksen, ben yapacağımı bilirim!

— Yaa, demiş Timur, ne yapacakmışsın bakalım?

— Kasabalıyı alıp ben buradan gideceğim! demiş Hoca.

229. TURPU SOYMUŞLAR...

Muzip bir dostu, bir gün Hoca'ya:

— Şu avcumun içindekini bil, sana bir kayganalık vereyim, demiş.

— Biraz ipucu ver, demiş Hoca.

— İçi sarı dışı beyaz, demiş adam.

— Bildim bildim! diye yerinden sıçramış Hoca. Turpu soymuşlar, içini oyup havuç doldurmuşlar!

230. ÜÇ MAL

Hoca gençliğinde Seyyid Mahmud Hayrani'nin dervişlerindenmiş. Yıllar sonra pirdaşı Sarı Saltuk, hem şeyhlerinin mezarını ziyaret etmek, hem de Hoca'yı görmek için Akşehir'e gitmiş. Hoca onu evinde konuklamış; altın, gümüş sahanlar içinde yemekler sunmuş. Yemeği kendisi getirip götürerek saygıda bulunmuş.

Sarı Saltuk, onun bu zenginliği karşısında şaşıp sormuş:

— Hocam, bunları kazancınla mı aldın, yoksa babadan mı kaldı?

— Hepsi eğreti, hepsi babadan kalma, demiş Hoca. Benim üç malım var, onlarla geldim, onlarla gideceğim.

— Nedir onlar? demiş Sarı Saltuk.
— Bir y...., demiş Hoca, iki t....
(*Saltuknâme*'de geçen, "Tarihi Kişiliği" bölümünde sözünü ettiğimiz fıkra. Orada, Sarı Saltuk'un "Hoca acaba neyi kastetti?" diye düşünürken, Hoca'nın "bu üç şey iman, amel ve ihlâstır" dediği yolunda bir ek var.)

231. AYNI ŞEYİ SÖYLEYECEKTİM!

Hoca, hırsız ve cimri bir komşusunun kazlarından birini saklamayı, böylece ona oyun etmeyi tasarlamış. Uyuyan kazı yakalayıp cübbesinin altına sokmuş, yürümüş... Bir süre sonra, kazdan ses sada çıkmayınca, "acaba hayvan havasızlıktan boğuldu mu?" diye cübbesini açmış. Kaz da her zamanki gibi "Susss!" diye bir ses çıkarmış.

Hoca keyiflenivermiş:

— Aferin sana! demiş. Sen sahibinden daha akıllıymışsın. Ben de sana aynı şeyi söyleyecektim!

232. ÜÇÜNCÜ YIL

Hoca'ya:

— Efendi, demişler, bir adam karısını öpse orucu bozulur mu?

Hoca gülümsemiş:

— Yeni evlenmişlerse bozulur. Aradan iki yıl geçmişse... Bakın onu bilmiyorum, kuşkuluyum. Ama üç yıl geçmişse... Zaten öpmez ya... Öpse de bozulmaz!

233. KÜRSÜDEN İNMEK DE Mİ...

Hoca, vaaz vermek üzere kürsüye çıkmış. Düşünmüş taşınmış, söyleyecek bir şey bulamayınca:

— Ey cemaat, demiş, buraya vaaz vermek için çıktım, ama aklıma söyleyecek bir şey gelmedi...

Oğlu da cemaatin içindeymiş. Bulunduğu yerden seslenmiş:

— İlahi baba! Kürsüden inmek de mi aklına gelmiyor!

234. KULAKLARINI DİKİP...

Nasreddin Hoca'ya:

— Senin eşek kadı oldu, demişler.

— Şaşmam, demiş. Ben vaaz verirken kulaklarını dikip dikkatle dinlerdi!

235. EL ELİN EŞEĞİNİ...

Bir gün subaşının eşeği kaybolmuş. Kasaba halkı hayvanı aramakla görevlendirilmiş. Hoca bağa gidiyormuş. Yolda onu görmüşler:

— Sen de bağlara bakıver, demişler.

Hoca bağına varınca neşelenip türkü söylemeye başlamış. Bağların arasına da şöyle bir göz atarmış. Oradakiler:

— Keyfin yerinde Hoca, demişler. Ne dolaşıyorsun ortalıkta?

— Subaşının eşeği kaybolmuş da ona bakıyorum, demiş.

Birisi sormuş:

— Türkü söylenerek eşek aranır mı?

— Eee, demiş Hoca, el elin eşeğini türkü söyleyerek arar!

236. TUTUNA TUTUNA...

Hoca bir gün damda oturuyormuş. Çişi gelince damdan aşağı koyuvermiş. Yoldan birisinin geçtiğini görünce de yarıda kesmiş.

Yoldan geçen seslenmiş:

— Hoca, niye yarıda kestin?

— Yaa, demiş Hoca, kesmeyeyim de tutuna tutuna dama çık, öyle mi.

237. TAZIYA DÖNER...

Hoca, cimri subaşıyı hiç sevmezmiş. Bir gün subaşı Hoca'ya tazı ısmarlamış:

— Efendi, demiş, senin tanıdığın çoktur. Bana bir tazı bul. Tavşan kulaklı, karınca belli olsun!

Birkaç gün sonra Hoca, tombul bir sokak köpeğinin boynuna ip takıp subaşıya götürmüş. Subaşı kızmış:

— Hoca Efendi, demiş, ben senden ince belli tazı istedim, sen kocaman bir sokak köpeği getirdin!

— Merak buyurmayın, demiş Hoca. Sizin yanınızda bir aya varmadan tazıya döner!

238. BAKLAVA TEPSİSİ

Akşehir'e yabancı bir bilgin gelmiş, kentin en bilgili kişisiyle atışmak istediğini söylemiş. Nasreddin Hoca'yı çağırmışlar...

Yabancı bilgin, değnekle yere bir daire çizmiş. Hoca değneği elinden alıp bu daireyi ortadan ikiye bölmüş.

Adam Hoca'nın çizdiğine dik bir çizgi daha çekmiş, daire dörde bölünmüş. Hoca dairenin üç bölümünü alır gibi yapmış; dördüncü bölümü karşısındakine verir gibi itelemiş.

Yabancı, parmaklarını biraraya getirerek elini yere doğru sallamış. Hoca, bunun tam tersini yapmış.

Karşılaşma sona erince yabancı bilgin açıklamış:

— Sizin Hoca pek yaman! Dünyanın yuvarlak olduğunu gösterdim, "ortasında Ekvator var" dedi. Dörde böldüm, "dörtte üçü su, dörtte biri kara" dedi. "Yağmur neden yağar?" dedim, "sular buharlaşınca göğe yükselip bulut olur, sonra da yağmura dönüşür" cevabını verdi.

Akşehirliler Hoca'ya da sormuşlar bu karşılaşmanın anlamını. Hoca şunları söylemiş:

— Obur herif, "bir tepsi baklava olsa" dedi. "Tek başına yiyemezsin," dedim, "yarısı benim." "Dörde bölsek n'aparsın?" dedi, "üçte birini yerim," dedim. "Üstüne ceviz, fıstık filan eksek" dedi. "İyi olur ama, küllü ateşte olmaz, harlı ateş gerek," dedim. Altolup gitti!

239. ÇOCUKLUĞU AKLINA GELDİ!

Mahallenin çocukları Hoca'nın sarığını kapmışlar... Hoca almaya davrandıkça birbirlerine atarak aralarında döndürüp durmuşlar.

Hoca yorulmuş. Ellerinden alamayacağını da aklı kesince, sarığı orada bırakıp evine gitmiş.

Karısı sormuş:

— Efendi, sarığın nerede?

— Çocukluğu aklına geldi de... demiş Hoca. Çocuklarla oyun oynuyor!

240. UCU ARKAYA GELMEZ!

Hoca bir gün saatlerce uğramış, sarığını doğru dürüst bağlayamamış. Bir türlü ucu arkasına gelmiyormuş. Kızmış, sarığı pazara götürüp satılığa çıkarmış.

Adamın biri alacak olup pey sürmeye başlamış. Hoca, yanına yaklaşıp kulağına eğilmiş:

— Hemşerim, demiş, fazla pey süreyim deme. Bu sarığın ucu arkaya gelmez!

241. HAŞLANIP YAŞLANMAK...

Hoca'nın karısının akrabasından biri evleniyormuş. Hoca o gün eve gelmiş, yıkanıp yeni giysilerini giymek, hazırlanmak istemiş. Ama karısı birtakım bahaneler uydurup hamama yollamış onu.

Hoca acele yıkanıp çıkmış, yeni giysilerini giyecekken bir yağmur bastırmış, bardaktan boşanırcasına... Giysilerini bohçaya koyup çırılçıplak sokağa fırlamış, koşa koşa törenin yapılacağı eve gelmiş.

— Hayrola Efendi? demişler. N'oldu sana böyle?

— Şeytana uyup da vakitsiz hamama giden, demiş Hoca, orada haşlanır, yağmurda yaşlanır!

242. ÇALACAK ŞEY BULSUN DA...

Bir gece Hoca'nın evine hırsız girmiş. Karısı tıkırtılarını işitip Hoca'yı uyandırmış:

— Efendi, eve hırsız girdi. Git bak!

Hoca aldırış etmemiş:

— Bekle hele, demiş, çalacak bir şey bulsun da, elinden alması kolay!

243. ON ARŞIN UZAR!

Bir gün bedestende eski bir kılıç bin kuruşa satılıyormuş. Hoca kılıcın neden bu kadar para ettiğini merak edip sormuş.

— Bu kılıç, demişler, düşmana sallandığı zaman üç arşın uzar.

Ertesi gün Hoca evindeki ocak maşasını bedestene getirerek bin kuruşa satmaya kalkışmış.

— Hoca, aklını mı oynattın, demişler. Hiç maşa bin kuruş eder mi?

Hoca demiş ki:

— Dün, bir kılıca, düşmana sallandığı zaman üç arşın uzar diye, bin kuruş istediler. Oysa bu maşa, benim karı kızıp da arkamdan fırlattığı zaman on arşın uzar!

244. HIRSIZIN KABAHATİ

Hoca'nın eşeği çalınmış. Bir teselli beklediği dostları kabahati hep onda bulmuşlar:

— Ahırın kapısını kilitleseydin ya...

— Hiç takırtı da mı duymadın?

— Eşeği sıkıca bağlamamışsındır...

Hoca bunları dinlemiş dinlemiş, sonunda dayanamayıp:

— Eee, demiş, bütün kabahati bende buldunuz. Biraz da insaf edin: Hırsızın hiç mi kabahati yoktu?!

245. ALMAYA ALIŞIKTIR!

Hoca birkaç tanıdığıyla kasaba dışındaki derenin kıyısına gitmiş. Yüzyıllık ağaçlar altında tatlı tatlı söyleştikten sonra yanlarında getirdikleri yemekleri yemişler. Yemekten sonra elini yıkamak isteyen mahalle imamı, ayağı kayıp dereye düşmüş. Arkadaşları derenin kenarına gelip ellerini uzatmışlar:

— İmam, ver elini çabuk! Boğulacaksın!

İmam bir türlü elini vermemiş. Bunun üzerine Hoca kolları sıvayıp öne geçmiş, imama seslenmiş:

— İmam efendi, al elimi!

İmam:

— Hay Allah senden razı olsun, diyerek Hoca'nın elini tutup kurtulmuş.

Sormuşlar:

— Hoca, imam neden bizim elimizi tutmadı da seninkini tuttu?

— O vermeye değil almaya alışıktır, demiş Hoca. Siz "elini ver" dediniz, bense "al elimi" dedim!

246. SAHİBİ ÖLMÜŞ EŞEK

Hoca sormuş:

— Bir insanın öldüğü nasıl anlaşılır?

— Eli ayağı buz gibi olur, demişler.

Bir kış günü ormanda odun keserken elinin ayağının buz gibi olduğunu görünce:

— Ben öldüm! diyerek karların üstüne uzanıvermiş.

Biraz sonra aç kurtlar gelip eşeğine saldırmış, yemeye başlamışlar.

Hoca dayanamayıp başını kaldırmış, kurtlara seslenmiş:

— Yiyin bakalım, yiyin! Buldunuz sahibi ölmüş eşeği!..

247. ÇEKTİRMEKTEN BAŞKA...

Adamın biri Hoca'ya dert yanmış:

— Başım çok ağrıyor Hoca. Ne yapsam acaba?

— Geçenlerde benim de dişim çok ağrıdı, demiş Hoca. Çektirmekten başka umar bulamadım!

248. YARISINA PAMUK EKTİN...

Hoca bir gün bir acemi berbere traş oluyormuş. Berber usturayı her vuruşta Hoca'nın yüzünü kesmiş, kestikçe pamuk yapıştırmış.

Bir ara Hoca, gitmek üzere kavuğuna uzanmış. Berber:

— Efendi, demiş, daha traşın yarısındayız.

Hoca dayanamamış:

— Be adam, demiş, yüzümün yarısına pamuk ektin. Bırak, öteki yarısına da ben keten ekeyim!

249. ACELEYE GELDİ...

Bir düğün evine tam yemek zamanı giden Hoca, elindeki balmumu mühürlü kâğıt tomarını kapıdaki adama vermiş:

— Efendiye mektup getirdim.

Sonra içeri dalıp sofraya oturmuş, atıştırmaya başlamış.

Kâğıt tomarını ev sahibine vermişler. O da Hoca'nın yanına gelerek:

— Bunun üstünde yazı yok, demiş. Kimin kime gönderdiği belli değil.

Hoca, yemek yemeyi sürdürürken:

— Kusura bakma, demiş, aceleye geldi. İçinde de yazı yok!

250. BEN BULUNMAM...

Söz yiyecek içecekten açılmış. Hoca:

— Canım bir helva istiyor ki... demiş. Bir türlü pişirip de yiyemedik.

— O kadar zor bir şey mi helva pişirmek, Hoca? demişler.

— Ne yapalım, demiş Hoca, un bulundu yağ bulunmadı, yağ bulundu un bulunmadı...

— Hiç biraraya getiremedin bunları? demişler.

— Hepsinin biraraya geldiği olmadı değil, demiş Hoca. Ama o zaman da ben bulunmadım!

251. ŞU KOCA TASLA...

Hoca zaman zaman mollalarını evine yemeğe çağırırmış. Bir gün yine çağırmış, hep birlikte gitmişler. İçerde karısı:

— Evde ne pirinç var ne yağ, demiş. Ağza atılacak bir şey yok. Odun bile yok!

Hoca eline bir tas alıp mollalarının yanına gitmiş:

— Kusura bakmayın, demiş, evde pirinç, yağ, odun olsaydı çorba pişirip şu koca tasla size ikram edecektik!

252. BİR DAHA İŞİNE KARIŞMAM!

Bir yaz günü Hoca köye gidiyormuş. Biraz serinlemek için eşeğinden inip bir ceviz ağacının altına oturmuş; cübbesini kavuğunu da çıkarıp yanına koymuş. Biraz ilerdeki kocaman helvacıkabakları gözüne ilişince, kendi kendine:

— Şu Allahın işine bak, demiş, otun üstünde koskoca kabak yetişiyor; şu dalları yere göğe ağmış, bir evleklik yer tutan ceviz ağacının meyveleri ufacık!

Tam o sırada başına bir ceviz düşünce canı yanmış:

— Ah başım! diyerek yerinden fırlamış.

Kavuğunu bulup başına geçirmiş, biraz kendine gelince:

— Tövbe ya Rabbim, demiş, bir daha senin işine karışmam! Ya ağaçta ceviz yerine kabak yetişseydi?

253. NEREDE OLSA SATILIR!

Hoca, çocukluğunda imrendiği elmalardan birkaç tane koparmak için elma bahçesine girmeyi aklına koymuş. Bir merdiven bulup duvara çıkmış, sonra merdiveni duvarın öbür tarafına dayayıp bahçeye inmiş.

Bahçenin sahibi onu görünce koşup gelmiş:

— Ne arıyorsun burada? demiş.

— Merdiven satıyorum, demiş Nasreddin.

— Amma yaptın! Hiç bahçenin içinde merdiven satılır mı? demiş adam.

O da üst perdeden:

— Merdiven bu! demiş. Alıp satmak yasak değil a... Nerede olsa satılır!

254. İĞNEYE İPLİK...

Hoca kızını gelin etmiş. Düğünden sonra damat tarafı gelini eşeğe bindirip götürmüş. Epey ilerledikleri sırada Hoca kan ter içinde arkalarından yetişip seslenmiş:

— Durun, kızıma diyeceğim var!

Kızının yanına yaklaşınca:

— Kızım, demiş, dikiş dikerken iğneye geçirdiğin ipliğin ucunu düğümlemeyi unutma. Sonra iplik çıkar, iğne elinde ..... kalıverir!

255. BİR AKÇE EKSİK...

Hoca ırmak kıyısında oturmuş dinleniyormuş. Elele tutuşmuş altı kör yaklaşmış yanına. "Karşıya nasıl geçeceğiz?" diye kendi aralarında konuşurlarken, Hoca:

— Ben sizi karşıya geçiririm, demiş, ama adam başına bir akçe alırım.

— Tamam, demişler, geçir.

Hoca cübbesini çıkarmış paçalarını sıvamış, körleri teker teker sırtına alıp geçirmiş. Ama sonuncusu sırtından düşüp suyun akıntısına kapılmış gitmiş... Körler bağrışmaya başlamışlar.

Hoca, bir süre bekledikten sonra:

— Kesin be gürültüyü! demiş. Ben hakkımdan vazgeçtim. Bir akçe eksik verirsiniz!

256. BELKİ BİLİR...

Bir gün oğlu, Hoca'ya:

— Baba, demiş, ben senin doğduğun günü bilirim.

Annesi çocuğu azarlamaya başlamış. Hoca:

— Hatun, demiş, çocuğu incitme. Çok akıllı çocuktur benim oğlum. Belki biliyordur...

257. BİNİCİLİK ÖYKÜSÜ

Bir söyleşi sırasında herkes binicilikteki ustalığını anlatmaya başlamış. Hoca da:

— Bir gün bir tanıdığın çiftliğinde... diye söze girmiş. Kâhya, besili bir küheylan getirdi. Bütün kış beslenmiş, ele avuca sığmaz olmuş. Çiftlik sahibinin oğlu binmek istedi, eyere basar basmaz kendini yerde buldu. Kısacası, kim denediyse beceremedi. E, ben de genç bir delikanlıydım o zaman. Hayvanın yelesine şöyle bir yapışıp sıçradım...

Tam o sırada çiftliktekilerden biri içeri girince, Hoca kısa kesmiş:

— Ben de binemedim!

258. SECDEYE KAPANIRSA...

Hoca bir iş için Konya'ya gitmiş, eski bir hana inmiş. O gece fırtına çıkmış. Han zangır zangır sallanmış, tavan üstüne yıkılacak gibi olmuş. Hoca, hancıya:

— Neredeyse han yıkılıp üzerime çökecek, demiş. Uyku bir yana, durulmuyor bile bu köhne yerde...

Hancı pişkin bir adammış:

— Korkma Hoca, demiş, hiçbir şey olmaz. Bina Tanrıya zikrettiği için çıkarıyor o sesleri.

— Ben de ondan korkuyorum işte, demiş Hoca. Zikrederken birden coşup secdeye kapanıverecek diye!

259. AL ABDESTİNİ...

Hoca bir gün dere kıyısında abdest alıyormuş. Tam abdestini tamamlamışken pabucu suya düşmüş, akıntıyla sürüklenip gitmiş.

Hoca hemen oracığa çişini yaptıktan sonra, dereye:

— Al abdestini ver pabucumu! demiş.

260. BOZUKLUK NEREDE?

Hoca'nın Konya kadısından bir mahkeme kararı (ilam) alması gerekmiş. Gitmiş, derdini anlatmış. Kadı, her gidişinde "birkaç gün sonra gel" diye atlatmaya başlamış. Dostları:

— Kadı, yiyici bir adamdır, demişler. Rüşvet vermezsen iş gördüremezsin.

Hoca bir çömlek bal götürmüş ve hemen o gün istediği kararı elde etmiş.

Kadı hemen o akşam balın tadına bakmak istemiş. Bir de görmüş ki, çömleğin üstünde iki parmak bal var, dibinde çamur dolu... Ertesi sabah mahkeme kollukçusuna (muhzır'a):

— Nasreddin Hoca'yı bul bana getir, demiş. Kararda bazı bozukluklar olduğunu söylersin.

Adam yanına yaklaşıp da:

— Kadı efendi seni çağırıyor, kararda bozukluk var dedi, düzeltecekmiş... deyince:

— Evlat, demiş Hoca, bozukluk kararda değil, bal çömleğinde!

261. KATIR TERS!

Hoca, bir kervanla birlikte Konya'ya gidecekmiş. Katırcı hayvanı binek taşına çekmiş. Hoca ayağını yanlış atıp, yüzü katırın kuyruk tarafına gelecek şekilde binmiş. Yolcular gülmüşler:

— Hoca, demişler, böyle binilir mi?

— Ben ters binmedim, demiş Hoca, bu hayvan solak!

262. O GELMEZSE BEN GİDERİM!

Bir toplulukta Hoca, "Ben evliyayım" demeye başlamış. Herkes gülmüş:

— Öyleyse göster bakalım evliyalığını Hoca! demişler.

Hoca kaşlarını çatmış:

— Siz inanmayın... Ben hangi ağacı, hangi taşı çağırsam yanıma gelir.

Hep bir ağızdan:

— Öyleyse çağır bakalım şu karşıdaki çınar ağacını, demişler.

Hoca, olanca ciddiliğiyle ağaca doğru üç kez seslenmiş:

— Gel ya mübarek!

Ağacın yaprağının bile kımıldamadığını görünce, hiç bozuntuya vermeden ağaca doğru yürümüş:

— Biz kimseye gönül koymayız, kibir nedir bilmeyiz. O gelmezse ben giderim!

263. DUMAN SATAN...

Yoksulun biri Akşehir çarşısından geçerken kebap kokusuna dayanamayıp, koynundan çıkardığı ekmeği dumana tutarak yemeye başlamış. Oradan ayrılacağı sırada kebapçı yakasına yapışmış:

— Kebap parasını vermeden gidemezsin!

İş büyümüş, Akşehir kadısı Nasreddin Hoca'nın karşısına çıkmışlar. Hoca, her ikisini de dinledikten sonra yoksula:

— Ne kadar paran varsa ver bana, demiş.

Adam şaşkın şaşkın para kesesini Hoca'ya uzatmış. Hoca, paraları keseden çıkarıp birer birer saydıktan sonra, kebapçıya:

— Duydun mu para sesini? demiş.

— Duydum, demiş adam.

Hoca paraları keseye koyup sahibine uzatmış. Kebapçıya da:

— Duman satan ses alır, demiş. Hakkını aldın. Şimdi çık git!

264. UMUT DAĞIN ARDINDA

Hoca eşeğini yitirmiş. Hem türkü söyler hem ararmış.

— Efendi, demişler, türkü söyleyerek eşek aranır mı?

— Umudum şu dağın ardında, demiş Hoca. Orada da bulamazsam görün siz bendeki ağlayıp inlemeyi!

265. BÖYLE ATAR...

Timur Hoca'yı yanına almış, ok atmaya gitmiş. Kendisi yorulunca Hoca'nın eline bir ok vermiş:

— Haydi Hoca, seni de görelim!

Hoca fırlatmış, ok hedeften çok uzağa düşmüş.

— İşte, demiş, sekbanbaşı böyle atar.

İkinci ok da hedefe varmamış. Bu kez:

— Bizim subaşı böyle atar! deyip üçüncü oku fırlatmış.

Bu sefer hedefi vurunca göğsünü kabartıp Timur'a dönmüş:

— İşte Nasreddin de böyle atar!

266. BAŞI VAR MIYDI?

Hoca, bir arkadaşıyla kurt avına gitmiş. Rastladıkları iri bir kurdu kovalamaya başlamışlar. Sonunda kurt, bir ine girmiş. Biraz beklemişler, çıkmayınca Hoca'nın arkadaşı inin giriş yerinden başını uzatmış.

Hoca beklemiş, adam bir türlü başını çıkarmıyormuş. Seslenmiş, cevap alamamış. Bunun üzerine bacaklarından tutup çekmiş. Bir bakmış ki, başı yok...

Onu orada öyle bırakıp şehre varmış, evine gitmiş. Karısına sormuş:

— Senin efendinin bu sabah evden çıkarken başı var mıydı?

267. KÖR KANDİLLE...

Bir kış günü, komşuları "Hoca'ya bir oyun oynayıp kendimize bir ziyafet çektirelim," demişler. Gidip Hoca'yı bulmuşlar:

— Seninle bahse tutuşalım Hoca, demişler. Bu gece

sabaha kadar şehrin meydanında hiç ısınmadan durursan, sana ziyafet çekeceğiz. Duramazsan, sen bize çekeceksin.

Hoca boyun eğmiş. Sabaha kadar ayazda beklemiş. Az daha donacakmış... Ertesi sabah:

— Sabaha kadar ne yaptın? dediklerinde:

— İşte bu meydanda durup bekledim, ortalık zifiri karanlıktı, demiş. Beş fersah kadar öteden ölgün bir kandil ışığı geliyordu. Ona bakıp durdum.

— Olmaz, demişler, kaybettin. O ışığa bakıp ısındın!

Havalar iyileşince Hoca herkesi ziyafete çağırmış. Yemek zamanı geldiğinde bir de bakmışlar, Hoca bir ağacın dalına kocaman bir kazan asmış, altına da bir kandil yakmış...

— Hani yemek? diye sormuşlar.

— Kazan kaynasın, pişireceğim, demiş.

— Bu kör kandille kazan kaynar mı Hoca? demişler.

— Ben beş fersah ötedeki kandilin ışığıyla nasıl ısındıysam, demiş, bu kandil de kazanı öyle kaynatacak!

268. SEN BEĞENDİN!

Hoca eşeğine binmiş, evine dönüyormuş. Yolda, yeşil otlara dönüp bakmayan eşeğinin bir gübre yığını başında durup uzun uzun kokladığını görünce, "hayvan bunları beğendi" deyip yem torbasını gübreyle doldurmuş.

Akşam torbayı başına geçirdiğinde eşek huysuzlanmaya, torbayı atmak için başını sallamaya başlamış.

Hoca sinirlenmiş:

— A hayvan, naz mı ediyorsun şimdi? Sen beğendin, ben doldurdum!

269. GENÇLİĞİNİ DE BİLİRİM!

Hoca ata binmek istemiş. Hayvanın boyu yüksekçeymiş, bir türlü üstüne sıçrayamamış. Son bir deneme daha yapayım derken yere yuvarlanıvermiş. Yanındakilere işittirmek için sesini yükseltip, söylenmiş:

— Ah gençlik ah! Gençliğimizde böyle miydik!

Sonra sesini alçaltarak mırıldanmış:

— Senin gençliğini de bilirim!

270. GENÇLİKTE DE YAŞLILIKTA DA...

Söz dönüp dolaşmış, yaşlılığa gelmiş. İnsanın yaşlanınca gücünü kuvvetini yitirdiğinden söz ediliyormuş. Hoca:

— Gençliğimde ne kadar güçlü kuvvetliysem, yaşlılığımda da o kadar güçlü kuvvetliyim, demiş.

— Nasıl olur Hocam? demişler.

— Bizim evde büyük bir taş dibek vardır, demiş. Gençliğimde olanca gücümle onu kaldırmaya çalıştım, kımıldatamadım. Şimdi de uğraşıyorum, bir türlü yerinden oynatamıyorum!

271. ARADAKİ FARK

Hoca bir köye gidip ağanın evine konuk olmuş. Amacı köyde bir süre kalıp imamlık etmek, azıcık para kazanmakmış.

Ağa, Hoca'ya bir yazı okutmuş, sonra kendisi okumuş. Bir şey yazdırmış, aynısını kendi de yazmış. Sonra da:

— Görüyorsun ya Hoca, demiş, okuduğunu okuyorum, yazdığını yazıyorum. Aramızda ne fark var?

— Haklısın Ağa, demiş Hoca. Ben üç günlük yoldan

aç susuz geldim, sen de burada yan gelmiş yatıyorsun. İşte fark bu!

272. EŞEĞİN YEMİ

Hoca'yla karısı, "Eşeğe yemini sen vereceksin!", "Hayır sen vereceksin!" diye tartışmaya başlamışlar. Hoca bakmış ki tartışmakla sonuca varamayacaklar:

— Hatun, demiş, bu böyle olmayacak. En iyisi, ilk konuşan yemini versin eşeğin.

Karısı kabul etmiş. Susup oturmuşlar.

Biraz sonra karısı sıkılıp komşuya gitmiş. Hoca tek başına otururken eve hırsız girmiş, ne varsa derlemiş toparlamış. Hoca onun gürültüsünü duymuşsa da, konuşmamak için yerinden kımıldamamış. Hırsız, onu dilsiz sanıp, oturduğu odadaki eşyayı bile alıp götürmüş.

Karısı eve gelince, eşyanın yerinde yeller estiğini, kimi öteberinin de yerlere atılmış olduğunu görünce:

— Eyvah! demiş. Efendi, n'oldu?

Hoca sevinçle yerinden kalkmış:

— Haydi bakalım, demiş, ver eşeğin yemini!

273. NE SEN SOR...

Hoca, kendisine emanet bırakılan bir kutu balı tadına şöyle bir bakmak için açmış. Dayanamamış, iki üç günde hepsini yiyip bitirmiş.

Bir süre sonra balın sahibi gelmiş, emanetini istemiş. Kutuyu alıp eliyle şöyle bir tarttıktan sonra da:

— Hocam, demiş, bu kutu çok hafiflemiş. Acaba neden?

Hoca elini sallamış:

— Orasını ne sen sor, ne ben söyleyeyim!

274. BUYURUN CENAZE NAMAZINA!

Hoca bir gün, çevresinde toplanmış olanlara Timur'la askerlerinin kıyıcılığından söz ediyor, cezalarını bulacaklarını söyleyerek moral vermeye çalışıyormuş.

Derviş kılığında biri söze karışmış:

— Onlar öyle kıyıcı, kötü insanlar değildir!

Hoca adamı baştan ayağa süzdükten sonra kuşkulanıp sormuş:

— Erenler, nerelisiniz?

— Maveraünnehir'denim.

— Mübarek adınız nedir?

— Timur.

— Hükümdarlığınız da var mı?

— Var.

Hoca bu cevabı alınca, yanındakilere dönerek:

— Er kişi niyetine, demiş, buyurun cenaze namazına!

275. AĞLAYACAK KİMSESİ YOK...

Hoca'nın karısı hastalanmış. Hoca her gün eve gelince başucuna oturup ağlarmış.

Komşu kadınlar:

— Efendi, demişler, ölümcül bir hastalığa yakalanmış değil ki... Üç beş gün sonra iyileşir kalkar. Üzme kendini bu kadar.

Hoca başını sallamış:

— Bırakın da şimdi vaktim varken ağlayayım, demiş. Bakarsınız, zamanı gelince işten güçten fırsat bulup ağlayamam. Zavallının benden başka ağlayacak kimi kimsesi de yok!

276. KALABALIKTAN HOŞLANMAM!

Bir gün sofraya otururlarken Hoca, karısına:

— Hatun, demiş, başını aç da otur.

Öyle bir âdet olmadığı için kadın şaşırmış:

— Açmasına açayım da, neden istiyorsun bunu?

— Sen başını açarsan, demiş Hoca, melekler kaçar. Ben besmele çekerim, şeytanlar kaçar. Biz de yemeği başbaşa yeriz. Bilirsin ki ben kalabalıktan hoşlanmam!

277. ÖKÜZ ÖĞRETMİŞ

Hoca'nın buzağısına büvelek denen bir sinek yapışmış. Buzağı, kanını emen, canını yakan bu sinekten kurtulmak için sağa sola deli gibi koşarken Hoca'nın diktiği sebzelerin canına okumuş. Hoca eline bir sopa alıp öküzü dövmeye başlamış.

— Ne yapıyorsun Hoca, demişler, sebzeleri çiğneyen, buzağı. Kabahatsiz öküzü ne diye dövüyorsun?

— Suç yaşlı öküzde, demiş Hoca. Bu öğretmemiş olsa, dünkü buzağı bu haşarılığı bilebilir miydi?

278. İNCE HESAP

Hoca evlenmiş, üç ay sonra da çocuğu olmuş. Karısına:

— Hatun, bu nasıl iş? demiş. Benim bildiğim, çocuk dokuz ay on günde doğar.

Kadın kızar gibi yapmış:

— Sen hiç hesap bilmiyorsun, Efendi! Sen beni alalı üç ay, ben sana varalı üç ay, etti altı ay. Üç ay da çocuğu karnımda taşıdım, oldu dokuz ay. On gün için mi söyleniyorsun?

Başını sallayarak karısını dinleyen Hoca:

— Özür dilerim, demiş, bu ince hesap hiç aklıma gelmediydi!

279. BU KILIKTA GÖRENLER...

Hoca, ramazanda imamlık yapmak için köy köy dolaşmışsa da, her gittiği köyün imamı olduğundan, artık umudunu kesmiş geri dönüyormuş. Yolu üstündeki, daha önce gelmediği bir köye uğramış. Bir de bakmış, köyün bütün halkı meydanda... Bir bağırtı çağırtıdır gidiyor... Merak edip sormuş. Sıkı sıkı bağlanmış bir tilkiyi göstermişler:

— Bu Allahın cezası kümeslerde ne tavuk bıraktı, ne horoz... Sonunda ele geçirdik. Şimdi nasıl bir ceza verelim diye konuşuyoruz.

Hoca:

— Tamam, demiş, siz onu bana bırakın!

Köylüler Hoca ne yapacak diye merakla beklemeye başlamışlar.

Hoca kavuğuyla cübbesini çıkarıp tilkiye giydirdikten sonra:

— Şimdi bırakın gitsin! demiş.

Köylüler:

— Anlayamadık, demişler, bu nasıl ceza böyle Hocam?

— Onu bu kılıkta görenler, demiş Hoca, nasıl olsa köylerine almazlar. O da açlıktan geberir!

280. TEKERLEK KADAR BÜYÜĞÜ...

Hoca bir gün memleketi Sivrihisar'a gitmiş. Halk meydanda toplanmış, ramazan hilâli görünecek mi diye olanca dikkatleriyle göğe bakıyormuş.

Hoca bir süre Sivrihisarlıları süzdükten sonra:

— Çok tuhaf insanlar bunlar, demiş. Bizim Akşehir'de ayın değil hilâli, tekerlek kadar büyüğü görünür de, kimse başını bile çevirip bakmaz. Bunlar kıl kadar ayı görmek için toplanmışlar!

281. GEÇ YİĞİDİM GEÇ!

Hoca bir gün mezarlıktan geçiyormuş. Bir de bakmış, bir köpek arka ayağını kaldırmış, mezar taşlarından birine siğiyor. Elindeki sopayla köpeği kovalamak istemiş. Ama köpek ona saldırıvermiş.

Hoca kenara çekilip durmuş:

— Geç yiğidim geç! Lafım sana değildi!

282. ON GÜNLÜK HAMALİYE

Hoca, evindeki ıvırı zıvırı bir hamalın sırtına yüklemiş, satmaya götürüyormuş. Pazar yerine girerlerken kalabalıkta hamalı gözden yitirmiş.

Sonraki günlerde de aramış, bulamamış.

Bir gün uzaktan hamalı görünce kaçmaya başlamış.

Durumu bilen dostlarından biri arkasından seslenmiş:

— Bre Hoca, sen bu adamı on gündür arayıp durmuyor muydun? Şimdi görünce ne diye kaçıyorsun?

— Kaçarım elbet, demiş Hoca. Ya benden on günlük hamaliye isterse?!

283. BELANIN DİŞİSİ

Timur, Akşehir'e bir erkek fil getirmiş. Başıboş gezen fil, ekili alanları silip süpürmüş, bağları bahçeleri ezip geçmiş. Üstelik, yiyeceğini de Akşehirliler sağlıyormuş. Kısacası, fil şehrin başına bela kesilmiş.

Sonunda Akşehirliler Hoca'ya gidip:

— Hoca Efendi, demişler, Timur'a ancak sen söz geçirebilirsin. Şunun bir umarına baksan...

— Haklısınız, demiş Hoca. Yarın benimle birlikte on, on beş kişi gelsin, hep birlikte gidip Timur'a derdimizi anlatalım.

Ertesi gün Hoca önde, ötekiler arkada, yola koyulmuşlar. Timur'un otağına yaklaştıklarında Hoca dönüp ardına bir bakmış, kimse yok... Hepsi korkudan savuşmuşlar. Kendi kendine "görürsünüz siz," deyip Timur'un yanına varmış.

— Efendim, demiş, biz Akşehirliler getirdiğiniz fili çok sevdik. Ama haline acıyoruz. Zavallı hayvan tek kaldı... Bir de dişisini getirtmenizi rica etmek için beni yolladılar.

Timur bu sözlerden hoşlanmış:

— Akşehirlilere selâm söyle, demiş, isteklerini yerine getireceğim.

Hoca oradan çıkıp kendisini dört gözle bekleyen Akşehirlilerin yanına varınca:

— Muştular olsun! demiş. Belanın dişisi de geliyor!

284. MÜHÜR KAZDIRMA

Akşehir'e hat sanatında usta bir mühürcü gelmiş. Her harfi üç akçeye kazıyormuş. Hoca düşünüp taşınmış, mührünü ucuza kazdırmanın bir yolunu bulmuş. Mühürcüye:

— Adım Has (eski harflerle "hı" ve "sin"), demiş. Kazıver. Harfler kazınınca:

— Şu "hı"nın noktasını başa koyma da, demiş, "sin"in kâsesine yerleştir.

Böylece asıl adı olan Hasan yazılmış. Bu buluş hoşuna gittiğinden, mühürcü Hoca'dan para almamış.

285. ÜSTE PARA...

Hoca, komşusuyla söyleşiyormuş. Birisi yanına yaklaşıp bir altın uzatmış:

— Hoca, şu altını bozuver.

Sözü kesilince Hoca'nın canı sıkılmış. Ayrıca yanında para yokmuş. Altını almış, evirip çevirdikten sonra kestirip atmış:

— Bu altın eksik. Bozamam.

Adam ısrar etmiş:

— Kaç para eksik olursa olsun, razıyım.

Hoca'nın tepesi atmış:

— O kadar eksik ki... Bunu verdikten sonra üste ayrıca para vermen gerekir!

286. ÜZÜLMEKTE HAKSIZ MIYIM?

Karısı öldüğünde Hoca pek aldırış etmemiş. Ne yemekten içmekten kesilmiş, ne de neşesi eksilmiş... Oysa bir süre sonra eşeği ölünce ağzını bıçak açmaz olmuş. Somurttukça somurtuyormuş. Onu böyle görenler:

— Hoca, demişler, eşeğin ölümü seni fena sarstı. Karın öldüğünde bile bu kadar yas tutmamıştın. Ne oldu sana?

— Karım öldüğünde, demiş Hoca, daha cenaze akşamından, eş dost, konu komşu, "Hoca üzülme, ondan daha iyisini bulur seni evlendiririz," dediler. Eşeğim öleli on beş gün oldu, bir kişi olsun çıkıp da "Hoca üzülme, sana yeni bir eşek alırız," demedi. Üzülmekte haksız mıyım?!

287. NESİNİ KAÇIRDI?

Hoca'ya:

— Karın aklını kaçırdı, demişler.

Hoca, derin derin düşündükten sonra:

— Bizim karının aklı yoktu, demiş. Acaba nesini kaçırdı diye düşünüyorum!

288. EVİN ALTI ÜSTÜNE...

Hoca ev yaptırıyormuş. Dülgere, döşeme tahtalarını tavana, tavan tahtalarını döşemeye çakmasını söylemiş.

Dülger sebebini sorunca:

— Yakında evleneceğim, demiş. İnsan evlenince evin altı üstüne gelir derler. Böyle yaparsan iki kez harcama yapmaktan kurtulmuş olurum!

289. SÖZ BİR...

Hoca'ya yaşını sormuşlar, "kırk" demiş. Aradan on yıl geçmiş. Yine yaşı sorulmuş, yine "kırk yaşındayım" demiş.

— Nasıl olur Efendi? demişler. Bundan on yıl önce sorduğumuzda da "kırk yaşındayım" demiştin.

Hoca gülümsemiş:

— Bizde söz bir Allah bir!

290. AYAĞININ UĞURU...

Akşehir'in kıyıcı derebeylerinden biri, çevre köylerden birinde birkaç gün kalıp dönmüş. Hoşgeldine gidenler arasında Hoca da varmış.

— Köy nasıldı? demiş. Eğlenebildiniz mi bari?

Derebeyi:

— Çok eğlendim, diye anlatmaya başlamış. Pazartesi günü yangın çıktı, iki kişi yandı. Ertesi gün bir kuduz köpek üç kişiyi ısırdı, kızgın demirle dağlatıp seyrettim. Çarşamba günü yağmur yağdı, köyü sel bastı. Birkaç ev yıkıldı, hayvanlar sele kapılıp gitti. Perşembe günü azgın bir boğa ortalığı birbirine kattı, iki kişiyi boynuzlayıp öldürdü. Cuma günü bir köylü çıldırdı, karısıyla çocuğunu doğradı. Ben de onu köy meydanında işkenceyle öldürttüm. Cumartesi günü bir ev yıkıldı, içindeki birkaç kişi yıkıntı altında kaldı. Pazar günü, çocuğunu boğup kendini ağaca asan bir kadını seyretmeye gittik. Yani haftanın her günü bir eğlence çıktı.

Hoca dayanamamış:

— İyi ki çabuk dönmüşsünüz, demiş. Yoksa, ayağınızın uğuru sayesinde taş üstünde taş, baş üstünde baş kalmayacakmış!

291. OĞLUMUN BABASI ÖLDÜ...

Hoca siyah cübbe ve şalvar giymezmiş. Bir gün onu siyaha bürünmüş görenler:

— Ne oldu Hoca Efendi, demişler, bugün karalar giymişsin?

— Oğlumun babası öldü de... demiş Hoca. Onun yasını tutuyorum.

292. DÜNYANIN LÂNETİ...

Hoca'yla dostları bağlık bahçelik bir köye gidip iki üç gün kalmak, hoşça vakit geçirmek istemişler. Herkes kendisini orada geçirecekleri günlerin düşlemine kaptırmış, bol keseden atıyormuş:

— Püryan edilecek kuzu benden.
— Patlıcan dolması benim üzerime.
— Baklava benden.
— Börek benim üzerime.

Sıra Hoca'ya gelmiş, bütün gözler onun üzerine çevrilmiş.

— Bu ziyafet üç yıl böyle sürse bile, oradan bir dakika olsun ayrılırsam dünyanın bütün lâneti de benim üzerime! demiş.

293. HOCA - KOCA

Komşu kadınlardan biri, bir gün Hoca'ya:

— Hoca Efendi, demiş, bizim deli kıza muska mı yazarsın, nefes mi edersin, ne yapacaksan yapsan da biraz akıllansa... Hiç sözümü dinlemiyor, densizlik edip duruyor.

Hoca:

— Hanım, demiş, sen kızına hoca bulacağına koca bul. Bak o zaman nasıl mum gibi olur!

294. HER KAFADAN BİR SES

Hoca, oğluyla birlikte köye gidiyormuş. Oğlunu eşeğe bindirmiş, kendisi yürümüş. Karşıdan gelenler, oğlunu göstererek:

— Ak sakallı adam yürürken kendisi eşekte gidiyor, demişler. Zamane çocuğu işte...

Hoca oğlunu indirip kendisi binmiş. Az sonra birkaç kişiyle daha karşılaşmışlar. Bunlar:

— Koca adama bak, demişler. Bu sıcakta çocuğu yaya yürütüyor. Hiç insafı yok.

Hoca, eşeğe oğlunu da bindirmiş.

Çok geçmeden yine üç beş kişiye rastlamışlar. Adamlar:

— Zavallı hayvan! demişler. Düşüp ölecek! Hiç acımadan iki kişi birden binmişler üstüne!

Hoca inmiş, oğlunu da indirmiş. Eşek önde, onlar arkada ilerlemişler. Biraz sonra, yol kıyısında duranlar:

— Amma aptal adamlar bunlar, diye konuşmaya başlamışlar. Eşek bomboş gidiyor, kendileri kan ter içinde arkasından yetişmeye çalışıyorlar!

Hoca dayanamamış. Oğluna dönüp:

— Gördün mü, demiş, her kafadan bir ses çıkıyor. Şu dünyada kimseyi hoşnut edemiyor, kimsenin dilinden bir türlü kurtulamıyorsun. İyisi mi, kendi bildiğinden şaşmayacaksın!

295. BULMANIN KEYFİ

Bir gün Hoca yine eşeğini yitirmiş. Hemen pazara koşmuş, bağırmaya başlamış:

— Eşeğimi kim bulup getirirse, semeriyle birlikte ona vereceğim!

— Hoca Efendi, demişler, eşeği bulana verecek olduktan sonra ne diye arıyorsun?

— Kaybolan şeyi bulmanın keyfini bilmezsiniz siz! demiş Hoca.

296. KUŞ BİLE YETİŞEMEZDİ!

Bir gün Timur, Hoca'yı cirit oyununa çağırmış. Hoca da koca öküzüne binmiş, çevredekilerin kahkahaları arasında ağır aksak oyun yerine gelmiş. Timur:

— Hoca, demiş, ciritte çok çevik hayvan gereklidir. Bunu bilmez misin? Bu öküz de nereden çıktı?

— Ah, demiş Hoca, sen bunu buzağıyken görmeliydin. Ardından kuş bile yetişemezdi!

297. NARIN BİTTİ!

Bir molla Konya dolayında yolculuk ediyormuş. Rastladığı bilgili kişilere sorular sorar, böylelikle bilmediklerini öğrenirmiş. Bir gün kendisine demişler ki:

— Bu gibi şeyleri Akşehir'deki Nasreddin Hoca bilir.

Molla'nın yolu Akşehir'e düşmüş. Daha kasabaya girmeden, yol kıyısındaki bir tarlada çift süren sırtı heybeli, ayağı çarıklı, başı sarıklı bir adam görmüş. Bizim Hoca'ymış bu... Yanına yaklaşmış, söyleşiye dalmışlar. Söz arasında molla:

— Buraya yolum düşmüşken Hoca Nasreddin Efendiyi de göreceğim, demiş. Öğrenmek istediğim bazı şeyler var.

Hoca, mollanın mendilindeki kıpkırmızı narlara takılmış.

— Şu narlardan bana verirsen, demiş, sorularını cevaplarım. Molla razı olmuş. O sordukça Hoca nar alıp cevap veriyormuş. Sonunda narlar tükenmiş. O sırada molla:

— Bir sorum daha var... diyecek olmuş.

— Yürü var git, halt etme. Narların tükendi!

298. ÇEKİRDEKLERİYLE...

Hoca hurma getirmiş, karısıyla birlikte yiyorlarmış. Karısı bakmış ki Hoca hurmaların çekirdeklerini çıkarmıyor:

— Efendi, demiş, hurmanın çekirdeği yenir mi?

— Ne yapayım, demiş Hoca, satıcı çekirdekleriyle tarttı!

299. ÇIKINCA YAKALAYACAĞIM

Hoca, çaydan su almak için testisini daldırdığı sırada testi elinden kayıp suyun dibini boylamış. Hoca yerinden kımıldamadan beklemeye başlamış. Oradan geçen bir tanıdığı sormuş:

— Ne bekliyorsun Hoca?

— Testi suya daldı da, demiş Hoca, onu bekliyorum. Çıkınca boğazından yakalayacağım!

300. TÜRKÇE YELLENMEK

Hoca bir ara Kürdistan'da elçilik yapmış. Kürt beyleri Hoca'ya olağanüstü değer gösterip büyük bir şölen vermişler. Hoca da heybetli bir sarık sarıp kürkünü giymiş, mollasını arkasına alarak kurumla şölene katılmış. Ama hiç hoşlanmadığı aşırı nazik davranışlar karşısında çok sıkılmış. Bu arada seslice yellenivermiş.

Dönerlerken yolda mollası:

— Efendi, pek ayıp oldu, diyecek olmuş.

— Behey ahmak, demiş Hoca. Dilimizi bilmez Kürtler Türkçe yellenmekten ne anlayacak?!

301. AZRAİL GELİRSE...

Hoca hastalanmış. Günden güne kötüye gider olmuş. Bir gün karısına:

— Hatun, demiş, git kaşına rastık, yüzüne düzgün sür, yeni entarini giy, tak takıştır, sonra gel karşıma otur.

Karısı şaşırmış:

— Sen neler söylüyorsun efendi! Sen bu durumdayken benim içimden gelir mi süslenmek? Beni vicdansız mı sanıyorsun?

— Niyetimi anlamadın, demiş Hoca. Ölümüm yaklaştı. Azrail gelirse belki seni beğenir de beni bırakır diye söyledim!

302. ALTI PARMAĞI OLSA...

Hoca çok acıkmış, iştahlı iştahlı yemeğini yiyormuş. Birisi sormuş:

— Hocam, neden beş parmakla yiyorsun?

— Altı parmağım olmadığı için! demiş.

303. DÜNYANIN ORTA YERİ

Dünyayı dolaşan üç bilgin papaz Akşehir'e de uğramışlar. Hoca'nın ününü duyunca kendisiyle tanışmak istemişler.

Akşehir ileri gelenlerinin de katıldığı toplantıda Hoca, papazlarla tanıştırılmış. Yenilip içildikten, dereden tepeden konuşulduktan sonra, papazlardan biri Hoca'ya sormuş:

— Hoca Efendi, dünyanın ortası neresidir?

Hoca kapının önündeki eşeğini göstermiş:

— Eşeğimin ön ayağının bastığı yerdir.

— Nereden belli? demiş papaz.

— İnanmıyorsanız ölçün! demiş Hoca.

İkinci papaz:

— Hoca efendi, demiş, gökte kaç yıldız vardır?

Hoca aynı rahatlıkla bu soruyu da cevaplamış:

— Gökte, eşeğimin kuyruğundaki kıl sayısı kadar yıldız var.

— Nasıl kanıtlarsınız?

— Mademki inanmıyorsunuz, sayın öyleyse.

Hoca'nın hazırcevaplılığı karşısında şaşıran papazların üçüncüsü, soru sormaktan vazgeçmiş...

304. İYİ GÖRMEK İÇİN

Hoca bir gece telâşla karısını uyandırmış:

— Aman karı! Çabuk! Uykum açılmadan şu gözlüğü ver de gözüme takıp yatayım!

Karısı bunun sebebini sorunca demiş ki:

— Bir güzel düş görüyordum. Kimi yerlerini seçemedim. Onun için, gözlük takıp yatacağım!

305. NASIL ALDATSIN?

Nasreddin Hoca'nın mollalığı sırasında, iddiacı bir arkadaşı varmış. Her yerde:

— Kimse beni aldatamaz! der dururmuş.

Nasreddin bir gün bu çocuğa:

— Sen şurada dur. Ben şimdi gelip seni inandırmanın yolunu bulacağım, gör bak... deyip gitmiş.

Çocuk uzun süre beklemiş, Nasreddin görünmemiş. Kendi kendine söylenip dururken arkadaşlarından biri yanına yaklaşmış:

— A budala, ne söylenip duruyorsun, demiş. Nasreddin seni aldatıp gitmiş. Daha ne biçim aldatılmak bekliyorsun?!

306. TEK AYAKLI...

Hoca bir gün kaz pişirtmiş, "Aksak" ya da "Topal" sanıyla anılan Timur'a götürüyormuş. Yolda dayanamamış, bir budunu mideye indirmiş. Timur'un otağına varınca armağanını sunmuş. Timur, kazı görünce:

— Hoca, demiş, hani bu kazın bir ayağı?

Hoca, hiç bozuntuya vermeden:

— Bizim buradaki kazlar tek ayaklıdır! deyivermiş.

Sonra kendi sözünden ürkmüş. Pencereden, güneşlenmek için tek ayak üzerinde duran kazları görünce hemen eklemiş:

— İnanmazsanız bakın şu kazlara...

Timur da bunu görüp "kös vurulsun!" buyruğu vermiş. Büyük davullar çalınmaya başlayınca kazlar ürküp kaçışmışlar. Timur, Hoca'yı pencereye çağırmış:

— Hoca, bak, kazlar iki ayaklı!

Hoca cevabı yapıştırmış:

— O kadar değneği sen yeseydin, dört ayaklı olurdun!

307. KAVGANIN NEDENİ

Bir gün mahallede Hoca, elinde sopayla karısının ardından koşuyor, bir yandan da bağırıyormuş:

— Nedir bu senden çektiğim! Yeter artık! Sana bir temiz sopa çekeyim de aklın başına gelsin!

Karısı da:

— Yetişin! Can kurtaran yok mu! Öldürecek beni bu adam! diyerek kaçıyormuş.

Bir evde düğün varmış o sıra. Düğün evindekiler sokağa dökülmüşler, Hoca'nın karısını ele geçirmesine engel olmuşlar.

Kadınlar Hoca'nın karısını kendi bölümlerine götürürken Hoca da içeri alınıp sofranın başına oturtulmuş. Orada bir yandan iştahlı iştahlı yemiş, bir yandan kavgayı anlatmış. Baklava tepsisi gelince, önündeki dilimleri yiyip bitirdikten sonra:

— Hınzır karı sokakta elime geçseydi şöyle tutup çevirecektim, deyip tepsinin dolu tarafını önüne getirmiş; baklavanın büyük bir bölümünü mideye indirmiş.

Kahveler de içildikten sonra kavganın sebebini sormuşlar.

— Sebebi, demiş Hoca, düğüne çağrılmayışımız. Komşu bizi çağırmayınca, biz de o kavgayı icat ettik!

308. YERİNİ BEĞENMEMİŞ

Bağcılar bağ çubuğu dikiyorlarmış. Hoca:

— Beni de dikin, demiş, bakalım nasıl meyve vereceğim.

Hoca soyunmuş, bağcılar da onu yarı beline kadar toprağa gömmüşler.

Az sonra Hoca sıkılmış. Biraz debelenmiş, fırlayıp çıkmış.

— N'oldu Hoca? demişler.

— Yerimi beğenmedim, demiş. Tutmadım, çıktım!

309. KIRK YILDA BİR...

Hoca küçükken babasının söylediklerinin tam tersini yaparmış. Babası ona bir şey yaptırmak isteyince istediğinin tam tersini söylemeye başlamış.

Bir gün değirmenden gelirlerken, dar bir köprü çıkmış önlerine. Eşek buradan yüküyle geçemeyeceği için, babası köprüden yürümüş. Nasreddin de hayvanı suya sürmüş. Su az olduğundan rahatça ilerlemişler. Ama tam çayın ortasına geldiklerinde, çuvallar yana yatmış, çaya düşecek gibi olmuş. Babası, her zamanki gibi, Nasreddin'e yaptırmak istediğinin tersini söylemiş:

— Oğlum, çuvallar suya değiyor. İyice asıl da suya batsın!

Nasreddin, "Şimdiye kadar babam ne söylediyse tersini yaptım," demiş kendi kendine. "Kırk yılda bir de dediğini yapayım."

Çuvala bir asılmış, eşeğin semeri ters dönmüş. Un çuvallarının hepsi de suya gömülmüş!

310. AĞZINI KAPAMIYOR!

Hoca'nın da bulunduğu bir toplulukta, ileri geri konuşan, ipe sapa gelmez şeyler söyleyen bir adam, böylelikle başkalarının da konuşmasına engel oluyormuş. Bir ara esneyip duran Hoca'ya taş atmış:

— Efendi, sen hiç ağzını açmadan oturuyorsun.

— Amma yaptın ha! demiş Hoca. Çenelerim birbirinden ayrılacakmış gibi esniyorum habire... Ağzımı hiç kapadığım yok ki!

311. ŞU YOLDAN GİDERDİM...

Hoca bir ağaca çıkmış, bindiği dalı kesiyormuş. Aşağıdan geçen bir adam görüp seslenmiş:

— Hoca ne yapıyorsun? Şimdi düşeceksin!

Hoca aldırış etmemiş, vurmuş baltayı... Çok geçmeden de dal kırılmış, yere yuvarlanmış. Yarasına beresine bakmadan hemen fırlamış, biraz uzaklaşmış olan adamı bulmuş, yakasına sarılmış:

— Mademki düşeceğimi bildin, demiş, öleceğim günü de bilirsin. Söyleyiver.

Adam "bilemem" filan demişse de Hoca diretmiş. O da yakasını kurtarmak için:

— Eşeğe odun yüklediğinde, yokuş yukarı çıkarken eşek bir kere yellenince canının yarısı gidecek, ikinci yellenişinde canın çıkacak, demiş.

Biraz sonra eşek iki kere yellenince Hoca da:

— Ben öldüm! deyip kendini yere atıvermiş.

Onu orada gören köylüler gidip evine haber vermişler. Gelip Hoca'yı yıkamışlar, tabuta koymuşlar. Cemaat toplanmış, tabutu alıp mezarlığa doğru ilerlemiş. Bir ara yol çatallaşmış. Cemaat tartışmaya başlamış:

— Şuradan gidelim.

— Hayır, şu yol daha yakın!

Hoca dayanamayıp tabuttan başını kaldırmış:

— Ey cemaat, demiş, ben sağlığımda şu yoldan giderdim!

312. GÜN GÖRMEDİK...

Hoca Konya'ya gidip dönmüş. Karısıyla konuşuyorlarmış. Söz arasında:

— Orada akça pakça karılar da çok... demiş.

Karısı alınmış:

— Onlar benim gibi sabahtan akşama kadar güneşin altında çalışıp durmuyorlar tabii...

Hoca kendini tutamamış:

— Karıcığım, darılma ama, ben senin gün yüzü görmedik yerlerini de bilirim! deyivermiş.

313. AYAKLARIN SAHİPLERİ

Birkaç çocuk, Hoca'yla şakalaşmak istemişler. Dere kenarına oturmuş, ayaklarını suya sokmuşlar. Hoca oradan geçerken kendi aralarında tartışır gibi yapmışlar:

— Benim ayağım nerde?

— Hayır, o senin ayağın değil!

— Hasan'ın ayağı benimkiyle karıştı!

Hoca yanlarına yaklaşınca içlerinden biri:

— Hoca Efendi, demiş, ayaklarımız karıştı!

Hoca, sakin sakin:

— Durun çocuklar, demiş, ben şimdi her ayağın sahibini bulacağım.

Eline bir değnek alıp suyun içine sokmuş, çocukların ayaklarına vurmaya başlamış.

Hepsi de, can acısıyla ayaklarını sudan çıkarmak zorunda kalmışlar.

314. SONRA KARIŞMAM!

Hoca bir gün düşünde komşu kadınların kendisini evlendirdiğini görmüş. Heyecan içinde uyanmış. Bakmış karısı yanında yatıyor. Dürtüp onu da uyandırmış:

— Amma aldırışsız kadınsın yahu! demiş. Kalk! Komşu kadınlar beni evlendirip üstüne ortak getirecekler. Kov şu kadınları! Sonra karışmam!

315. ŞALVARLA DON

Timurlenk, Akşehirlilere:

— En yürekli adamınız kimse yanıma yollayın, demiş. Ona çok önemli bir görev vereceğim. Kimse Timur'a yaklaşmaya cesaret edememiş. Nasreddin Hoca'yı bulmuşlar; "bu işi senden başkası beceremez " deyip yalvarmışlar. Hoca da boynunu büküp Timur'un yanına varmış. Timur:

— Bir deneyelim bakalım, demiş.

Hoca'yı bir meydana getirip dimdik durmasını söylemişler. En keskin nişancılardan biri, attığı oku Hoca'nın bacakları arasından geçirmiş. Bir başkası, Hoca'yı vurmadan cübbesinin geniş yenlerini delmiş. Üçüncü ok, Hoca'nın kavuğunun tepesini vurmuş.

Bu deneme sırasında Hoca'nın kımıldamadan, taş gibi durduğunu gören Timur:

— Hoca gözüpek adammış, demiş, çok beğendim. Delinen cübbesiyle kavuğunun yerine yenilerini verin.

Hoca, biraz sıkılarak:

— Emrediniz de, demiş, bir şalvarla bir don da versinler. Benimkilerin kullanılacak hali kalmadı!

316. FARSÇA DEĞİL Mİ...

Bir gün Akşehir mollaları, kendi aralarında konuşup Hoca'nın Farsça bilmediği sonucuna varmışlar. Sonra Hoca'ya giderek:

— Hoca Efendi, demişler, sen Farisi bilmiyorsun.

— Haltetmişsiniz siz, demiş Hoca. Ben Farisi de bilirim.

— Öyleyse bize bir beyit oku da anlayalım, demişler.

Hoca hemen okumuş:

Reftem be-cay-ı serviler gördüm dokuz kurt
âmedend
Birkaçını patakladım birkaçı tarla mirevend.

Mollalar, Hoca'nın gerçekten Farsça bildiğine inanarak çıkıp gitmişler.

(Reftem: Gittim. Âmedend: Geldiler. Mirevend: Gittiler.)

317. TAŞINMADIK MI?

Bir gece Hoca'nın evine hırsız girmiş. Ne kadar eşya varsa toparlayıp denk yapmış, sırtına alıp evine yönelmiş. Onu yattığı yerden izleyen Hoca da, yatak odasındaki iki üç parça eşyayı yüklenip ardına düşmüş.

Hırsızın evine gelmişler. Kapıyı açarken ardında Hoca'yı gören hırsız:

— Benim evimde ne işin var be adam? diye diklenmiş.

— Ne diye şaşıyorsun, demiş Hoca. Biz bu eve taşınmadık mı?

318. DİZLERİNİN BAĞI

Hoca'nın karısı çok geçimsiz, çok dırdırcıymış. Hoca bıkıp usanmış. Bir gün vaaz verirken şirret kadınlardan söz açmış, ağzına geleni söyleyip biraz rahatlamış. Sonra da:

— Ey cemaat! demiş, içinizde karısından hoşnut olmayanlar varsa ayağa kalksın.

Herkes ayağa kalkmış. Hoca şaşkın şaşkın bakınırken komşularından biri:

— Hoca Efendi, demiş, ayağa yalnız sen kalkmadın. Demek ki karısından hoşnut olan tek kişi sensin.

— Yok canım, demiş Hoca. Ben herkesten önce kalkacaktım. Ama bu söz açıldığı için dizlerimin bağı çözülüverdi, yerimden kımıldayamadım!

319. MUHTAÇ OLMAMAK İÇİN...

Cimri bir adam, Hoca'ya:

— Duydum ki, demiş, parayı çok seviyormuşsun.

Hoca sözü ağzından almış:

— Severim, demiş, çünkü senin gibilere muhtaç olmak istemem!

320. YOLU ŞİMDİDEN YARILADIK!

Hoca'yla karısı dört günlük bir yola gidiyorlarmış. Biraz ilerlemişler, Hoca sormuş:

— Hanım, daha ne kadar yolumuz kaldı?

— Efendi, demiş karısı, bugünle yarın gidersek, daha iki günlük yolumuz kalacak.

Hoca başını sallamış:

— Karı, desene yolu şimdiden yarıladık!

321. YEDİRİR DİYE...

Timur, Akşehir subaşısını çağırtıp mallarının defterini istemiş. Yiyiciliğiyle ünlü subaşı, bir koca defterle çıkagelmiş. Timur defterin bütün yapraklarını birer birer koparttırıp subaşıya yedirmiş.

Aynı günlerde Timur, Hoca'yı vergi toplamakla görevlendirmiş. Hoca, vergiyi topladıktan sonra, elinde bir kül pidesiyle Timur'un yanına gelmiş:

— Vergiyi topladım. Belki subaşıya yaptığınız gibi hesapları yedirirsiniz diye de, hepsini bunun üzerine yazdım!

322. KIYAMET

Nasreddin Hoca'ya sormuşlar:

— Kıyamet ne zaman kopacak?

— Karım ölürse küçük kıyamet, ben ölürsem büyük kıyamet kopacak! demiş.

323. KOKUSUNU NE YAPACAKSIN?

Hoca'nın yanında seslice yellenen biri, kabahatini örtbas edebilmek için ayağını tahtaya sürtmeye başlamış.

Hoca kıs kıs gülmüş:

— Haydi sesini uydurdun diyelim. Ya kokusunu ne yapacaksın?

324. SENİN GİBİ İNSAFSIZIN...

Hoca'nın karısı kaynar çorbayı sofraya koymuş. Bir kaşık çorba yemeye kalkışınca da ağzı haşlanmış, gözünden yaşlar boşanıvermiş. Hoca sormuş:

— Niçin ağlıyorsun?

— Zavallı anneciğim bu çorbayı çok severdi de, demiş kadın, o aklıma geldi.

O sırada Hoca da kaşığını çorbaya daldırıp ağzına götürmüş, onun da gözünden yaşlar boşanmış. Bu kez karısı sormuş:

— Ya sen niye ağlıyorsun Efendi?

— Uğursuz ananın ölüp de senin gibi insafsızın sağ kalmasına ağlıyorum! deyivermiş Hoca.

325. DAHA GİDEYİM Mİ?

Bir gece yatarlarken Hoca'nın karısı:

— Efendi, biraz ileri git, demiş.

Hoca kalkmış, pabuçlarını giymiş, yürümeye başlamış. İki saat kadar gittikten sonra bir tanıdığıyla karşılaşmış. Merhabalaştıktan sonra:

— Akşehir'e varınca bizim eve uğra, demiş, benim karıya sor bakalım, daha gideyim mi?

326. HAYVANLAR DA...

Hoca, Konya'da gezerken büyük bir yapı görmüş. Durmuş seyrederken, binanın kapıcısı sormuş:

— Efendi, ne diye öyle bön bön bakıyorsun?

— Burası neresidir anlamak istedim, demiş Hoca.

Kapıcı, alay etmek için:

— Değirmen! demiş.

Hoca soruvermiş:

— Bu değirmende çalışan hayvanlar da burası kadar kocaman mı?

327. KOMŞULAR

Hoca'ya:

— Yüz yaşındaki adamın çocuğu olur mu? demişler.

— Yirmi beş, otuz yaşlarında komşuları varsa olur, demiş.

328. FİNCANCI KATIRLARI

Hoca bir gün mezarlıktan geçerken boş bir mezar görmüş. Kendi kendine, "Şuraya ölü gibi yatsam sorgu melekleri gelir mi acaba?" diyerek mezarın içine uzanmış.

Biraz sonra dışardan çan sesleri, birtakım gürültüler işitince korkmuş. "Eyvah, kıyamet kopuyor!" diyerek mezardan fırlamış.

Meğer fincan, kâse, tabak yüklü katırlar geçiyormuş. Hoca birdenbire önlerine çıkınca hayvanlar ürkmüş; sağa sola koşuşturup üzerlerindeki yükleri devirmişler. Bütün fincanlar, tabaklar kırılmış... Katırcılar, Hoca'ya:

— Kimsin? Ne işin var burada?! demişler.

— Ahretten geldim, demiş Hoca. Dünya halini görmek için...

Katırcılar:

— Biz şimdi sana gösteririz! deyip. Hoca'yı bayıltıncaya kadar dövdükten sonra çekip gitmişler.

Hoca ayılınca, kafası gözü yarılmış, üstü başı paramparça, binbir güçlükle evinin yolunu tutmuş.

Yolda, onu bu durumda görenler:

— Ne oldu sana Hoca Efendi? demişler.

— Sormayın, demiş, ölmüştüm de... Öteki dünyadan geliyorum.

Bıyık altından gülmüşler:

— Oralarda ne var ne yok?

Hoca, güç belâ:

— Fincancı katırlarını ürkütmezsen bir şey yok! diyebilmiş.

329. EVDE YOK DİYE...

Hoca eşeğine binmiş, köy yoluna düşmüş... Giderken şiddetli bir deprem olunca eşekten inip yere kapanmış, şükretmeye başlamış.

Onu öyle görenler:

— Efendi, demişler, ne diye şükrediyorsun?

— Evde bulunmadığıma... demiş Hoca. Bizim harap ev bu sallantıya dayanamamıştır. Yıkılmamışsa bile, evde olsaydım, şimdi yıkılıverecek diye yüreğime inerdi!

330. ÖBÜR DÜNYADAN

Hoca bir gün mezarlıkta soyunmuş, üstünü başını silkeleyip temizlemeye çalışıyormuş. Şiddetli bir rüzgâr çıkmış, gömleğini uçuruvermiş. Hoca da tutmak için ardından koşmuş. Karşıdan birkaç atlı geliyormuş. Atları Hoca'yı görünce ürkmüş. Adamlar atlarından inip Hoca'nın karşısına dikilmişler:

— Bre adam, demişler, hortlak mısın nesin? Ne işin var böyle mezarlıkta?

Hoca aşağıdan almak zorunda kalmış:

— Evlâtlarım, demiş, ben öbür dünyadanım. Orası da kirlenmesin diye mezarımdan çıktım. Bir abdest bozup geri döneceğim!

331. MIŞIL MIŞIL...

Hoca'nın kısa, dar bir yorganı varmış. Soğuk gecelerde hırka, cübbe gibi şeyleri yorganın üstüne yığıp ısınmaya çalışırmış. Karlı bir kış gecesi yatmışlar. Bir türlü ısınamayan karısı sızlanmaya başlamış, Hoca'nın uyumasına da engel olmuş.

Sonunda Hoca yataktan fırlayıp kalkmış, bahçeye çıkmış, bir çuvala kar doldurup getirmiş:

— İşte hanım, demiş, sana bir çuval pamuk. İstediğin gibi yorgan yap!

Karısı:

— Sen delirdin mi Efendi? demiş, hiç kardan yorgan olur mu? Karın insanı ısıttığı görülmüş şey mi?

— Isıtır ısıtır, demiş Hoca. Isıtmasaydı dedelerin onun altında yatıp mışıl mışıl uyurlar mıydı?!

332. ÖRDEK ÇORBASI

Bir suyun başında ördeklerin oynaştığını gören Hoca, tutmak için üstlerine yürümüş. Ördekler kaçışmışlar. Hoca da oturmuş, heybesinden ekmek çıkarıp suya batıra batıra yemeye başlamış. Oradan geçen birisi:

— Afiyet olsun Hocam, demiş, ne yiyorsun?

Hoca, ekmeğini suya batırırken:

— Ördek çorbası! demiş.

333. HOROZUN BİLMEDİĞİ...

Hoca, tavuklarını bir kafese doldurmuş, Akşehir'den Sivrihisar'a götürüyormuş. Yolda, kendi kendine, "Zavallıcıklar, bu sıcakta birbiri üstünde eziyet çeke çeke gidiyorlar," demiş. "Hayvancıkları hapisten kurtarayım da, hep birlikte sere serpe gidelim."

Salıverdiği tavuklar dört yana dağılıp kaçışmışlar. Hoca da eline bir değnek almış, horozu önüne katıp kovalamaya başlamış:

— Gece yarısında sabah olduğunu bilirsin de öğle vakti Sivrihisar yolunu neden bilmezsin?!

334. İNSAF

Bir gün yine Hoca'nın evine hırsız girmiş. O öteyi beriyi karıştırırken Hoca onun kapı önüne bıraktığı pabuçları saklamış. Hırsız çalacak bir şey bulamamış. Giderken pabuçlarını da göremeyince yalınayak sokağa çıkmış. Hoca ardından bağırmış:

— Tutun hırsızı! Kaçıyor!

Hoca'nın komşuları evlerinden fırlayıp adamı yakalamışlar. Hırsız:

— İnsaf edin, demiş. Eve giren benim ama, pabuçlarımı çalan kendisi!

335. KENDİSİ HABER VERDİ

Nasreddin Hoca bir gün sormuş:

— Bir insanın öldüğü nasıl anlaşılır?

— Eli ayağı buz gibi olur, demişler.

Bir süre sonra ormana odun kesmeye gitmiş. Birkaç saat ayazda kalınca her yanı buz gibi olmuş, eli ayağı tutmamış. O da:

— Ben öldüm, deyip yere uzanıvermiş.

Uzun zaman öyle kalmış. Kimseler gelmeyince zar zor kalkıp güçlükle evine varmış. Karısına:

— Hatun, demiş, ben ormanda öldüm. Komşulara haber ver, gelip cenazemi kaldırsınlar.

Geri dönüp ilk yattığı yere uzanmış...

Karısı ağlamaya, bağırıp çağırmaya başlamış. Komşular gelmişler, neden ağladığını sormuşlar.

— Kocam ormanda öldü! diye ağıdını sürdürmüş.

— Kim haber verdi sana? demişler.

— Kimimiz kimsemiz yok bizim, diye sızlanmış. Garibin kendisi gelip haber verdi!

336. HINK DEYİCİNİN HAKKI

Hoca yoksul düşünce Konya'nın yöneticisine başvurmuş, kendisini kadılığa atamasını rica etmiş. O ise, bir süre oyaladıktan sonra, boş kadılık bulunmadığını söyleyip Hoca'yı başından savmak istemiş. Bunun üzerine Hoca:

— Beni gölge kadısı yapın, demiş. Çözülmesi güç, acayip davaları bana yollarlar, ben de çözerim.

Bu öneriyi beğenen yönetici, Nasreddin Hoca'yı gölge kadılığına getirmiş.

Bir gün Hoca'ya garip bir dava yollamışlar. Davacı karşısına gelmiş, davalıyı göstererek demiş ki:

— Bu adam ormanda odun keserken, her balta vuruşunda "hınk" deyip kendisini gayrete getirdim. Şimdi karşılığını istiyorum, vermiyor.

Hoca, sakalını sıvazladıktan sonra davalıdan para kesesini istemiş. Adam ne olduğunu anlayamamış, keseyi çıkarıp uzatmış.

Hoca keseden paraları çıkarıp akçe tahtası üzerinde saydıktan sonra davacıya:

— Tamam, demiş, hakkını aldın. Çık git!

Adam:

— Ama paraları vermediniz, diyecek olmuş.

— Hınk diyenin hakkı budur, demiş Hoca. Sesine karşılık para sesi verdim!

337. MADEM HEPSİ VAR...

Hoca'nın canı helva istemiş. Doğru bakkala gidip sormuş:

— Sende un var mı?

— Var, demiş bakkal.

— Yağ var mı?

— Var.

— Bal?

— O da var.

— Be adam, demiş Hoca, madem hepsi var, ne diye helva yapıp yemezsin!

338. HAMAM YAPILSAYDI...

Hoca bir gün hamama gitmiş. Bakmış ki hamamda kimsecikler yok, kayabaşı türküsüne başlamış. Kendi sesini pek beğenmiş. "Mademki benim böyle güzel sesim var, bunu herkese dinletmeliyim," demiş.

Hamamdan çıkınca doğru minareye... Öğle vakti yatsı ezanı okumaya girişmiş. Aşağıdan biri seslenmiş:

— Ne uyumsuz adamsın! Öğle vakti böyle bet sesle yatsı ezanı okunur mu?

Hoca ezanı kesip aşağı eğilmiş:

— Ah bir hayır sahibi çıkıp da şu minarenin üstüne hamam yaptırsaydı, sen o zaman anlardın benim sesimin güzelliğini!

339. BAŞI BİZİM...

Bir gün Hoca'nın eşeğinin yuları çalınmış. O da hayvanı kulağından tutup evine götürmüş, ahıra kilitlemiş. Birkaç gün sonra pazardan geçerken yuları başka bir eşeğin başında görünce durmuş, bakmış bakmış:

— Allah Allah... demiş. Bu eşeğin başı bizim. Ya bedeni nasıl değişmiş?!

340. BU DA CABASI!

Nasreddin Hoca Akşehir Gölü'nın kıyısında balık tutuyormuş. Birkaç tane tuttuktan sonra canı sıkılmış. "Gideyim artık," deyip arkasına dönmüş, balıkları koyduğu sepeti eline almış. Bakmış ki sepette hiç balık yok. Meğer o balık tutmakla uğraşırken çocuklar sepete koyduklarını aşırırlarmış. Sepeti göle fırlatıp:

— İşte görüyorsun, demiş, boş geldim boş gidiyorum. Bu da benden sana caba!

341. PİLAV LENGERİYLE...

Sultan Alâaddin, Hoca'yı iftara çağırmış. Sofraya önce düğün çorbası gelmiş. Sultan çorbadan bir kaşık içince uşaklara seslenmiş:

— Bu ne biçim çorba! Unlar topak topak bırakılır mı? Kaldırın şunu!

Onu kaldırıp nar gibi kızarmış hindi dolması koymuşlar. Bir lokma aldıktan sonra sultan yine bağırmış:

— Ne ahmak herife çattık! Baharat koyma demedim mi ben o aşçıbaşıya! Kaldırın! Gözüm görmesin!

Onu da götürüp bir sini baklava koymuşlar. Sultan bu kez de köpürmüş:

— Aç karnına baklava yenir mi bre alçak! Kaldır!

Hoca bunu da işitince, eline bir kaşık alıp sofradan kalkmış, az ilerde duran etli pilavı atıştırmaya başlamış. Sultan:

— Hocam, demiş, ne yapıyorsun?

— Sultanım, demiş Hoca, siz öbür yemeklerle uğraşırken ben de şu pilav lengeriyle biraz görüşeyim dedim!

342. İKİ ARŞIN...

Hoca, Timur'un otağına varmış. Hükümdarın iki arşın ötesinde yer göstermişler, oturmuş. Şuradan buradan konuşurlarken Timur sormuş:

— Hoca, eşekle senin aranda ne fark var?

O da, hiç düşünmeden:

— İki arşın! deyivermiş.

343. KATRAN DA SÜRSEYDİ...

Hoca Akşehir Gölü kıyısında geziyormuş. Kayık yapan birilerine rastlayınca durup bakmış. Kayığın ek yerlerini funda yakıp dağladıktan sonra katran sürdüklerini görünce:

— Niye böyle yapıyorsunuz? demiş.

— Kayığın hızını artırmak için, demişler.

Eşeğini ata benzetmeye karar verip evine dönmüş. Önce funda yakmış... Dağlanan hayvan, tam katranı hazırladığı sırada, ipini koparıp olanca hızıyla kaçmış gitmiş. Hoca başını sallamış:

— Ah, demiş, katran da sürebilseydim, hiçbir at ardından yetişemezdi!

344. ONA DA BİR KULP...

Hoca, gençliğinde bir bahçeye girmiş; eline geçirdiği kavunu karpuzu, şalgamı turpu havucu çuvalına doldurmaya başlamış.

Bahçıvan olup biteni görmüş, ansızın Hoca'nın karşısına dikilivermiş:

— Ne arıyorsun burada?

— Akşam çıkan korkunç fırtına beni buraya attı.

— Peki, bunları kim kopardı?

— Fırtına beni oradan oraya savururken her ne tuttuysam elimde kaldı.

— Ya çuvala kim doldurdu?

— İşte ben de onu düşünüyordum, demiş Hoca. Ona da bir kulp takmaya uğraşıyordum!

345. İNCE HESAPLAR

Hoca bahçesini kazıyormuş.

— Kolay gelsin Hoca, demişler komşuları. Kuyu mu açıyorsun?

— Yok, demiş, geçenlerde evi onardık, çıkan molozlar ortada kaldı. Onları gömeceğim.

— Peki, şimdi çıkan toprağı ne yapacaksın?

Hoca'nın tepesi atmış:

— Bakın, ben öyle ince hesaplara gelemem. O gün gelsin, onun da bir umarını buluruz!

346. GÜNDÜZ - GECE

Hoca'ya:

— Efendi, demişler, evlilik ne demektir?

Sakalını sıvazladıktan sonra cevap vermiş:

— Gündüzleri çifte hırlama, geceleri çifte horlama!

347. YAZIK OLUR...

Hoca, hangi kişiye mektup yazacak olsa, mektubu kendisi götürürmüş. Bir gün:

— Efendi, demişler, mademki mektup yazıyorsun, ne diye onca zahmete katlanıp götürüyorsun?

— Ben gitmesem mektuba yazık olur, demiş, yazımı benden başka okuyan yok!

348. TAVŞANIN SUYUNUN SUYU

Bir köylü Hoca'yı ziyarete gelmiş, bir tavşan hediye etmiş. Hoca da onu güzelce ağırlamış, evinde yatırmış. Ertesi hafta adam yine gelmiş. Hoca bu sefer de ağırlamakta kusur etmemiş. Çorba ikram ederken de:

— Geçen haftaki tavşanın suyundan, diye şakalaşmış.

Bir hafta sonra birkaç köylü daha gelmiş:

— İki hafta önce tavşan getiren köylünün hemşerisiyiz, demişler.

Hoca onları da ağırlamış.

Ertesi hafta birkaç köylü daha sökün etmiş. Onlar da kendilerini aynı sözlerle tanıtmışlar. Hoca da yemek vakti gelince önlerine sıcak su koymuş. Köylüler sormuşlar:

— Efendi, bu ne?

Hoca:

— Sizin köyden gelen tavşanın suyunun suyu! demiş.

349. BANA GÖRÜNME DE...

Hoca'yı görücü usulüyle evlendirmişler. Gerdek gecesi çok çirkin bir kadınla evlendiğini anlayan Hoca, bir karış suratla otururken karısı gelip cilvelenmiş. Sonra da:

— Efendi, akrabanız olan erkeklerden kime görüneyim, kimlere görünmeyeyim? diye sormuş.

— Bana görünme de, demiş Hoca, kime istersen görün!

350. NİÇİN ÖKSÜRMÜŞ?

Hoca'yla karısı, birtakım tıkırtılar, ayak sesleri işitip uyanmışlar. Bir ses:

— Hoca'yı öldürelim, diyormuş, oğlağını kesip yiyelim, malını mülkünü alalım, karısını da kaçıralım.

Hoca bunları işitince birkaç kez sesli sesli öksürmüş. Biraz sonra ayak sesleri, konuşmalar kesilmiş. Karısı:

— Efendi, demiş, herhalde korkudan öksürdün?

Hoca parlamış:

— Sana göre hava hoş... Ben kendimle bizim oğlak için öksürdüm!

351. İÇİNDE OLMAYIN DA...

Hoca'ya sormuşlar:

— Cenazede tabutun önünden mi yürümeli, arkasından mı?

Hoca:

— İçinde olmayın da, demiş, önünden de gitseniz olur, ardından da...

352. TİMURLENK GİBİ...

Hoca'nın eşeği iyice yaşlanmış, iş göremez olmuş. O da emektarını dağa götürüp bırakmış, kendine yeni bir eşek almış.

Birkaç gün sonra Timur dağa avlanmaya gitmiş. Bu

eşeği görünce acımış, sahibini arattırıp buldurmuş. Karşısına getirilen Hoca'ya:

— Sen nankör bir adammışsın, demiş. Şimdi bunu alıp evine götürecek, kendi odanda kendi elinle bir güzel besleyeceksin. Ben sık sık adam gönderip baktıracağım. Buyruğumu yerine getirmezsen kendini ölmüş bil!

Hoca eşeği odasına götürmüş; arpasını kepeğini her gün kendi eliyle yedirmeye başlamış. Hayvan da kendine gelmiş, dinçleşmiş. Bir gün Hoca, onun keyifli bir anırtıya başladığını işitince:

— Zırla boz oğlan, zırla! diye seslenmiş. Timurlenk gibi arkan var!

353. ÜÇ YILA KADAR...

Hoca, eşeğine okuma öğretmek için Timur'dan üç bin altın almış. Anlaşmaya göre, üç yıl içinde sözünü yerine getirmesi gerekiyormuş.

— Ne yaptın Hoca, demişler. Öğretemezsen Timur seni öldürür.

— Adam sen de... demiş Hoca. Üç yıla kadar ya Timur ölür, ya eşek... Ya da ben ölürüm!

354. ANASI AĞLAYACAK!

Hoca'nın oğullarından biri yakın köylerden birinde çömlekçilik yapıyormuş. Bir gün Hoca yanına gidince:

— Baba, demiş, bütün paramı şu çömleklere yatırdım. Hava güneşli olur da zamanında hepsi kurursa zengin olacağım. Ama yağışlı olursa anam ağlayacak!

Hoca oradan ayrılıp başka bir köyde oturan büyük oğluna uğramış. O:

— Baba, demiş, varım yoğum şu tarlada. Zamanında rahmet yağarsa, zengin oldum gitti. Kuraklık olursa anam ağlayacak!

Hoca eve canı sıkkın dönmüş. Karısı:

— Efendi, demiş, yüzün asık?

— Benimki bir şey değil, demiş Hoca, sen kendi halini düşün. Yağmur yağsa da yağmasa da bizim oğlanlardan birinin anası ağlayacak.

355. SEN DE ONU...

Hoca kadılık yaparken karşısına bir kadınla bir erkek gelmiş. Kadın:

— Bu yabancı adam yolda beni öptü, demiş. Hakkım neyse isterim.

Hoca, sakalını sıvazladıktan sonra:

— Öpmek, Hak'kı öpmektir, demiş. Sen de onu öp, helâllaşın!

356. SENİN HALİN...

Hoca, eşeğini satılmak üzere tellala vermiş. Ertesi gün tellal:

— Eşeğini satamadım, demiş. Elimden alıp Konya'ya kadı yaptılar.

Hoca Konya'ya gitmiş, kadıya olayı anlatmış. Kadı, tellalı çağırtıp çıkıştıktan sonra:

— Bir saat içinde Hoca'nın eşeğini öde, demiş. Yoksa karışmam!

Tellal korkmuş. Hemen pazardan bir eşek alıp getirmiş. Hoca bir eşeğe bakıyormuş, bir kadıya... Kadı:

— Hoca, demiş, bakıp duruyorsun. Yoksa eşeği beğenmedin mi?

— Beğendim, demiş Hoca, beğenmesine beğendim de, senin halin başkaydı!

357. NE İSTEDİ, NE VERDİ...

Hoca Akşehir'den yaya olarak yola düşmüş, bir köye gidiyormuş. Güneşin altında saatlerce yürüyüp yorulmuş, bir ağacın altına çöküvermiş. "Yarabbi," demiş, "Hoca kuluna bir eşek bağışlasaydın ayağım yerden kesilirdi, bu yaşımda bu kadar yorulmazdım."

Tam o sırada bir sipahi çıkagelmiş. Yanında da altı aylık bir tay...

— Hey, sen! diye seslenmiş Hoca'ya. Tembel tembel yatıp durma! Tay yoruldu. Al sırtına da filanca köye gidelim.

Hoca yaşlılığından söz ederek özür dilemeye kalkışmış. Sipahi dinlememiş bile. Üstelik, Hoca'nın sırtına kamçıyı indirmiş.

Hoca, boyun eğip tayı sırtına almış. Adam atlı o yaya, uzun uzun yürümüşler. Hoca yavaşladıkça sipahi sırtına kamçıyı indirirmiş.

Sonunda köye varmışlar. Hoca tayı bırakınca yorgunluktan yere serilip kalmış. Bir süre orada öylece yattıktan sonra doğrulup ellerini göğe kaldırmış:

— Yüce Tanrım, demiş, ya ben anlatamadım, ya sen yanlış anladın. Ben istedim binecek, sen verdin bindirecek!

358. ŞİMŞEK YAPARLAR...

Hoca, dağa odun kesmeye gidiyormuş. Bir çoban yoluna çıkmış:

— Efendi, demiş, bir şey öğrenmek istiyorum. Kime sordumsa bilemedi, belki sen bilirsin: Ay incecik doğuyor, büyüyüp sini gibi, testekerlek oluyor. Sonra yine küçülmeye başlıyor, yok olup gidiyor. Yerine yenisi çıkıyor. O eski ay ne işe yarar?

— Canım bunu bilmeyecek ne var, demiş Hoca. Çekip uzatırlar, şimşek yaparlar!

359. TRAŞ EDİYORLAR...

Hoca acemi bir berberde traş oluyormuş. "Şimdi usturayla yüzümü kesecek," diye düşünüp soğuk terler dökerken, sokaktan bir böğürtü gelmiş. Sormuş:

— Neydi o ses.

— Öküz nallıyorlar, demiş acemi berber.

— Aman, iyi, demiş Hoca, ben de birini traş ediyorlar sandım!

360. YA İÇİNDE BEN OLSAYDIM!

Karısı, Hoca'nın gömleğini yıkamış, bir ağaca asmış. Biraz sonra rüzgâr çıkmış, gömleği yere düşürmüş. Hoca bunu görünce karısına seslenmiş:

— Hatun, kurban kesmemiz gerekiyor.

— Hayrola Efendi, demiş karısı, n'oldu?

— Bak, demiş Hoca, gömleğim yere düştü. Ya içinde ben olsaydım?!

361. HER GÜN BAYRAM OLSA...

Bir kıtlık zamanıymış. Hoca'nın yolu bir köye uğramış. Bakmış ki herkes baklava börek yiyor...

— Burası başka yerlere benzemiyor, demiş. Herkes açlıktan kırılırken siz bol bolamadı yiyip içiyorsunuz.

— Bugün bayram da onun için, demişler. Yoksa bizim halimiz de beter!

Hoca içini çekmiş:

— Keşke her gün bayram olsa!

362. EŞEKLE İNEK

Hoca'nın ahırı pek küçükmüş. Ancak eşeğini barındırabiliyormuş orada. Karısı:

— Efendi bir inek al da sütünü içelim, diye ısrar ettikçe,

— Hatun, dermiş, nereye sığdıracağız ineği?

Sonunda dayanamayıp almış, ahıra getirmiş. Tabii sığmamış. Eşek yatınca inek ayakta kalıyormuş, inek yatınca eşek... Hoca dua etmiş:

— Yarabbim, ineğin canını al da eşeğim biraz rahatlasın!

Birkaç gün sonra ahıra gidince bir de bakmış, pek sevdiği eşeği ölmüş yatıyor... Çok canı sıkılmış:

— Tanrım, demiş, darılma ama, eşekle ineği hâlâ ayırt edemiyorsun!

363. SAHUR DA YEMEZSEK...

Ne Hoca oruç tutarmış, ne karısı... Ama Hoca hep sahur yemeği hazırlatırmış, her gece kalkıp yerlermiş. Sonunda karısı dayanamamış:

— Efendi, demiş, oruç tutmadığımıza göre ne diye her gece sahura kalkıyoruz? Yemek hazırlamaktan bıkıp usandım!

— Öyle konuşma hanım, demiş Hoca. Namaz kılmıyoruz, oruç tutmuyoruz... Sahur da yemezsek Müslümanlığımız nasıl belli olacak?!

364. TOPU TOPU İKİ SOĞAN!

Hoca, bahçesine iki hark soğan ekmiş. Bunlardan birini kendisine ayırmış, ötekini Allah rızası için yoksullara dağıtmaya niyet etmiş.

Bir gün, ekmeğini yanına almış, soğanla yemek için bahçeye gitmiş. Bakmış ki kendine ayırdığı soğanlarda hayır yok, doğru dürüst yeşermemiş bile... Öteki harktakiler yemyeşil olmuş, uzamış gitmiş. Oradan iki soğan sökmüş. Topraklarını silkelerken yakınlara bir yıldırım düşmüş, ardından büyük bir gökgürültüsü işitilmiş. Hoca korkusundan elindeki soğanları yere atıp gökyüzüne dönmüş:

— Topu topu iki soğan aldık diye nedir bu gürültü! demiş. Yeter, gürleme artık!

365. OKKA, DİRHEM YERİNE...

Hoca çift sürerken içi altın dolu bir çömlek bulmuş. Alıp götürsem mi, yoksa kadıya mı haber versem diye düşünmüş, bir karara varamamış. En sonunda, "Burada bırakacak değilim ya..." diyerek heybesine yerleştirmiş. Evde karısı ağırlığından kuşkulanıp da heybeyi karıştırınca altınları görmüş. Onları alıp çömleğe taş doldurmuş.

Hoca o gece düşünmüş taşınmış, altınları kadıya teslim etmeye karar vermiş. Sabahleyin heybeyi yüklenip kadı'nın yanına varmış. Çömleği çıkarmış, dökmüş... Ortalık taşla dolmuş. Kadı şaşırmış:

— Hoca Efendi, demiş, nedir bunlar?

Hoca bozuntuya vermemiş:

— Efendim, demiş, şunları ayarlatıp okka, dirhem yerine kullanılmak üzere pazardaki satıcılara dağıtsanız, diyecektim!

366. SEN DE NİŞADIR SÜR!

Hoca odun kesmek için ormana gidiyormuş. Eşeğinin inadı tutmuş, bir türlü tepeyi tırmanmamış. Muzip tanıdıklarından biri olup biteni bir ağacın arkasından izlermiş. Sonunda Hoca'nın yanına yaklaşıp:

— Efendi, demiş, şu nişadırı eşeğin arkasına sür. Gör bak nasıl koşacak.

Hoca:

— Bir deneyelim, deyip almış.

Nişadırı değdirir değdirmez, canı yanan eşek olanca hızıyla koşarak yokuşu tırmanmaya başlamış. Hoca bakmış ki aynı hızla çıkıp eşeğe yetişemeyecek, biraz nişadır da kendine sürmüş.

Biraz sonra, Hoca'yla eşeğin yel gibi koşuştuklarını gören bir Akşehirli, Hoca'ya arkasından seslenmiş:

— Hocam, seninle azıcık görüşmek istiyorum ama, bakıyorum çok hızlı gidiyorsun.

Hoca, koşmasını kesmeden:

— Bana yetişmek istiyorsan, demiş, sen de nişadır sürün!

367. YE KÜRKÜM YE!

Hoca'yı bir ziyafete çağırmışlar. Eski cübbesini giyip gitmiş. Kimse kendisine aldırış etmemiş. O da hemen evine dönüp yeni cübbesini, kürkünü giymiş. İkinci gelişinde merdiven başında karşılayıp büyük saygı göstererek yukarı çıkarmış, baş köşeye oturtmuşlar. En iyi yemekleri ona ikram etmişler.

Hoca, her yemek gelişte, kürkünün yakasını kâseye ya da tabağa daldırıp:

— Ye kürküm ye! demeye başlamış.

— Hocam, demişler, ne yapıyorsun?

— Mademki, demiş Hoca, saygı da ikram da kürkedir, yemeğe de o buyursun!

368. DOĞURDUĞUNA İNANIYORSUN DA...

Hoca, komşusunun kazanını ödünç almış. Birkaç gün sonra, kazanla birlikte bir de tencere götürmüş. Komşusu:

— Bu ne? demiş.

— Senin kazan doğurdu, demiş Hoca.

Adam sevinmiş, sağol deyip tencereyi de almış.

Bir süre sonra kazanı yine istemiş Hoca. Ama bir türlü geri götürmemiş. Sonunda komşusu, kapısını çalıp:

— Bizim kazanı almaya geldim Hoca, demiş. Kullanacağız da..

— Senin kazan öldü, demiş Hoca. Başın sağolsun.

— Amma yaptın ha! demiş adam. Kazan ölür mü hiç?

Hoca çıkışmış:

— Bre adam, doğurduğuna inandın da, öldüğüne neden inanmıyorsun?!

369. YORGANI BİLE...

Hoca bir gün kirlenen sarığını yıkıyormuş. O sırada iri yarı, pala bıyıklı bir adam kapıya dayanmış:

— Çabuk önüme düş! Seni bizim ağa istiyor!

Ağası, kıyıcı, söz anlamaz bir adam olan Konya Subaşısı imiş. Hoca, korkudan titreyerek, başına saracak bir şey aramış. Bulamayınca da yatak çarşafını kavuğunun üstüne dolayıp yola koyulmuş.

Akşehir'i denetlemeye gelen Konya Subaşısı, Hoca'yı o durumda görünce:

— Hoca, demiş, o başındaki ne?

— Af buyurunuz Ağa hazretleri, demiş Hoca. Yatak çarşafı.

Subaşı bıyık altından gülmüş:

— Hoca, hiç yatak çarşafı sarık gibi başa sarılır mı?

— Ah Ağa hazretleri, demiş Hoca, siz benim yerimde olsaydınız, değil yatak çarşafını, yorganı bile sarardınız!

370. YORGAN GİTTİ KAVGA BİTTİ

Bir gece yarısı Hoca'yla karısı kapının önünden gelen gürültülerle uyanmışlar. Hoca kulak kabartmış, iki kişinin kavga ettiğini anlayınca, üşümemek için yorganı sırtına alıp kapıya doğrulmuş. Karısı:

— Vazgeç Efendi, senin neyine gerek, demişse de aldırmamış.

— Anlayalım bakalım işin aslı neymiş, diyerek sokağa çıkmış.

Kapıdan adımını atar atmaz, "N'oluyor?" demesine vakit kalmadan, kavga eden adamlardan biri sırtındaki yorganı kapıp kaçmış. Öteki de karanlığa karışıp gitmiş.

Hoca bir süre arkalarından baktıktan sonra titreyerek içeriye dönmüş. Karısı sormuş:

— Efendi, neymiş kavganın sebebi?

— Sebebini bilmem, demiş Hoca. Bildiğim tek şey var: Yorgan gitti, kavga bitti!

371. AĞAÇTAN ÖTEYE YOL DÜŞER:

Mahallenin çocukları, bir gün:

— Hoca'yı ağaca çıkarıp pabuçlarını alalım, demişler, biraz şakalaşırız.

Hoca'yı kollamışlar, o geçerken, ağacın dibinde:

— Bu ağaca kimse çıkamaz, diye bahse tutuşmuşlar.

Hoca yanlarına yaklaşıp:

— Ben çıkarım, demiş.

Pabuçlarını çıkarmış, koynuna sokmaya başlamış.

— Hoca Efendi, demişler, onları niye koynuna sokuyorsun? Ağaçta pabuçları ne yapacaksın?

— Belli olmaz ki evlâtlar, demiş Hoca, belki ağaçtan öteye yol düşer!

ÖZGÜR YAYIN-DAĞITIM

TÜRK KLASİKLERİ DİZİSİ

CAHİT ÖZTELLİ
- HALK TÜRKÜLERİ
  Evlerinin Önü
- PİR SULTAN ABDAL
  Yaşamı ve Bütün Şiirleri
- KARACAOĞLAN
  Yaşamı ve Bütün Şiirleri
- YUNUS EMRE
  Yaşamı ve Bütün Şiirleri
- PİR SULTAN'IN DOSTLARI
- KÖROĞLU, DADALOĞLU, KULOĞLU
- BEKTAŞİ GÜLLERİ

NEJAT BİRDOĞAN
- NOTALARIYLA HALK TÜRKÜLERİMİZ

ALPAY KABACALI
- NEYZEN TEVFİK
  Çeşitli Yönleriyle
- ŞAİR EŞREF
  Çeşitli Yönleriyle
- FIKRALAR SEÇKİSİ
- AŞK ŞİİRLERİ ANTOLOJİSİ

FETHİ NACİ
- ELEŞTİRİ GÜNLÜĞÜ

SELÇUK BARAN
- BOZKIR ÇİÇEKLERİ

HULKİ AKTUNÇ
- SON İKİ EYLÜL

GÜVEN TURAN
- YALNIZ MISIN

NECATİ GÜNGÖR
- UNUTULMAZ BİR KADIN RESMİ

ÜMİT YAŞAR OĞUZCAN/TÜM ŞİİRLER
- ACILAR DENİZİ
- YÜZYIL YANARIM YANMAYI ÖĞRENDİMSE
- İKİ KİŞİYE BİR DÜNYA
- SÖZÜM MECLİSTEN DIŞARI
  Taşlamalar

FAZIL HÜSNÜ DAĞLARCA
- DÖRT KANATLI KUŞ
- İLK YAPITLA 50 YIL SONRAKİLER

ALİ PÜSKÜLLÜOĞLU
- ÇOCUK ADLARI SÖZLÜĞÜ